U0872009

海商法精品文库 | 总主编 司玉琢

中国博士后科学基金资助项目、2019年上海交通大学凯原法学院前沿交叉研究基金项目
《新科技生态下的法律工程学应用研究》（项目编号WF118119003/001/042）阶段性研究成果

海难救助中的人命优位法律问题研究

袁曾 著

法律出版社
LAW PRESS · CHINA

总　序

自2007年“海商法博士精品文库”与读者见面以来，已先后出版了一系列具有较高学术价值和实践意义的海商法博士生的著作，推动了海商法学的繁荣发展。

面对已经到来的“海洋世纪”，我们一直在不断深入地走涉海法学特色发展之路。现行法律中虽有不少涉海规范，但这些规范多以部门立法形式存在，呈现的是分领域、分事务、分行业的“碎片化”特点，缺乏统筹和明确的整体目标的指导，相互间衔接不畅，调整范围存在缺失，无法形成完善的海洋权益法律保障网，制约了海洋立法功能的发挥。同时，海洋经济发展日趋多样化，以海洋法律规范的分散形式规制海洋经济发展，显然难以完全适应这一实践需求。因此，我们提出并论证了“海法”体系，并经报备自主设置了海商法学二级法学学科，从传统海商法向海法拓展，以全面推进深化涉海法律的综合研究。

研究表明：任何碎片化的法律，必须经理性梳理并将其建构起系统化的秩序，才能显示出法律的力量。构建中国海法体系是在尊重海洋法律自体性特征的客观规律的基础上，将相关海洋法律规范归置到海法体系下，以统一、明确的立法目的协调各海洋法律规范，并以一定的法律逻辑进行规制。层次分明、条理明晰的海法体系在确立海法框架的同时，也将海法调整范围拓展到得以涵盖所有与海相关的事务，并对潜在的与海相关的未来事项持开放式的调整态度，以利于多元化的海洋经济发展的需求。构建中国海法体系，将海洋法律纳入独立于陆法的统一体系内，有利于凸显和发挥海法的体系优势，同时也将提升中国海法在国际上的影响力，并更好地服务于中国在国际上的海洋权益主张。

新形势下海法的创新，在于最大限度地实现对海洋权益的公私法保障。海法的创新完善，针对的是调整围绕海洋活动所发生的国家间关系、行政关系、刑事关系和民事关系的法律规范，将这些法律规范进行逻辑梳理和体系升华，有利于提升其法律保障力度和广度，进而实现"21 世纪海上丝绸之路"、"海洋强国"等国家战略目标。通过构建海法体系创新，进一步推进海洋司法的顶层设计，改革海洋司法体制，提升司法保障力，有利于在司法层面上实现依法治国、维护海洋权益。

随着研究的深入，海法体系概念得到了社会各界越来越多的关注与支持。国家社科基金将海洋法律体系列为重大研究课题，中国法学会正式组建了海法研究方阵，并每年举办一次海法论坛，最高人民法院在海事司法改革中，开始逐步实行"三审合一"的审判制度。[1]

对于大连海事大学法学院来说，由于天然的"大海基因"，以及航海、航运、海洋等学科的支撑优势，走涉海法学特色发展之路，不仅是我校法学学科建设的现实要求，也是国家推进"一流大学、一流学科"建设的客观要求。

---

[1] "三审合一"是指特定范围的涉海民事、行政、刑事案件统由海事法院审理的审判制度。目前，海事法院已经审理特定范围的涉海民事、行政案件，涉海刑事案件准备在少数海事法院试点。

基于此，我们决定将“海商法博士精品文库”改为“海商法精品文库”。文库的范围，在我们2011年向国家主管部门报备自主设置海商法学二级学科的含义的基础上，向海法体系全面扩展。因此，出版范围既包括海商法专业优秀的博士后出站报告、博士论文，也包括其他海商法优秀著作，还包括海法学的相关优秀著作。

在我国改革开放不断深入和中华民族伟大复兴的历史进程中，经略海洋的意义、海洋法治的重要性已不言而喻；建设海洋强国、共建“一带一路”战略，直接给海法发展带来了历史机遇和重要挑战。“猛志逸四海，骞翮思远翥”，[1]海商法学、海法学要为发展海洋经济、保护海洋环境、维护海洋权益、伸张海洋正义不断做出具有长远战略意义、紧扣历史时代脉搏的研究成果，“海商法精品文库”希望为这些研究成果提供一个良好的交流平台。

司玉琢

2016年9月于大连

---

〔1〕 这是陶渊明《杂诗十二首》之五的一句诗。意为：壮志超越四海，要像鸟儿一样展翅远飞。比喻志向远大，并要有所作为。逸：超越，超过。骞翮（qiān hé）：展翅。骞，举。翮，鸟翼。翥（zhù）：鸟向上飞。

序

袁曾是我在大连海事大学所带的博士研究生之一，自 2010 年就读瑞典隆德大学海商法专业硕士后，一直从事海商法的研究工作至今。其法律功底扎实，看待法学问题的视角独特，能够较好地将理论与工作实践结合起来，提出切实可行的办法。

现行制度下，人命属于被救助的特殊客体，救助人命的行为虽然可以获得一定的酬金，但必须依附于财产救助。现行海难救助制度中的人命救助，可能诱发道德风险，实践中此种案例已不鲜见。作者通过论证海商法、民法、宪法等对于生命利益、生命权的规定与内在逻辑的基础上，创设性提出人命优位的概念。论证在海上特殊风险环境下，人命相较于财产具有被优先救助地位的价值取向，论证分析人命救助应当属于海难救助的范畴并加以限定，通过立法规定人命在海上具有优先被救助的权利，确保遇险人员在救助中享有优先被救助的地位，切实保证人命和财产在海上同时遇险时，人命能够得到有效优先的救助，体现以人为本的最终价值理念。

这本专著基于其博士学位论文的主体框架，结合海商法相关研究的发展修改完善而成,具备较高的写作水平,对新时代海商法在海难救助领域的进一步发展,提供了有益借鉴。

司玉琢

2019 年 6 月 30 日

——位卑未敢忘忧国。

谨以此书,献给海洋!

目　录

引　言

2000 年 8 月，名响世界的俄罗斯核潜艇“库尔斯克号”(Kursk)在巴伦支海遇险沉没，118 名俄军官兵葬身海底，俄罗斯为保守核秘密，在事件发生时拒绝了包括非政府组织在内的所有国际援助。2001 年 10 月，库尔斯克号被打捞出水，事故调查组发现，事故发生之时，尚有 23 名艇员依然存活，他们在海底顽强地等待救助，但凭借当时俄罗斯自身的救助力量根本无法对潜艇实施救助。如果俄罗斯在事件发生之初便接受了国际社会的救助，这 23 名艇员有极大的概率幸存。[1]调查报告作出后，引起了国际社会对于现行海难救助体制的关注，人的生命价值与行政命令等其他因素相比，孰轻孰重？现行海难救助制度对于人命救助的相关规定，能否有效地确保海上遇险人员获得及时救助？

海难救助，也被称为海上救助，是传统海商法调整关于在海

---

〔1〕 Jason Parent, “No Duty to Save Lives, No Reward for Rescue: Is that Truly the Current State of International Salvage Law?”, *Annual Survey of International & Comparative Law* 12, 2006, p. 131.

洋中救助遇险客体的特殊法律机制，最早来自罗马时期的万民法。[1]海难救助制度与海上一系列活动存在的风险息息相关，救助者拥有索取救助酬劳的权利，这是由海上文明自然形成的规则所决定的。海难救助人有权获得所救助财产的一部分，自海洋贸易兴起时就已存在。[2]目前大部分国际公约对于船长与船员需要承担救助海上遇难者这一义务做出了清晰的规定，[3]然而现行海难救助制度却指出救助者对人命进行救助时，并不拥有单独的报酬请求权，唯有人命与财产得到共同救助时，救助者才能够获得相应的报酬。[4]

上述规定并不能适用于瞬息万变的海上环境面临的特殊状况，救助人在面临财产与人员均受到威胁时，存在很大概率在能力范畴内只能对遇险人员与财产择其一者进行施救。船长为得到救助报酬，可能会诱使并强烈要求船员与其维持一致意见，要求优先对财产进行救助，造成遇险人员难以获得救助和生命保障。救助遇险人员虽然是公法上的义务，从现行法律的强制性规定上分析并不存在选择的问题，救助人只能选择去救人，否则是要承担法律责任的，[5]但实际情况往往同法律制度的创设预期相悖。

19 世纪 40 年代，美国船舶埃姆布勒姆号（Emblem）由于遭到

---

〔1〕 司玉琢：《海商法专论》（第 3 版），中国人民大学出版社 2015 年版，第 263 页。

〔2〕 Catherine Swan，"The Restitutionary and Economic Analyses of Salvage Law"，*A&NZ Mar LJ.* 23，2009，p. 99.

〔3〕 例如《1989 年国际救助公约》第 10 条对于救助人命的义务性规定："1. 只要不致于对其船舶及船上人员造成严重危险，每个船长都有义务援救在海上有丧生危险的任何人员。2. 缔约国应采取必要措施履行第 1 款所规定的义务。"

〔4〕 司玉琢：《海商法专论》（第 3 版），中国人民大学出版社 2015 年版，第 265 页。

〔5〕 很多国家与地区均在国内法中规定了船长漠视海上遇险人员的刑事处罚措施。参见 Steven F. Friedell，" The Future of Maritime Law in the Federal Courts：A Faculty Colloquium：Salvage"，*Journal of Maritime Law & Commerce* 31，2000，p. 186。

了海流影响，出现了侧翻，失去航行能力。[1] 12 名船员把身体和船舶的桅杆绑在一起，避免受到海浪的冲击而失踪，直至 5 天后才获得了另一艘美国船舶查尔斯 · 米勒(Charles Miller)的救助，最终仅 5 名船员幸免于难。令人诧异的是，埃姆布勒姆号的遇险区域位于与岸边相距极近的主航道上。遇险船员在得到援救之前，至少有 24 艘船舶从其可视区域内航行通过，却并未提供任何帮助或援助。事件发生以后，查尔斯 · 米勒号的船长提起了法律诉讼，希望得到人命救助报酬，然而并未获得美国法院裁判支持，法庭驳回的理由是查尔斯 · 米勒号的船员在此案中并未能够一并救助财产。[2]

笔者在查阅案例等相关资料后发现，虽然未曾有学者对海上"见死不救"的案例进行过系统的统计，但与这种恶劣情形有关的案例在人类历史上并不鲜见。以近几十年来发生的案例为例，1949 年 1 月 28 日深夜，中国籍船舶"太平轮"与"建元轮"在舟山群岛白节山海域相撞，"太平轮"发出求救讯号，在船难发生后的 4 小时内，共有 5 艘船舶经过事发海域却并未提供任何救援措施，在救援船舶抵达时，已有 1 千余名乘员身亡，仅 35 人获救。[3] 1999 年 11 月 24 日，山东籍渡轮"大舜号"在由烟台前往大连的航程中遭遇风浪沉没，事故发生时主管机关在附近无法临时调集大型救助船舶，而两艘路过的大型货轮见死不救，事故造成 292 人身亡，仅 22 人生还。[4] 2001 年 4 月 17 日，中国籍船长林载访、大副黄德章在未取得任何适任证书的情况下，驾驶"通宁三号"货轮

---

[1] The *Emblem*. 8 F. Cas. 611 (D. Me. 1840).

[2] The *Emblem*. 8 F. Cas. 623 (D. Me. 1840).

[3] 《1949 年舟山船难　中国船见死不救》，载凤凰网：http://phtv.ifeng.com/program/fhdsy/detail_2013_01/25/21598565_1.shtml，2017 年 10 月 2 日最后访问。

[4] 《关于"11 · 24"特大海难事故结案的通知》(国经贸安全〔2000〕1080 号文)。

由广州前往浙江，当晚在深圳大鹏海域与“四通888”号货轮相撞，“四通888”号上7人全部落水，“通宁三号”在仅受轻伤的情况下逃离事故现场致使5人遇难，事后法院以交通肇事罪分别对两人判处8年和7年有期徒刑。[1] 2008年4月4日，中国台湾地区高雄籍渔船“丰富一号”在高雄外海因故沉没，4名船员在海上靠饮用尿液维系生命，但包括一艘台湾籍渔船在内的6艘船舶从距离遇险船员半海里的航道经过却视而不见，最后4名船员被阳明海运公司的货柜船“冲绳轮”救起。[2] 2012年2月，巴拿马青年阿德里安·巴斯克斯与两名朋友出海遭遇船舶故障，在海上漂浮10余天后遇到美国游轮“星公主”号，事后船上乘客证实当时已发现3人并告知了游轮船员，但“星公主”号却没有选择施以援救，致使阿德里安·巴斯克斯的两名朋友因缺水身亡，阿德里安·巴斯克斯在继续漂浮20余天后被人救起，事后其在美国法院对“星公主”号提起诉讼。[3]

类似的案例在海洋文明的发展历史上不胜枚举，海难事故在科技发达的当代社会依然面临着见死不救的现实困境。第一次科技革命以来，科技进步带来了船舶远洋航行能力的提高与装备技术发展，但海难救助事件并没有因为技术的进步而减少，以中国海上搜救中心统计国家主管机关组织的救助数据为例（见表

---

〔1〕《深圳海域“4·18”海难肇事逃逸船长一审被判8年》，载东方新闻：http://www.eastday.com/epublish/gb/paper148/20030306/class014800003/hwz898482.htm，2017年9月25日最后访问。

〔2〕此案中，救助遇险船员的“冲绳轮”上的外籍船长本无意停船，是在一名内地船员的坚持要求下方才停船救人。参见《台湾渔民落海漂流十余小时　过路船见死不救》，载搜狐新闻：news.sohu.com/20080408/n256148211.shtml？from=814e.com，2017年9月30日最后访问。

〔3〕《美国一游轮被指见死不救》，载网易新闻：http://news.163.com/12/0421/01/7VJ0Q89700014AED.html，2017年10月15日最后访问。

1)，[1]近年来，海难救助案件依然呈高发态势，海难人命救助法律规制的相关修改具有其现实意义。

表 1　中国海上搜救中心数据

年份	海上救助行动(次)	救助遇险人员(名)
2014	2014	15387
2015	1884	13727
2016	2076	15261

资料来源：中国交通部网站。

海上作业面临的风险很大，事件发生以后，再次重现救助当时的情形或寻找到船长要求船员放弃救助遇险人员的证据是极其困难的。在利益的驱使下，难以保障能够将道德规范真正的用来制约利益社会中的普通人，现实困境亟待修改以破局。本书的研究核心问题是：如何通过调整现有海难救助的规制安排，构建海难救助下的人命救助制度，确保人命在海上高风险环境下实现优先被救助的地位。人命救助制度具体通过人命纳入海难救助客体、纯人命救助享有独立的报酬请求权，报酬支付主体由船舶所有人投保最终转由保险人等承担的系统性调整，通过经济因素的考量确保人命能够得到优先救助，在事实上形成人命救助同货物、船舶等财产救助相比具有优先被救助的地位。

本书从复杂多变的海上环境实现妥善救助人命这一视角着手，就目前海难救助有关人命救助的相关法律不完善之处作了深入剖析，指出通过调整完善相关海难救助法律制度，以保障人命救助在海难救助制度中享有优先地位，在论证优先救助海上人命的法理基础上，进而对人命优位的理论进行了详细的阐述。充分

[1] 中华人民共和国交通运输部网站数据，载交通部网：http://www.mot.gov.cn/，2017年2月14日最后访问。

运用比较分析法、案例分析法、文献研究法、历史研究法等方法，明确人命救助报酬的独立请求权等方式，以期使救助者在面临遇难人员时，可以全面的考虑优先救助人命的成效。通过加强海难救助制度下的人命救助制度研究，可以将强制救助责任保险等有力措施扩展运用到国际公法及私法的相关领域。

早在1975年出版的由G.吉尔摩（Grant Gilmore）和C.L.布莱克（Charles L. Black）所著的《海商法》[1]中就已经明确提出，现行海难救助的法律规定对于海上风险下的人命救助处于不利境地，可能诱发道德风险，但近几十年来，由于法律落后于社会实践发展，虽然已有学者提出对于人命救助应该享有的优先地位，以及人命救助报酬应享有优先受偿的权利，但主流理论界对此关注并不多，国内外理论研究对系统性构建人命救助制度的研究也基本为空白。

1989年《国际救助公约》通过后，仍将人命排除于海难救助客体之外，[2]未有效解决人命救助的相关问题，国外一些学者开始对关于人命救助的报酬和财产救助报酬的分配不公产生浓厚研究兴趣，有代表的是杰森·派洛特（Jason Parent）所著的《无救助生命义务，没有救助报酬：是不是现行国际救助法的真实情况?》（No Duty to Save Lives, No Reward for Rescue: Is that Truly the Current State of International Salvage Law?, 2006）[3]一文，对人命救助的现状和法律地位作了较为系统的分析和说明，并提出

---

[1] ［美］G.吉尔摩、C.L.布莱克：《海商法》，杨召南等译，中国大百科全书出版社2000年版，第723页。

[2] 《1989年国际救助公约》第1条中规定了“救助作业”的定义：“（a）系指可航水域或其他任何水域中援救处于危险中的船舶或任何其他财产的行为或活动。”

[3] Jason Parent, “No Duty to Save Lives, No Reward for Rescue: Is that Truly the Current State of International Salvage Law?”, *Annual Survey of International & Comparative Law* 12, 2006.

了相关的立法建议。

有关人命救助无法获得独立救助报酬的争议，国外理论界对此研究较多，自20世纪50年代以来，就有高水平期刊文章进行专门研究。关于人命救助报酬支付问题的有力探讨是杰弗瑞·克里斯托夫（Geoffrey Christopher Rapp）所著的《索马里海岸的救助：海盗危机中公私酬金的支付主体?》（Salvage Awards on the Somali Coast: Who Pays for Public and Private Rescue Efforts in Piracy Crises?）[1]一文，从现阶段频发的海盗赎金问题着手，研究人命救助报酬的支付主体、客体、来源等问题。

其他具有代表性的文章有：罗斯·阿尔伯特（Ross A. Albert）撰写的《人命救助的补偿机制》（Restitutionary Recovery for Rescuers of Human Life）[2]以及斯蒂文·弗拉迪（Steven F. Friedell）撰写的《海商法在联邦法庭中的未来：非正式性救助》（The Future of Maritime Law in the Federal Courts: A Faculty Colloquium Salvage）[3]；另外，针对人命救助的义务类型以及法律性质，美国学者马丁·戴维斯（Martin Davies）在其著述的论文《船舶救助海上遇险人员的义务与默示义务》（Obligations and Implications for Ships Encountering Persons in Need of Assistance at Sea）[4]以及《美国救助的法律与实践》（Legal and Practical

---

[1] Geoffrey Christopher Rapp, "Salvage Awards on the Somali Coast: Who Pays for Public and Private Rescue Efforts in Piracy Crises?", *Am. U. L. Rev.* 59, 2010.

[2] Ross A. Albert, "Restitutionary Recovery for Rescuers of Human Life", *CAL. L. REV.* 74, 1986.

[3] Steven F. Friedell, "The Future of Maritime Law in the Federal Courts: A Faculty Colloquium: Salvage", *Journal of Maritime Law & Commerce* 31, 2000.

[4] Martin Davies, "Obligations and Implications for Ships Encountering Persons in Need of Assistance at Sea", *PAC. RIM. L & POL'Y J.* 12, 2003.

Aspects of Salvage in the United States)[1]做了系统性说明。

对于传统海难救助制度客体变化的探讨，国外学者已提出建设性的观点，美国学者詹姆斯·纳兹(James A. R. Nafziger)于2000年发表的《历史性救助法的再审视》(Historic Salvage Law Revisited)[2]一文针对当前海难救助制度面临的现实困境，从海难救助历史与立法对于救助客体变化的角度，提出海难救助客体的范围应当随着社会的发展而进行扩展，扩展海难救助制度适用的范围。

对于"无效果无补偿"(No Cure No Pay)原则在现实中一些场景下的适用困难，凯瑟琳·斯旺(Catherine Swan)发表的《海难救助法的经济性与补偿性》(The Restitutionary and Economic Analyses of Salvage Law)[3]对现有救助报酬分配体系进行了审视，并提出按照经济学的原理与世俗价值的考量，对救助报酬的分配进行适当的更改。

有关人命救助报酬的支付主体，已经有著名的学者提出过构想，对于专门负责海上人命救助报酬由海商基金给付，并对现行海商基金的雏形进行了分析，早在1978年斯蒂文·佛拉德(Steven F. Friedell)所著的《海上救助人命的补偿与报酬》(Compensation and Reward for Saving Life at Sea)[4]一文中，对美国海岸警卫队征收的驻扎所在地船舶救助会费做了详细研究，并支持使用经

---

〔1〕 Martin Davies, "Legal and Practical Aspects of Salvage in the United States", *Lloyd Maritime and Commercial Law Quarterly* 1, 2009.

〔2〕 James A. R. Nafziger, "Historic Salvage Law Revisited", *Ocean Development & International Law* 31, 2000.

〔3〕 Catherine Swan, "The Restitutionary and Economic Analyses of Salvage Law", *A& NZ Mar LJ.* 23, 2009.

〔4〕 Steven F. Friedell, "Compensation and Reward for Saving Life at Sea", *Michigan Law Review* 77, 1979.

济学原理与方法调整海难救助报酬的分配。英国学者拉尔斯·克里夫特(Rhys Clift)与罗巴特·格尔(Robert Gay)合著的《远距离观察海难救助法律性质变迁》(The Shifting Nature of Salvage Law:a View from Distance)[1]中提出参照英国海商基金的方式建立海难人命救助基金,避免救助人因船舶优先权的规定而无法及时、全额获得人命救助报酬。

通过引入强制保险制度,鼓励救助海上遇险人命,截至目前,学界尚无深入的研究。但国际上已经有引入强制保险解决船舶油污民事责任的先例,[2]以及船舶燃油污染民事责任、[3]旅客及其行李运输民事责任[4]引入强制保险解决实际问题的实践。2007年《内罗毕国际船舶残骸清除公约》同样要求缔约国船舶必须投保清除残骸责任险,以保证残骸清除费用的给付,并提高清除残骸的效率。国际海事组织(International Maritime Organization,IMO)、国际海事委员会(Comite Maritime International,CMI)等国际组织对人命救助的问题也很关注,国际救助公约对利用经济因素鼓励救助特别是促进救助专业力量的发展已做出了回应,例如,1989年《国际救助公约》第14条对于环境救助特别补偿条款的规定,国际保赔协会特别补偿条款(Special Compensation P. & I. Club Clause,SCOPIC)对于给予救助人特别补偿的规定等。

我国学者对于人命救助的相关问题已经有一定的研究,例如,早在20世纪末,我国学者已经注意到现行海难救助制度对于人命救助的缺陷,可能造成事实上的道德困境,代表性文章有笪

---

[1] Rhys Cliff, Robert Gay, "The Shifting Nature of Salvage Law: a View from Distance", *Tul. L. Rev.* 79, 2005.

[2] 1969年《国际油污损害民事责任公约的1992年议定书》第7条。

[3] 2001年《燃油污染损害民事责任国际公约》第7条。

[4] 《修改1974年海上运输旅客及其行李雅典公约的2002年议定书》第4条第1款。

恺《海商法上的人命救助》[1]、刘正江《海难救助的法律缺陷》;[2]关于人命救助报酬问题,国内现在研究成果较多,其中代表观点有郭萍、于泓所著的《论救助款项的含义——兼论对我国〈海商法〉部分条文的理解》,[3]提出对于救助报酬、救助款项、救助酬金的原有范围异议;对于《中华人民共和国海商法》中现行救助制度的缺陷,傅廷中在《海难救助及其立法》[4],郭萍、马德懿在《试析我国海上人身损害法律救济有关问题》[5]中分别详细论述了当前海上人身损害救济存在的不完善之处;关于利用救助报酬等经济因素实现现实目的,主要著述有王秋阳撰写的《完善我国海难救助报酬分配的几点建议》[6];对于海难救助报酬分配问题,任律珍在《海难救助报酬论》[7]、任律珍和唐一雄共同撰写的《论海难救助报酬的估算和分配》[8]中,提出应当考虑设立独立的人命救助报酬,由多种主体承担海难救助报酬的支付。申晴在《关于海难救助中人命救助相关问题的思考》[9]中提出观点,认为现行偏重于财产救助的报酬体系极其不利于救助人优先考虑救助海上遇险人员;关于现行海难救助并未将人命救助纳入海难救助的客体的范畴,王蝉在《关于海上人命救助报酬问题的初探》[10]一文

〔1〕 笪恺:《海商法上的人命救助》,载《法学杂志》1997 年第 9 期。

〔2〕 刘正江:《海难救助的法律缺陷》,载《中国律师》2000 年第 10 期。

〔3〕 郭萍、于泓:《论救助款项的含义——兼论对"中华人民共和国海商法"部分条文的理解》",载《当代法学》2002 年第 12 期。

〔4〕 傅廷中:《海难救助及其立法》,载《世界海运》2002 年第 1 期。

〔5〕 郭萍、马德懿:《试析我国海上人身损害法律救济有关问题》,载《中国海商法年刊》2002 年第 1 期。

〔6〕 王秋阳:《完善我国海难救助报酬分配的几点建议》,载《世界海运》2003 年第 6 期。

〔7〕 任律珍:《海难救助报酬论》,载《集美大学学报》(自然版)2003 年第 4 期。

〔8〕 任律珍、唐一雄:《论海难救助报酬的估算和分配》,载《水运管理》2004 年第 8 期。

〔9〕 申晴:《关于海难救助中人命救助相关问题的思考》,载《海事司法论坛》2004 年第 3 期。

〔10〕 王蝉:《关于海上人命救助报酬问题的初探》,载《珠江水运》2005 年第 4 期。

中，以及刘本荣《海上人身伤害不真正连带债务初探》[1]中详细论述了此种规定带来的弊端；关于应当把人命救助纳入海难救助的客体，刘刚仿在《论海难救助的客体》[2]与穆建华撰写的《海上人命救助相关法律问题研究》[3]中，明确提出应当把人命纳入海难救助的客体；关于海难救助中应当优先救助人命的强制性规定，赖尚斌在《海上人身伤亡案件的法律适用》[4]做出了详细探讨。为了有效促进复杂海上风险下救助业的发展，徐雯梅在《我国海上搜救现状及建议》一文中提出应当扩展救助报酬形式；于杰在《国家主管机关海难救助法律问题研究》一文中建议对于国家机关主导的救助可以给予一定的报酬。

关于"优位"的概念，民商法学界曾有学者曾提出"私法优位主义"，指的是私法较之公法应居于优越地位，对于市场经济，公权力不应当广泛干预，只有在适用私法无法维护公平正义时，公法才介入适用。私法在市场经济中具有优势地位。[5]谢晖在《私法基础与公法优位》[6]一文中提出不同观点，其认为公法与私法相比，在调节内容、适用基础、政治属性等方面具有差异性，公法较私法在适用上应具有优位性。汪习根等在《论法治社会私法的非优位性——对公、私法定位的再反思》一文中对"私法优位论"提出批驳，私法优位论主张私法在整个法律体系中居于首要的核

[1] 刘本荣：《海上人身伤害不真正连带债务初探》，全国海事法院第十四届审判研讨会，2005 年。

[2] 刘刚仿：《论海难救助的客体》，对外经济贸易大学法学系 2006 年博士学位论文，第 195 页。

[3] 穆建华：《海上人命救助相关法律问题研究》，大连海事大学法学系 2011 年硕士学位论文，第 9 页。

[4] 赖尚斌：《海上人身伤亡案件的法律适用》，载《中国海商法年刊》2005 年第 1 期。

[5] 梁慧星：《市场经济与法制现代化——座谈会发言摘要》，载《法学研究》1992 年第 6 期。

[6] 谢晖：《私法基础与公法优位》，载《法学》1995 年第 8 期。

心地位，是法的重心，应当将体现自由平等精神的私法置于市场经济法律体系的核心地位。[1] 康敬奎在《社会优位下的权利本位》中提出了“社会优位理念”，指的是“当个人权利与社会权利冲突时，社会权利应优先于个人权利”。[2] 法理学界同样已经开始使用有关优位的理论论证相关概念在适用上的优先性与地位上的优势性，魏治勋在《文义解释在法律解释方法中的优位性及其限度》一文中[3] 提出，法律解释中最为基础的方法为文义解释，文义解释由于其在释法的功能性与效果性上均优于其他法律解释方法，因此具有优位性——意即“优势的地位”。[4]

在政治学上，亦存在“优位”的概念，王瑜在《日本自民党“一党优位制”的终结》一文中分析了日本政体中的“一党优位制”的具体含义，指的是实行民主主义的国家，特定政党长期占据优势地位而在政权中作为核心执政党长期执掌权力的体制，“优位”在政治学中的解释同样指“优势的地位”。[5] 张宪丽、高奇琦所著的《社会优位协商：美国民主党与社会的互动模式研究》中提出观点，认为美国民主党与社会的关系是“社会优位协商模式”，具体指在政党与社会的关系中，由社会及社会组织占据优势地位。[6] 高奇琦在《政党优位协商：新加坡人民行动党与社会的互动模式》一文中根据政党的地位研究，提出“政党优位协商是指在政党与

---

〔1〕 汪习根等：《论法治社会私法的非优位性——对公、私法定位的再反思》，载《华中师范大学学报》(人文社会科学版)2003 年第 1 期。

〔2〕 康敬奎：《社会优位下的权利本位》，载《求是学刊》2005 年第 3 期。

〔3〕 魏治勋：《文义解释在法律解释方法中的优位性及其限度》，载《求是学刊》2014 年第 4 期。

〔4〕 魏治勋：《文义解释在法律解释方法中的优位性及其限度》，载《求是学刊》2014 年第 4 期。

〔5〕 王瑜：《日本自民党“一党优位制”的终结》，载《当代世界与社会主义》2005 年第 3 期。

〔6〕 张宪丽、高奇琦：《社会优位协商：美国民主党与社会的互动模式研究》，载《上海行政学院学报》2014 年第 2 期。

社会的关系中,政党处于优势地位,主导、调控整个政治社会关系”。[1]

“海事优位权”的概念最早由司玉琢教授在《海事赔偿责任限制优先适用原则研究——兼论海事赔偿责任限制权利之属性》一文中提出,[2]其认为,海事赔偿责任限制在外部与内部关系上均优先适用,[3]“海事优位权”属于特殊的形成权。[4]有关人命救助优位的问题,司玉琢教授在《海商法专论》一书中率先提出,人命应当优先于船舶等财产得到救助。[5]但目前学界尚未对有关海难救助下人命救助的修改形成体系性观点与论述,本质思想零散地见于一些期刊论文,但未形成体系。比较具有代表性的是:傅志军撰写的《海难救助价值目标发展的研究》[6]与刘长霞撰写的《论主管机关的海难救助报酬请求权》[7]。这些文章对人命救助报酬的支付和分配提出了不同于传统观念的看法,但并未涉及人命救助制度的核心问题——人命优位,即海上遇险人员相较遇险财产应具有优势地位,人命应具有优先于其他财产得到救助的地位,人命救助的报酬应该得以优先支付。而相关文章的论述并未

---

〔1〕 高奇琦:《政党优位协商:新加坡人民行动党与社会的互动模式》,载《社会主义研究》2014年第2期。

〔2〕 司玉琢:《海事赔偿责任限制优先适用原则研究——兼论海事赔偿责任限制权利之属性》,载《中国海商法年刊》2011年第2期。

〔3〕 外部关系上“即船舶优先权、船舶抵押权、船舶碰撞以及船舶扣押制度等都不影响海事赔偿责任限制的优先适用”。内部关系上是指“除并行于海事赔偿责任限制的责任限制制度外,所有其他责任限制制度,要么受制于海事赔偿责任限制,要么共享海事赔偿责任限制的限额”。参见司玉琢:《海事赔偿责任限制优先适用原则研究——兼论海事赔偿责任限制权利之属性》,载《中国海商法年刊》2011年第2期。

〔4〕 司玉琢:《海事赔偿责任限制优先适用原则研究——兼论海事赔偿责任限制权利之属性》,载《中国海商法年刊》2011年第2期。

〔5〕 司玉琢:《海商法专论》(第3版),中国人民大学出版社2015年版,第271页。

〔6〕 傅志军:《海难救助价值目标发展的研究》,载《海大法律评论》2008年第1期。

〔7〕 刘长霞:《论主管机关的海难救助报酬请求权》,载《中国海洋大学学报》2013年第2期。

涉及人命救助报酬应该由谁来支付和怎样支付。值得注意的是，2017 年 2 月 14 日《中华人民共和国海上交通安全法(修订草案征求意见稿)》正式发布，在此征求意见稿中明确规定，国务院和有关地方人民政府根据需要设立海上搜救中心，负责海上搜救的组织、协调和指挥工作，[1] 人命搜救优先于环境和财产救助。[2] 我国立法机关已经在法律制定过程中开始注重适用人命优于财产的观念。

综上所述，现在国内外对于海难救助制度下的人命救助制度的研究尚属起步阶段，有价值、成系统的研究不多，有待进一步深入研究。

---

〔1〕《中华人民共和国海上交通安全法(修订草案征求意见稿)》第 19 条。

〔2〕《中华人民共和国海上交通安全法(修订草案征求意见稿)》第 67 条。

第一章　海难救助下的人命救助制度面临现实困境

第一节　现行海难救助制度下的人命救助

一、海难人命救助的概念

海难救助(Salvage At Sea,又称海上救助)是海商法里较为特殊的法律制度之一,救助人只要在海洋中或者与海洋相连的可航行区域内,对遭遇海上风险的船舶、属具、货物等财产以及客货运费进行了成功的救援,便可得到相应的救助报酬。[1]海难救助制度经过漫长发展,已成为海商法下特有的法律规制,[2]证明海难救助的成立并获得海难救助报酬必须满足以下几个要素:危险源自海上风险、救助是出于自愿而非强制性义务或合同、救助行为实现了全部或部分救助效果。[3]

---

〔1〕 司玉琢:《海商法专论》(第3版),中国人民大学出版社2015年版,第265页。

〔2〕 Francis D Rose. Kennedy&Rose,"Restitution for the Rescuer". *Oxford Journal of Legal Studies* 9,1989,p. 169.

〔3〕 Bruce D. Landrum,"Salvage Claims for the Navy and Coast Guard—A Unified Approach",*Naval Law Review* 38,1989,p. 215.

海难救助中的人命救助与陆地上的人命救助存在根本性不同:一是发生的区域不同,海难救助中的人命救助发生于海上,根源是为了应对海上特殊风险,陆地上人命救助应对的是其他情形下的人命救助,但遇险人员并不面临海上风险;二是提供救助者的义务程度不同,海难事件发生后,海上航行船舶的船长在不危及本船的情形下,对于海上遇险人员存在救助的强制性义务,[1]但在陆地上发生的人命救助中,除了国家机关存在法定的救助义务之外,其他主体并不存在救助遇险人员的强制性义务。[2]经过若干个世纪的漫长发展,有关海难救助制度的较为成功的国际立法有《1910 年统一海难援助和救助某些法律规定公约》与《1989 年国际救助公约》以及《修正 1910 年统一海难援助和救助某些法律规定公约的 1967 年议定书》。有关海难人命救助的定义,根据《1910 年统一海难援助和救助某些法律规定公约》第 11 条与《1989 年国际救助公约》第 10 条的规定,是指救助人"在海上援救有丧生危险的任何人员"。[3]综上所述,海难人命救助是指:救助人在海上援救有丧生危险的任何人员。海上人命救助中的"人命"是海商法中相较于财产的习惯称谓,[4]意指海上遇险人员,因此本书中对于救助海上遇险人员使用"海难人命救助"的概念。

救助人命一直作为船长的义务在国际法与各国国内法中存在,而根据《1910 年统一海难援助和救助某些法律规定公约》第 1

---

〔1〕 例如《中华人民共和国海商法》第 174 条规定:"船长在不严重危及本船和船上人员安全的情况下,有义务尽力救助海上人命"。

〔2〕 参见徐国栋:《见义勇为立法比较研究》,载《河北法学》2006 年第 7 期。

〔3〕 《1910 年统一海难援助和救助某些法律规定公约》第 11 条:船长在海上发出遭遇生命危险的每一个人,即使是敌人,都必须援助,只要这样做对其船舶、船员和旅客没有严重危险。船舶所有人不因上述规定的违反而承担责任。《1989 年国际救助公约》第 10 条:1. 只要不致于对其船舶及船上人员造成严重危险,每个船长都有义务援救在海上有丧生危险的任何人员。

〔4〕 参见司玉琢:《海商法专论》(第 3 版),中国人民大学出版社 2015 年版,第 262 页。

条对海难救助的定义，海难救助是指对“处于危险中的海船、船上财物和客货运费的援助和救助，以及海船和内河船舶相互之间提供的相同性质的服务”，而且无论在何种水域提供了上述服务。而《1989年国际救助公约》针对海难救助的定义在第1条做出了界定：“在可航行水域或其他任何水域内，援救处于危险之中的船只或任何其他财产的行为或活动”。从条文分析，现行国际公约中对于海难救助的定义，并未包含对遇险人员的救助，即目前对于海上遇险人员的救助暂无法适用通行的有关财产的海难救助规定。[1]

二、海难人命救助的历史沿革

海难救助属于较为特殊的海商法规范机制，海难救助与海洋运输贸易乃至人类历史文明的发展相互交织、相互影响。海难救助旨在维护船只航行安全，减少海上作业的风险，推动航运业得以平稳快速发展。海洋运输面临的海上风险极大，即便是航海技术高超的船员，依旧无法完全避免海难事故的发生。在海上救助遇险人员一直作为船长的法定义务而存在，长期以来，救助者假如在面临人命急迫危险时熟视无睹，须承担刑事责任。至少在公元前，零散的海难救助法例就曾不断地出现在地中海沿岸文明国家的法律中，公元前18世纪，古巴比伦王国的《汉谟拉比法典》已有关于海难救助责任、救助费用、海难救助的记载。[2]公元前900年出台的《罗德海法》(Rodian Law)里，做出了清晰的记录：“海

---

〔1〕 Susanne M. Burstein, "Saving Steel over Souls: The Human Cost of U. S. Salvage Law", *Tulane Maritime Law Journal* 27, 2002, p. 309.

〔2〕 Lawrence Jarrett, "The Life Salvor Problem in Admiralty", *YALE L. J.* 63, 1954, p. 791.

难救助人员可拥有救助财物 1/5 的权利。"[1]中世纪后,作为海事法发源地的地中海,航运业仍十分活跃,拜占庭帝国时期就已经有了海难救助的规定,而地中海周边海域建立了很多的城邦,与海洋运输有关的法院也先后建立,同时部分海洋运输规范被编写成册。[2]

随着人类生产力水平的提高,大西洋上的一些重要港口城市的海上贸易发展速度非常快,产生了各类海事习惯法。[3]中世纪以后,欧洲很多国家编制了和航海救助相关的法律文件。在此时期,海事习惯法大部分为私人所撰写,相对来说富有特色。在此之中,对现代影响颇为深远的海事法包括三个:《奥列隆惯例集》(Lex Oleron)、《康索拉度海商法典》(Lex Consolato)以及《维斯比海法》(Law of Wisby)。其中,《奥列隆惯例集》与《康索拉度海商法典》对于海难救助均作出清晰明确的规定。[4]《奥列隆惯例集》因为编写时间并不明确,初步估测是在公元 11 世纪到公元 13 世纪,在这本著作里,参考了法国奥列隆市海事法庭的很多裁决书与习惯法中与海难救助相关的内容,对大西洋沿岸各国影响颇为深远,也推动了欧洲海事法的形成与发展。[5]《康索拉度海商法典》是公元 14 世纪在巴塞罗那编纂而成的,它收集了在地中海沿岸流传久远的海事习惯与相关理论,所以也被称为《巴塞罗那海事法典》。"康索拉度"原来的含义是"审判官",这一法律文件

---

〔1〕 James A. R. Nafziger, "Historic Salvage Law Revisited", *Ocean Development & International Law* 31, 2000, p. 86.

〔2〕 Steven F. Friedell, "Salvage", *J. MAR. L. & COM.* 31, 2000, p. 316.

〔3〕 James A. R. Nafziger, "Historic Salvage Law Revisited", *Ocean Development & International Law* 31, 2000, p. 87.

〔4〕 James A. R. Nafziger, "Historic Salvage Law Revisited", *Ocean Development & International Law* 31, 2000, p. 88.

〔5〕 Martin Davies, "Obligations and Implications for Ships Encountering Persons in Need of Assistance at Sea", *PAC. RIM. L & POL'Y J.* 12, 2003, p. 116.

是审判官审理案件并裁决的根据，也是这一时期最完善的海商法，对之后欧洲海商法的进一步发展影响非常大。[1]步入到近现代社会以后，欧洲航海业获得了快速的发展，各个地区的海事惯例法逐步得到了融合，形成了很多国家均适用的成文法。17 世纪 80 年代初期，法国国王路易十四编制的《法国海事条例》开创了海难救助法的先河。[2]《法国海事条例》明确指出，本国民众对于在海洋遭遇海上风险的船舶与船员要不遗余力的提供援救，假如并未施救则需要负担相应的刑事责任，充分体现了自然法和海事法的密切结合。[3]《法国海事条例》通过成文法的方式给予了救助者请求报酬的权利，而且于其第 2 条中明确指出："抢夺遇难船只，判处死刑，法官不能做出赦免的裁决。"[4]为优化和改善海难救助法律关系，19 世纪末，很多国家编制了和海事法与海难救助相关的法律条文、文件等。[5]

海难救助法是海商法里发展相对较为平稳、最能体现尊重传统原则的法律规制，伴随海洋运输工具的推陈出新与航运业的发展而得到缓慢更新。根据立法历史的发展，可以将海难救助的国际立法分为以下几个特定的历史时期，从古至今分别为：遇险物自由掠夺时期、占有遇难物时期、禁止占有遇难物时期、建立海难救助时期与国际统一时期。[6]从掠夺到占有到禁止占有到统一的

---

〔1〕王彦：《康索拉度海法评述》，载《中国海商法研究》2017 年第 2 期。

〔2〕James A. R. Nafziger, "Historic Salvage Law Revisited", *Ocean Development & International Law* 31, 2000, p. 88.

〔3〕刘刚仿：《论海难救助的客体》，对外经济贸易大学法学系 2006 年博士学位论文，第 37 页。

〔4〕穆建华：《海上人命救助相关法律问题研究》，大连海事大学法学系 2011 年博士学位论文，第 67 页。

〔5〕穆建华：《海上人命救助相关法律问题研究》，大连海事大学 2011 年博士学位论文，第 68 页。

〔6〕参见司玉琢：《海商法专论》（第 3 版），中国人民大学出版社 2015 年版，第 262 ~ 263 页。

救助制度，有关海难救助立法精神的改变，正是随着人类科技水平与文明程度的发展而不断进步，反映了社会对于财产价值取向的改变。海上救助人命作为一项国际公法上的义务被沿袭至今，如《1910年统一船舶碰撞某些法律规定的国际公约》第8条明确指出在不威胁本船船舶、船员与乘客安全的状况下，船长对于发生碰撞事故船舶的人员需要承担救助的法定义务。[1]在传统及现行海商法里，救助人命一直作为船长的义务存在，从现行海难救助制度的构成要件分析，作为义务存在的人命救助已被排除于外。

三、海难人命救助的法律性质

海难人命救助，是指救助人援救在海上有丧生危险的任何人员，这种援救来自人类长期以来应对海上风险形成的特殊规制，[2]关于海难人命救助的法律性质，首先需要厘清海难救助的法律性质。对于海难救助的性质，基于不同的法理有不同的理解，比较有代表性的有无因管理说、见义勇为说、不当得利说等。[3]其中，无因管理说最为普遍，从形式构成要件分析，民法中的无因管理确实与海难救助存在相似之处。[4]“无因管理”表示不存在任何公法义务，为避免损失的发生（包含自身和他人的损失，或者只是他人的损失），自觉管理他人的事情或服务于他人的

---

〔1〕《1910年统一船舶碰撞某些法律规定的国际公约》第8条：“碰撞发生后，相碰船舶船长在不致对其船舶、船员和旅客造成严重危险的情况下，必须对另一船舶、船员和旅客施救”。

〔2〕郭萍、于泓：《论救助款项的含义——兼论对“中华人民共和国海商法”部分条文的理解》，载《当代法学》2002年第12期。

〔3〕于杰：《国家主管机关海难救助法律问题研究》，大连海事大学2013年博士学位论文，第34页。

〔4〕司玉琢：《海商法专论》（第3版），中国人民大学出版社2015年版，第266页。

法律事实。[1]财产所有人应当支付必要的管理费用或管理人遭受的损失。但是,海难救助之所以非常特殊,原因是可以索要高额的报酬,并且这类救助报酬受到船舶优先权的担保而享有优先受偿的权利。无因管理人可能因为占有标的物而享有留置权,但海难救助报酬的请求权为法定的非转移占有担保物权,与无因管理人行使权利的基础具有根本不同。[2]而民法下的见义勇为的施救人是没有救助报酬请求权的,但海难救助的救助人是可以请求救助报酬的,[3]这在本质上否定了海难救助的"见义勇为"性质说。[4]

海难救助的"不当得利说"的理由是被救助人无法定原因但接受了救助人提供的救助,从而在事实上获得保全财产的利益,同民法上的"不当得利"具有相似特征。[5]但民法上的不当得利是建立在利益人的利益受损的基础上,不当得利人需要返还利益,而海难救助引起的救助报酬本质上是对于救助行为获得救助效果的酬劳,救助人的利益并没有受到损害。[6]因此,海难救助与不当得利有本质上的区别。在民法上无法找到与海难救助完全一致的对应概念,这是由于海商法来自长期的海上生产生活实践,形成有其特殊规律与原因,[7]难以用陆上法律一一对应。

---

〔1〕 徐国栋:《见义勇为立法比较研究》,载《河北法学》2006年第7期。

〔2〕 司玉琢:《海商法专论》(第3版),中国人民大学出版社2015年版,第266页。

〔3〕 包括在财产救助中实施了人命救助行为的救助人同样可以获得救助报酬,参见《1989年国际救助公约》第16条第2款的规定:"在发生需要救助的事故时,参与救助作业的人命救助人有权从支付给救助船舶,其他财产或防止或减轻环境损害的救助人的报酬中获得合理份额"。

〔4〕 穆建华:《海上人命救助相关法律问题研究》,大连海事大学法学系2011年博士学位论文,第69页。

〔5〕 于杰:《国家主管机关海难救助法律问题研究》,大连海事大学法学系2013年博士学位论文,第36页。

〔6〕 徐国栋:《见义勇为立法比较研究》,载《河北法学》2006年第7期。

〔7〕 司玉琢:《海商法专论》(第3版),中国人民大学出版社2015年版,第267页。

笔者认为，在研究海难救助的法律性质时，必须根据海难救助具体类型的不同进行判断，依据雇佣救助合同实施的救助，并不涉及无因管理等性质，救助行为源于契约的约束，此种类型的救助义务属于合同义务。由政府机关主导或控制的救助，救助行为源自其法定职责，其性质属于法定义务，同样并不具有无因管理、见义勇为的性质。而最容易引起困惑的是人命救助，即船长存在强制性的救助义务下对海上遇险人员提供的援救。如前文所述，海难救助与民法下的无因管理、见义勇为、不当得利均存在不同，特别是当这种救助是在救助人负有强制性义务的前提下提供，其法律性质更加难以利用现行民法理论直接适用。[1]

与陆地上的人命救助不同，海难人命救助的法律性质将直接决定人命能否作为海难救助客体及其是否享有独立的报酬请求权。目前，美国法院将海难人命救助作为"准合同"应用于具体裁判之中，[2]"准合同"理论是英美法系中的特殊概念，是指一方当事人在给予另一方当事人提供某种利益过程时，就期望该利益的付出价值能够从另一方得到合理的报偿，而另一方当事人应知道或尽量满足前者的期望值。[3]虽然在海上风险的情形下救人性命是一种美德，同样是船长的义务，但若救助者确实提供了迅速高效的救助，并有力地维护了他人的生命利益，并且为救助承担了很大的责任风险，因此可以获得合理费用的补偿与奖励。从"准合同"的法理意义分析，其与无因管理具有相同性质，是一种以维护公平为基本初衷的法律机制，即在遵循成文法裁定可能存在明显的有失公平之际，利益的受损一方可据此而获得合理、合法、正

---

〔1〕 傅廷中：《雇佣救助合同的性质及其法律适用》，载《中国海商法研究》2016年第3期。

〔2〕 Geoffrey Brice, *Maritime Law of Salvage*, London, Sweet & Maxwell Press, 1996, p. 15.

〔3〕 S Stoljar, *The law of Quasi Contract*(2nded.), Sydney, The Law Book Co. Press, 1989, p. 12.

当的价值补偿。笔者认为,海难人命救助的法律性质作为“准合同”处理较为适宜,有关“准合同”理论在海难救助中的裁判与实践,将于本书第四章第二节进行详细的论述。

第二节 现行人命救助制度引发的道德风险

虽然科技水平已使人类远洋航海能力得到大幅提升,但海上风险却依然存在,发生救助海上遇险人员的情形并不鲜见。根据相关报道,自2013年1月到2017年6月,仅在我国南海地区出现的船只遇险事故中,海事部门就已成功援救国内外遇险者3398人。[1]由于救助案件呈高发态势,我国专门在湛江、海口、西沙建立了三个常设救援点,安排常备执勤的专业化救援队伍在此驻扎。[2]然而,在救助海上遇险人员事件频发的现实情况下,对于现行海难人命救助制度的诟病却颇多。[3]在现行海商法体系中,海难救助若需要获得报酬,须满足以下四个条件:(1)被救援的客体需为现行法律认可的范畴,(2)被救援的客体处于危险之中,(3)提供救援的行为出于自愿,(4)救援行为需要取得相应的救助效果,即救助成功或部分成功。现阶段,国际通行的海难救助公约和议定书有以下三个:依次是《1910年统一海难援助和救助某些法律规定公约》《修正1910年统一海难援助和

---

〔1〕 刘志强:《我国始终追求维护南海船舶航行安全》,载《人民日报》2016年7月11日,第006版。

〔2〕 刘志强:《我国始终追求维护南海船舶航行安全》,载《人民日报》2016年7月11日,第006版。

〔3〕 Jason Parent,“No Duty to Save Lives, No Reward for Rescue: Is that Truly the Current State of International Salvage Law?”, *Annual Survey of International & Comparative Law* 12, 2006, p. 131.

救助某些法律规定公约的 1967 年议定书》《1989 年国际救助公约》。

《1910 年统一海难援助和救助某些法律规定公约》第 11 条[1]与《1989 年国际救助公约》第 10 条[2]中明确指出：船长对在海洋遭遇危险的人员拥有法定救助义务，而大部分国家缔约参加了上述两个国际救助公约，并通过国内立法的方式，使人命救助义务成为了各个国家与地区有关海难救助法律体系里不可或缺的内容。[3]但正是由于海上救助人命一直作为船长的义务存在，因此，出现了海难人命救助的构成要件与现行海商法中“海难救助”的构成要件存在不同，致使无法适用现行海难救助制度的其他规定内容。

在现行海难救助制度的规定下，救助者提供救助的行为需要基于自主自愿的基础下进行，即救助者在提供救援时不能出于法定义务。[4]假如救助者提供援助是依据法律需要承担的相应义务，如海岸警卫队对于遇险人员的救助，那么救援行为显然就并不属于现行海商法下海难救助制度的调整范围。[5]笔者认为，现行海难救助理论无法保证人命在海上特殊风险环境下得到优先救助，而造成本书引言中述及的“埃姆布勒姆”案件[6]悲剧的原因，正是源于现行海难救助制度对于人命救助制度规定的不足，

---

[1] 《1910 年统一海难援助和救助某些法律规定公约》第 11 条：“对于海上发现的遭遇生命危险的每一个人，即使是敌人，只要对其他船舶、船员和旅客不致造成严重危险，每一船长都必须施救 ”。

[2] 《1989 年国际救助公约》第 10 条第 1 款：“只要不致于对其船舶及船上人员造成严重危险，每个船长都有义务援救在海上有丧生危险的任何人员。”

[3] 王蝉：《关于海上人命救助报酬问题的初探》，载《珠江水运》2005 年第 4 期。

[4] [美]G. 吉尔摩、C. L. 布莱克：《海商法》，杨召南等译，中国大百科全书出版社 2000 年版，第 723 页。

[5] 笔者注：因此在一般情况下，海岸警卫队等具有救助义务的国家机关无法请求救助报酬。

[6] The *Emblem*, 8 F. Cas. 611 D. Me(1840).

其弊端主要体现于以下几点:

一、人命不属于海难救助客体

理论界一般认为,海难救助包含纯救助[1](Pure Salvage)、合同救助(Contract Salvage)[2]与强制救助(Mandatory Salvage)这三种[3],司玉琢教授指出:海难救助指对遭遇海上风险的船只、货物、所有或部分的运费,由外部力量予以救援的行为,无论这一行为出现于何种水域。[4]在实施海难救助时,必须要确保标的为物,并未将人包含在内,如《中华人民共和国海商法》第171条就明确指出海难救助"适用于在海上或者与海相通的可航水域,对遇险的船舶和其他财产进行的救助",并未将海上遇险人命视为海难救助的客体。对于海难救助的客体,现行国际法由于制定年代的不同,而出现了范围上的不同调整。

(一)《1910年统一海难援助和救助某些法律规定公约》

20世纪以前,大陆法系国家对于海难救助仍然存在"捞救"与"救助"的区分,并适用于不同的法律关系。而CMI于1905年

---

〔1〕"海难救助是海商法中特有的制度,它的历史可以说是和人类航海贸易的历史一样悠久,其发展经历了漫长的历史演进过程。在海难救助制度创设以前,遇难海上财产可以被自由掠夺和捕获。直到公元前9世纪,在地中海地区产生了《罗德海法》,其中已有海难救助者可享有五分之一被救助物的权利的规定。"参见傅志军:《海难救助价值目标发展的研究》,载《海大法律评论》2008年第1期。

〔2〕"现代海商法已不再把雇佣救助列为海难救助的范畴,而是划归海上服务项目"。参见司玉琢. :《海商法专论》(第3版),中国人民大学出版社2015年版,第272页。

〔3〕傅廷中:《雇佣救助合同的性质及其法律适用》,载《中国海商法研究》2016年第3期。

〔4〕参见司玉琢. :《海商法专论》(第3版),中国人民大学出版社2015年版,第262页。

在比利时召开会议,明确指出要放弃捞救和救助之间的划分。[1]在制定《1910年统一海难援助和救助某些法律规定公约》时,比利时、德国等一些政府率先不再区分"捞救"与"救助"的概念,这种统一性在救助公约的制订过程中得到认可。[2]《1910年统一海难援助和救助某些法律规定公约》条文中虽然存在救助(Salvage)与援助(Assistance)的用词区别,但对二者在适用法律的效果上不再进行区分。[3]该公约于1910年9月23日被通过,在1931年3月1日后具备法律效力。截至2017年10月,70余个国家与地区参与缔结此公约,其对海难救助法律体系的完善具有不容忽视的积极影响。这一公约遵循了"无效果、无酬劳"的基本性原则,针对救助涉及的客体,救助船只和被救助船只的范围、救助酬劳的明确、分配等做出了清晰规定,指出这一公约不能被适用于军舰或政府公务船只上。《1910年统一海难援助和救助某些法律规定公约》第1条以"江海船(包含和其存在救助关系的内河船)、船只上的财产与运费"视作该公约下救助客体的范围,并明确指出这一公约条款适用于海难救助时,仅在缔约国相关法律并未做出明确规定的情况下方可适用,[4]将人命救助排除于海难救

[1] 大陆法系在20世纪前对海难救助区分"救助"与"捞救","救助"是指船舶、属具及其财产尚没有脱离所在船舶船员的控制,而由第三方提供救助,使船舶等财产脱离危险的行为。"捞救"与"救助"的主要区别在于船舶、属具及财产已经脱离了原所在船舶船员的控制,而由第三方提供救助行为使其脱离危险的行为。参见Simon W. Tache, "The Law of Salvage: Criteria for Compensation of Public Service Vessels", *Mar. Law.* 9, 1984, p. 85。

[2] 以意大利为首的一些国家不同意对捞救和救助不加区别的做法,意大利在1925年6月24日的939号法令和《1942年航海法》(Code of Navigation)中仍坚持了对捞救和救助进行区别的立法——笔者注。参见韩立新、王秀芬:《各国(地区)海商法汇编》(中英文对照)下卷,大连海事大学出版社2003年版,第1547页。

[3] 参见韩立新、王秀芬:《各国(地区)海商法汇编》(中英文对照)下卷,大连海事大学出版社2003年版,第1547页。

[4] 《1910年统一海难援助和救助某些法律规定公约》第13条、第14条、第15条的规定。

助客体范围之外。

（二）《修正1910年统一海难援助和救助某些法律规定公约的1967年议定书》

1967年5月7日在布鲁塞尔举行的第12届海洋法外交会议中，《修正1910年统一海难援助和救助某些法律规定公约的1967年议定书》正式出台，该议定书于1977年8月后具备法律效力，其对于《1910年统一海难援助和救助某些法律规定公约》所做的修正仅仅体现于"适用船只"上，该公约第1条将救援标的范围扩充至包含军舰与政府公务船等船只上，其余内容是对公约签订、批准流程做了一定的修正。所以国际社会普遍认为该议定书对海难救助制度而言影响力较为有限，[1]并未涉及将人命纳入海难救助客体范围内的议题。

（三）《1989年国际救助公约》

从国际法的发展变化分析，海难救助的客体随着水上载具的发展以及运输科技的进步乃至人类海洋活动的发展而不断扩大。《1989年国际救助公约》出台后，[2]救助客体被扩充至船舶与其他任何在水上遇险的财产，[3]而且把避免或减少环境污染视作救助客体的范围。同时该公约扩充了适用范畴。第2条明文指出："该公约适用在盟约国提出的和该公约相关事项的诉讼或仲裁"，不再类似《1910年统一海难援助和救助某些法律规定公约》要求救助船或被救助船一方为缔约国船舶，而其对适用水域也作出了

[1] Ross A. Albert, "Restitutionary Recovery for Rescuers of Human Life", *CAL. L. REV.* 74, 1986, p. 92.

[2] 《1989年国际救助公约》于1996年7月14日起生效。

[3] 参见《1989年国际救助公约》第1条。

清晰的规定——“可航水域或其他水域”，这一公约明确指出开展救助工作时不再要求有一方是海船，因此，其适用范围扩大到了不与海相通的内陆水域，与人类文明鼓励救助的精神相符合。[1]尽管《1989年国际救助公约》并未将环境直接并入至救助客体的定义内，但由于编制了特殊补偿条款，因此可以将环境认作该公约下的海难救助客体。[2] 1992年实施的《中华人民共和国海商法》中明文指出，海难救助的客体范围仅为船舶与海上财产，[3]但在针对“避免与减少环境污染”的相关规定上与《1989年国际救助公约》内容基本达到了统一。[4]《1989年国际救助公约》的制定源自于客观环境的变化：一是海难救助的构成要件发生了变化。随着科技的变化及人类海洋活动的扩展，救助标的中的海上财产的客体范围不断扩大，除了《1910年统一海难援助和救助某些法律规定公约》中所规定的船舶及其他财产，还出现了海上钻进平台、水上飞机、海洋勘探设备、大型浮船、半潜船、专业运输船舶等多种新型的海上财产。专业载具与设备的出现，也使救助人面临的海上风险发生了较大的变化，很多领域只有专业救助人才能开展救助。

海上风险的巨大变化也同样影响了海难救助客体的变化，例

---

[1] 根据《1989年国际救助公约》第30条第1款的规定：任何国家在任何时候在签署、批准、接受、核准、加入本公约时可以就公约的适用作如下保留：(a)当救助作业发生在某一国家的内陆水域且所有船舶是在内陆水域航行；(b)当救助作业发生在某一国家内陆水域但没有船舶涉及；(c)当救助发生时，所有的参与及涉及救助利益的当事人都是某一国家的国民；(d)当救助的财产位于某一海床，且涉及某一国家史前的、或具有考古学价值的，或历史价值利益的海上文化遗产时。这就意味着根据上述规定，当有关主权国家依据公约的规定，对上述海上或内陆财产的救助对公约的适用做出保留时，则上述船舶或财产则不属于《1989年国际救助公约》所界定的海难救助的客体的范围。

[2] 参见《1989年国际救助公约》第14条。

[3] 参见《中华人民共和国海商法》第171条。

[4] 参见《中华人民共和国海商法》第182条。

如,1969年发生的“托利·堪庸”号油污案件,导致大西洋出现了严重的污染,[1]为了控制油污造成的影响,国际社会付出了巨大的人力与物力。再如,发生于1978年的史上最大油污事件——“阿莫科·卡地兹”号漏油事故造成了2.3万吨原油外溢,给海洋生态造成了巨大的破坏,其带来的负面效果,可能需要上百年的投入与持续修复。[2]而这些大型漏油类事故的处理很难将环境进行复原,救助人往往投入了大量的人力、物力、财力却不能取得明显的实质性效果,如果在对此类事件的环境救助中依然坚持“无效果、无报酬”等传统方式,就不再有专业的救助人愿意忽视经济因素而自愿救助此类有污染威胁的船舶,不利于生态环境的保护。而此类漏油事件往往造成的是灾难性后果,不加以控制而产生的后果可能带来对于海洋文明的整体影响。这些客观因素的变化促使了《1989年国际救助公约》对海难救助客体范围的改变,但《1989年国际救助公约》同样并未对人命纳入海难救助的客体范围做出规定。《1989年国际救助公约》第10条明文指出若不会对船只或船只上的人员产生严重威胁,所有船长均负有救助处在危险之中的所有人员的义务。由于该公约仍然将人命救助规定为船长的义务,按照目前通行的海商法理论,负有义务的作为无法成为海难救助的客体,因此,《1989年国际救助公约》将人命排除于海难救助的客体范围。

在异常复杂且危险系数极高的海上环境中,竭尽可能的救援面临危险的人员是海上自然法的原生体现,也是若干个世纪以来船长无法逃避的法律义务,国际法将救助人命列为公法上的义务。这一规定从义务的视角出发,把救援人命排除于目前现行海难救助

---

[1] Geoffrey Brice, *Maritime Law of Salvage*, London, Sweet & Maxwell Press, 1996, p. 98.

[2] Geoffrey Brice, *Maritime Law of Salvage*, London, Sweet & Maxwell Press, 1996, p. 99.

制度的范围外，这也导致形成了违背常理的奇怪现象——在面临同样的海上风险时，财产救助人付出救助劳动可以诉诸高额的报酬，但人命救助人冒着同样的风险却无法取得任何利益。在今天，海难救助早已成为高技术难度的商业活动。同其他经营性活动一样，普通救助人冒着巨大的风险操作高难度的设备去救助海上遇险财产或者人员，也是为了获取利益。今天几乎所有国家的国内法，均要求悬挂本国船旗的船长救助海上遇险人员，并作为一项船长的义务规定下来，但却不给予相应的权利，寄希望于现代社会人类的高尚道德品质与人性本善，[1]无疑对实践无法起到有益引导。

二、人命救助无独立报酬请求权

虽然根据国际条约、习惯法与国内法，救助人命是一项毋庸置疑的义务，但现实上人们做出选择时都或多或少地会考虑经济性因素，而不仅仅是法律法规的强制性规定，这同样是为何会出现引言提及的“埃姆布勒姆”案[2]中，多达20余艘船舶路过遇险船舶而未施以援手的原因。海难救助与陆上救助的显著区别就是在海上开展救助作业的救助人可以就救助成功的财产索取救助报酬，普通法中的一项基本原则就是人不需要因为自己没有要求的利益而支付报酬，[3]如陆上发生的交通事故，救助人是不能因为救助了车祸遇险人员而索取救助报酬的，但是在海上风险的特殊环境背景下，救助人索取救助报酬是若干个世纪以来形成的习惯法，为海上通行规则。

国内外大部分国家出台的海商法明确指出：被救者自身对被

---

〔1〕 *Grisby* v. *Coastal Marine Serv. of Texas, Inc.*, 412 F. 2d 1011 (5th Cir. 1969).

〔2〕 The *Emblem*, 8 F. Cas. 611 D. Me. (1840).

〔3〕 *Grisby* v. *Coastal Marine Serv. of Texas, Inc.*, 412 F. 2d 1011, 1021 (5th Cir. 1969).

救援这一行为无须付出任何的报酬。[1]关于海难救助报酬的范围,《德国海商法》第 740 条规定:船员无法对船只进行有效控制时,第三者帮助面临危险的船只与货物摆脱困境,并处在安全区域,或在面临特殊状况时,第三者对遭遇危险的船只与货物进行救援,则救援者可依据本章的内容申请救助报酬;[2]《挪威海商法》第 224 条明确指出:针对面临危险的船只或船只上的货物实行救援行为的,有权利得到救助报酬。在开展救助活动过程中,救援了人命的,或参与了救援活动的,有权利由救助报酬里得到一定比例的数额;[3]《瑞典海商法》第 224 条明确指出:救援面临危险的船只或船只上的货物、财产等,所有实施了救援行为的人,都拥有权利获得救助报酬;[4]《日本商法典》第 800 条明文指出:船只或载运的所有或部分货物,在面临海上危险状况时,无须承担救援义务的救助者实施了救助行为,则依据获得的成效,可申请相应救助报酬;[5]《荷兰海商法》第 552 条明文指出:对遭遇危险的船只、货物与人员进行救援,并获得成功,或者对遭遇危险的船只、人员、漂浮物、残骸援救成功,可得到相应的救助报酬。[6]

虽然各国法律条款用语不同,但除荷兰的规定以外内容基本

〔1〕 Thomas J. Schoenbaum, *Admiralty and Maritime Law* (4thed.), Haryana, Thomson Business Press, 2004, p. 164.

〔2〕 Ross A. Albert, "Restitutionary Recovery for Rescuers of Human Life", *CAL. L. REV.* 74, 1986, p. 87.

〔3〕 Ross A. Albert, "Restitutionary Recovery for Rescuers of Human Life", *CAL. L. REV.* 74, 1986, p. 88.

〔4〕 Michael Kerr, "The International Convention on Salvage1989 – How It Came to be", *International and Comparative Law Quarterly* 39, 1990, p. 545.

〔5〕 Ross A. Albert, "Restitutionary Recovery for Rescuers of Human Life", *CAL. L. REV.* 74, 1986, p. 88.

〔6〕 Geoffrey Brice, "Salvage and Enhanced Awards", *Lloyd's Maritime and Commercial Law Quarterly* 1, 1985, p. 144.

相同，[1]即救助报酬是针对援救面临危险的船舶与货物等财产而言的，并未提及对于海上遇险人员的救助可以获得独立的救助报酬。救援财产可以获得相应的报酬，[2]这在海商法的发展历史上基本未发生过变化。救助人可以获得救助报酬在事先并不需要签订合同，这种权利来自习惯法，即使没有签订实际的合同，作为海难救助的受益者，被救财产的所有人应当为带给他利益的人提供补偿。[3]美国最高法院曾对救助所体现的政策做出过如下说明：救助的权利可能来自一份合同，但合同并不是救助所必需的。对于财产获得救助的所有人来说，为了拯救他的利益而付出劳动的人付出一定的报酬是一种法律责任。而无论他们之间是否签订了救助合同。[4]

就早期海难救助理论而言，包含两大原则分别是“无效果无报酬”与“获得的报酬不超出得到救助的财产总价值”。[5]通过上述两大原则可知，其包含的价值目标在于对物进行救援，旨在维护海上交易活动的正常开展。“无效果无报酬”原则的起源，是因为有关船舶优先担保的海事请求，需要以船舶等财产作为担保的载体，当没有财产得到救助时，海难救助报酬请求权等海事请求将无从获得担保，也无法对财产所有人进行对人诉讼（In Personam），救

---

〔1〕 Ross A. Albert, “Restitutionary Recovery for Rescuers of Human Life”, *CAL. L. REV.* 74, 1986, p. 90.

〔2〕 而救助款项，则是比较少见的概念。《中华人民共和国海商法》第 172 条第 3 款规定：“‘救助款项’，是指依照本章规定，被救助方应当向救助方支付的任何救助报酬、酬金或者补偿。”《1910 年救助公约》总则第 1 条中对于救助款项做出了明确的规定：“支付款项系指按本公规定应付的任何报酬、酬金或补偿。” 除《中华人民共和国海商法》与《1910 年统一海难援助和救助某些法律规定公约》外，没有其他成文法对救助款项做出明确规定，一般仅规定救助报酬。——笔者注

〔3〕 *U. S.* v. *Cornell Steamboat Co.*, 202 U. S. 184 (1906).

〔4〕 *U. S.* v. *Cornell Steamboat Co.*, 202 U. S. 184 (1906).

〔5〕 James A. R. Nafziger, “Historic Salvage Law Revisited”, *Ocean Development & International Law* 31, 2000, p. 86.

助报酬的索取就失去了意义。海难救助的救助人能够获得对于其所救助成功财产的优先权，给予救助人救助报酬的主要法律政策考量，是出于鼓励水手对于需要帮助的船舶及时施以援手。[1]克利福德大法官（Justice. Clifford）曾经说过："有关海难救助的公共政策出台的目的在于鼓舞敢于挑战、敢于冒险的海员，开展较为艰辛且危险系数较高的工作，使其能够抵御外部的各种风险，所以，在这些群体提供救援并得到了明显的效果时，要为其提供物质嘉奖"[2]。

由广义层面剖析，传统海难救助制度认为人命应包含于救助标的范围内，在此基础上产生了"绝对承认说"和"相对承认说"。这两大理论均认为人命救助尽管是人道义务与法律规定的义务，然而不可由此夺去救援者的报酬请求权。两大理论的不同之处，体现在是否认可人命救助报酬请求权的独立性，绝对承认说认为人命救助可以获得独立的救助报酬。[3]一般而言，人命救助被视为人类道德层面的义务，并不属于海难救助的客体范畴，救助者不得在仅救助了遇险人员而并未同时成功救助财产时，对于人命救助索取单独的救助报酬。就救助人而言，海洋上的人命救助可能涉及下列三种情形：第一，财产与人命均获得了救助者的救援；[4]第二，在开展救助工作时，只救援了面临危险的人员，并未对财产进行救援，然而在救援工作里，其他参与救援的人员使财产获得了救助；第三，仅仅存在人命救助，即"纯人命救助"，并未

---

〔1〕［加］威廉·台特雷：《国际海商法》，张永坚等译，法律出版社 2005 年版，第 192 页。

〔2〕The *Blackwall*, 77 U. S. (10 Wall.) 1. 14 (1869).

〔3〕司玉琢：《海商法专论》（第 3 版），中国人民大学出版社 2015 年版，第 265 页。

〔4〕《1910 年统一海难援助和救助某些法律规定公约》第 9 条："获救人员不支付报酬，但本条立法不影响国内立法在这方面的规定。在发生援助或救助的事故中参与提供服务的人命救助人，在给予船舶、货物及其附属品的救助人的报酬中，有权取得公平的分配份额。"

对财产进行救助，只是保障遇险人员摆脱了危险。

"无效果无报酬"（No Cure No Pay）是海商法对于海洋财产救援必须遵循的原则所作的规定。该原则不能被适用在人命救助上，原因在于无论人命救助是否可以获得成功，救助者都不能提起获取报酬的申请。根据国际法与中国相关法律，唯有财产与人员共同得到了救援，救助者才能够申请自被救援成功的财产对应的报酬里获得一定比例的人命救助报酬。对获得救援的被救者而言，不存在任何私法中的债权债务关系。[1]《1910年统一海难援助和救助某些法律规定公约》第9条、《1989年国际救助公约》第16条第1款[2]中明确指出，为救助者提供相应的救援报酬时，必须要考虑到人命与财产救助者在救援人命时投入的劳动与运用的技能。《中华人民共和国海商法》和《1989年国际救助公约》对救助海上遇险人员报酬的相关内容、原则、立法思维基本相似，《中华人民共和国海商法》第185条明文规定纯人命救助者不能单独获得报酬，但是拥有权利由其他财产救助者处得到的报酬里得到相对收益。美国法院适用相似的立法原则，在2016年发生的"桑格罗海事公司诉派公司"案（*Sunglory Maritime, Ltd.* v. *Phi, Inc.*）[3]中，法庭否定了原告的人命救助报酬请求，理由是认为人命救助无法享有独立的救助报酬请求权。

在"雅马西塔·苏聂康"案（The *In re Yamashita – Suinnihon*

[1] 参见司玉琢：《海商法专论》（第3版），中国人民大学出版社2015年版，第265页。

[2] 《1989年国际救助公约》第16条："在发生需要救助的事故时，参与救助作业的人命救助人有权从支付给救助船舶，其他财产或防止或减轻环境损害的救助人的报酬中获得合理份额"。换言之，人命救助方不得直接对获救人员请求酬金，但可以从救助船舶、财产、防止或者减少环境污染损害的救助方所获得的救助报酬中获得合理的份额。

[3] *Sunglory Maritime, Ltd.* v. *Phi, Inc.* 212 F. Supp. 3d 618（3Cir. 2016）.

Kisen)[1]中,一艘名为川西尼亚号(Transoneida)的船舶在两船碰撞时,对船员实施了救助,并对受损的船舶进行了“看护”,但是法院拒绝认定其具有人命救助报酬索赔的权利,理由是该船舶并不同时面临救人或救财物的选择,必须在有财产救助效果得以产生时,方可对人命救助人进行报酬支付,而且本案中法庭认为人命救助人对其救助利益的索取无权采取诉讼。但从目前海商法的发展实践情况分析,陪伴受损船舶、知会其他船只前方险情、传递紧急事件信息等行为均可以认作是救助行为从而享有救助报酬请求权,[2]因此,法律往往具有滞后性,不能满足实践快速发展的所有需求。

从现实角度分析,现今大多数救助均为专业救助人提供,在遇到紧急呼救时,救助船舶才启程前往救助现场,救助人平时维持设备运转、人员开支均需要资金维系,一个典型的救助人命的行动至少会产生潜水、系缆、船舶贴靠等多种费用,救助行为并非慈善行为,否则也不会有救助报酬概念的产生,如何让救助人不顾现实经济的考量,而随时做好救助海上遇险人员的准备?

“依据相关法律条文,救援人命这一行为无法获得相应的单独报酬请求权,仅仅可以被视作明确救助报酬的参考内容。根据财产救助者的申请明确救援报酬具体额度后,人命救助者才能够参加款项的分配。”[3]这表示人命救助者必须在环境或财产救助获得了良好成效时,才能获得相应的人命救助酬劳,例如,在“保罗海洋公司诉西罗销售公司”(*St. Paul Marine Transp.* v. *Cerro*

---

〔1〕 The *In re Yamashita – Suinnihon Kisen Case*. ,305 F. Supp. 796,1969 AMC 2102(D. C. Or. 1969).

〔2〕 Francis D. Rose. Kennedy & Rose, *The Law of Salvage* (6thed.), London, Sweet & Maxwell Press,2002,p. 262.

〔3〕 司玉琢:《中华人民共和国海商法问答》,人民交通出版社 1993 年版,第 163 页。

Sale Corp.)[1]这一案件里，原告将被大火点燃的船舶上的船员救到了其个人船舶上，并且灭掉了船舶中的熊熊大火，尝试着把船舶拖到安全地带，然而并没有获得成功。两个星期之后，遇到火灾的船只被其他船舶成功救援，法官裁决原告由于参加了救援财产得到相应酬劳，然而，不能由于搭载处于危险的船舶上的船员这一行为而申请得到人命救助的独立酬劳。现实中，现行海难救助制度将财产救援与环境救援的结果同人命救助者是否可以得到救助酬劳密切联系在一起，在一定程度上挫伤了人命救助者的救助热情，导致滋生道德风险。最终，在实践中产生财产与人命同时遇到危险时，救助人可能会为了获得酬劳，只选择援救遇险财产而漠视海上遇险人员。

上述案件中，法官如此裁决的原因，包括以下两方面：一是由于救助人命和救助财产并非共同实施的，财产得到救助是原告救援了遇险人员两星期之后发生的情形；二是人命救助的酬劳获得，根本条件是建立于当事者放弃救助财产的机遇这一前提条件上，并且原告尝试着搭载遭遇大火的船舶上的船员时，并未阻碍其实施救援财产的行为，原告决定放弃了救援财产，原因并非在于为了救援人命而无法对财产同时施救，深层次原因在于其救援能力不足，无法将遇到火灾的船舶拖走。但这种裁决结果的直接后果是将道德判断留给了船东与船长，[2]再有此类案件发生时，先救人还是先救船、货？产生以上特殊情况时，因为救援环境非常复杂、情况非常急迫，事情发生以后，基本无法认定与证明救助者在事件发生时的真正心理动态与主观意识。恶意救助者忽视人命导致人员惨遭伤亡或死亡，然而依旧可以规避法律的惩罚，

---

〔1〕 *St. Paul Marine Transp.* v. *Cerro Sale Corp.* ,313 F. Supp. 377（D. Haw. 1970）.

〔2〕 The *Plymouth Rock*. 9 F. 413 ,418（S. D. N. Y. 1881）.

造成人命救助变成了环境与财产救助的附庸，导致出现人命被漠视的必然后果。

三、缺少优先救助人命的强制性规定

海上救助人命的强制性规定早已成为国际习惯法与各国各地区的国内法渊源，但现行海难救助制度缺少财产与人员同时遇险时，优先救助遇险人员生命的强制性规定以及不履行优先救助人命义务时应承担的责任。

（一）国际法中关于人命救助的强制性义务

1958年签订实施的《日内瓦公海公约》(Geneva Convention On The High Seas, 1958)明确规定，当海难发生时，各国均应责成悬挂各自国旗并在海上航行船舶的船长们在充分保证自身旅客、船员、船舶、属具等安全无虞的基础上，尽快前往现场参与救助行动。这一规定被认为是公海范围上关于人命救助行为的国际通行准则。国际公约高度强调了"生命至上"的原则，[1]在1982年制订实施的《联合国海洋法公约》(United Nations Convention on the Law of the Sea, UNCLOS)中明确规定，各缔约国家、地区应该主动承担海上救助的法定国际义务和责任，即责成所有可航行船舶的船长们在可能的情况下积极履行救援人命的法定责任，确立了公海人命救助的国际法准则。与此同时，各缔约国家或地区，都应该在海难救助上通力协作，完善相关的救助机制。目前有近200个国家批准参加了UNCLOS，从UNCLOS适用的广泛性而言，其对于人命救助的义务(第98条的规定)，可认为是国际公法的一部分。但依然存在人命救助能否解决救助中实际存在的共

[1] 与本书第二章论述的生命利益论在对待生命的态度上相符。

性问题。根据 UNCLOS 第 92 条,船旗国对于悬挂其国船旗的船舶在公海上拥有绝对的管辖权,[1]船舶作为船旗国的领土延伸存在,因此,船旗国应当承担其强制船舶满足《国际海上人命安全公约》(International Convention for the Safety of Life at Sea, 1974, SOLAS)规定的安全条款以及承担救助的义务。从 UNCLOS 第 98 条第 1 款的规定可以看出,救助的义务由船旗国承担。第 98 条第 2 款要求沿岸国保持、维护救助的装备与设施,并保持国际合作。这是 UNCLOS 对于人命救助的强制性规定,虽然 UNCLOS 是目前通行范围最广、承认程度最高的与海洋相关的国际公约,但依然存在国际法上的普遍弊病——执行力弱,这种弱作用的局面源自国际法无强制执行力,纵然当事人违背了 UNCLOS 的规定,也无执法机构或强力机关予以保证 UNCLOS 规定的强制力,更何况 UNCLOS 第 98 条在立法之初就没有规定违反义务的后续性责任规范,因此,即使悬挂缔约国船旗的船舶在公海选择忽视了人命,理论上将受到 UNCLOS 规制,但实际上却无法执行,成为无源之法。

除了前文阐述的有关海难救助国际公约之外,其余有关海上人命救助的国际公约并非专门规制救助的公约,例如,SOLAS 相继做了 5 次修正,在修订的条款里都明确指出,船长面临涉险情形时承担着救助海上遇险人员的义务,专门规定了船长对于遇险船只的救助义务。[2]在其第 5 章中规定了所有船舶均有配备搜救

---

〔1〕 UNCLOS 第 92 条:1. 船舶航行应仅悬挂一国的旗帜,而且除国际条约或本公约明文规定的例外情形外,在公海上应受该国的专属管辖。除所有权确实转移或变更登记的情形外,船舶在航程中或在停泊港内不得更换其旗帜。

〔2〕 SOLAS 第五章第 33 条第 1 款:"处于能提供援助位置的船舶船长在收到来自任何方面的关于海上遇险人员的信息后,有义务立即全速前往提供援助,如有可能并通知遇险人员或搜救机构,本船正在全速前往援助中。不论遇险人员的国籍或身份或其被发现时的状况,均适用此提供援助的义务。"

装备的义务,沿岸各国有协作配合搜救遇险船舶人员的义务。[1]但 SOLAS 并没有对财产与人员在何种情形下谁应优先获救的问题做出规定。再如为海洋救助提供指导的《1979 年国际海上搜寻救助公约》(International Convention on Maritime Search and Rescue,1979,SAR)明确指出,各国需要成立救援协调中心与救援分中心,由全国性的救援机构负责对救援活动提供配合、服务与基础设施。另外,也要明确相应的国家服务单位。[2]在 SOLAS 与 SAR 下,虽然要求成员国建立国际性的搜救机制与装备,但每个国家的救援水平、装备、法治环境均相去甚远。[3]对于海上遇险人员的救助作为沿海国的义务存在,但均未涉及在船、货、人同时遇险的情形下,需要优先救助人命。

《1910 年统一海难援助和救助某些法律规定公约》制定前,国际社会对于救助,并没有统一的规定可以适用,而《1910 年统一海难援助和救助某些法律规定公约》明确缔约国可对于救助人命

---

[1] 在 SOLAS 的 1992 年修正案中,引入了全球海上遇险与安全系统(Global Maritime Distress and Safety System,GMDSS)的相关内容,以期快速地对遇险海上船舶进行定位与搜救。SOLAS 加入 GMDSS 的内容后,各成员国乃至船级社均要求船舶安装相关设备,较为显著地提高了船舶远洋航行的安全性。这也是 SOLAS 试图以公约的影响而促使政府履行船舶救援的责任。但 SOLAS 也并没有对违反救助规定的船长或船舶所有人做出违反此项规定的强制性措施,如果出现违背公约的拒绝救助的行为,只能依靠各船旗国的国内法进行处罚。SOLAS 也并没有对协作救援产生的费用分摊、救助人命的报酬做出具体可行的规定。如前文所述,在广袤的海洋上重现当时的情境极为困难,而且船长以及船舶所有人可以寻找多种理由以逃避救助的义务,在举证、调查、做出结论均极为困难的情况下,SOLAS 只能做出指导性的救助意见。

[2] 《1979 年国际海上搜寻救助公约》第 2 章第 1 条,第 2 章第 2 条。

[3] SAR 旨在全球范围内为国际间救援合作提供一个广泛的网络,公约的设立目标就是为了发展国际搜救体系,以达到无论事故在哪里发生,都能有搜救组织成员或邻近的搜救组织成员去救助陷于险境的人。公约在附录中详细规定了救援设备及设施的相关要求,鼓励沿海国家按照其制定的标准建立搜救体系。在 SAR 公约之前,尚没有公约将搜救体系的建立纳入强制的范围,这也导致了搜救力量的极大差异,一些国家的搜救力量极其强大,如美国、英国,但一些国家的搜救力量微乎其微,导致人命救助的实际效果差异极其大。

做出比公约更为广泛的规定,但其并未对人命和财产同时处于危险时应当优先救助人命做出规定。《1989 年国际救助公约》也并没有对人命、财产共同处在危险情形中,应该优先救援人命作出强制性的规定。而从实践需要的角度进行分析,需要对优先救助人命做出强制性原则规定。例如,在船舶运载的货物与船员同时遇险时,应当立法规定优先救助人员生命,待船员安全后再行救助货物。当然,救助的方式方法需要根据案件的实际情况进行分析(Case by Case),如在拖带的过程中,如果被救助船舶上依然有留守船员掌舵,则不能认为救助人未采取优先救助人命的措施。

(二)各国与地区国内法中关于人命救助的强制性义务

国际救助公约将有关刑罚制裁的权力留给了各国国内法规制。[1]目前,大多数国家在面临人命救助这一问题时,依旧通过立法的形式强制性地要求船长承担救援义务,将其视作复杂的海上环境里实施救助遵循的原则,并未牵涉强制性优先救助人命的问题,但各国国内法对于人员与财产共同遭遇危险时,遇险人员应当拥有获得优先被救助的权利并未做出明确的规定。有关人命救助的义务,目前已经基本在各国与地区的国内法中形成了强制性规范,各国普遍承认救助人命是船长应当履行的义务,但并未要求救助人在海难事件中优先对遇险人员提供救助。

1. 美国

从美国的现有立法体系分析,虽然国际法具有优先适用的效力,但是有关刑罚的内容并不自动适用于国内,因此需要议会立法明确适用刑罚。美国加入《1910 年统一海难援助和救助某些法

---

[1] 如《1989 年国际救助公约》第 10 条第 2 款规定:"2. 缔约国应采取必要措施履行第 1 款所规定的义务。"

律规定公约》后，在国内法中针对船长在海上见死不救的情形进行了相应的立法，[1]于1912年制定了《救助法案》（Salvage Act）与《救助伴护法案》（Standby Act），其中规定船长违反救助的义务，面临1千美元的罚款[2]或者最高2年的监禁，并且两者可以并罚。[3]从《救助法案》与《救助伴护法案》的条文分析，人命救助均属于美国法律下的强制性义务规范，除非无法扣船，对于海难救助相关索赔有2年的除斥期间，自航程结束后起算。[4]而有关上述法律条文的实际应用非常难检索到，笔者认为，这是因为海上特有的环境极难重现当时的情形，而遇难者身亡后无法再行诉讼。

从满足《美国法典》第2304条船长违反救助义务的犯罪构成要件分析，船长满足定罪要件时，至少需要具备以下几个因素：(1)受害者能够在茫茫大海目击过往船舶的船名、船旗，并于事后能够找到该船舶（即使是受害者家属代位求偿，其更无从得知事发时的真相与细节）；(2)受害者能够指证已发出救援信号，并且过往船舶已经收到该救援信号；(3)证明船长或负责人有主管不

---

[1] 美国法院在"沃夏尔诉萨博多"案（*Warshauer* v. *Sabaudo S. A*, 71 F. 2d 146, 1934 AMC 864, cert. denied, 293 U. S. 610, 55 S. Ct. 140, 79 L. Ed. 700, 1934）时，法庭适用《1910年统一海难援助和救助某些法律规定公约》第11条的规定，认定船舶所有人无须为雇员违反人命救助义务的行为担责。此案主要案情是一艘无法再运营的汽船使用人，对船舶所有人提起法律诉讼，认为该船舶所有人所雇用的船长在原告出现险情时，并未履行法定的救助义务，导致原告饱受饥饿与烈日暴晒，要求船舶所有人予以赔偿。地方法院以原告没有提供具体的诉因为由驳回原告起诉，之后联邦上诉法院地方法院的裁定给予了维持，法庭认为虽然根据联邦立法，不予履行法定救助义务的船长应承担刑事及民事责任，但依据救助公约第11条的规定，船舶所有人无须对雇员的个人行为承担主体责任，所以该船长的违法行为不应由该船所有人承担。

[2] 笔者注：当时美国家庭平均年收入为600美元。

[3] 46 U. S. C. § 2304(a) – (b) (2000).

[4] 46 U. S. C. § 730 (2000).

予救助的故意。[1]但从“埃姆布勒姆”案件的现实情况进行分析，这根本是极难证明的，尤其是无法证实船长当时的主观故意，从事后去判断一个人在案件发生时的心理状态本身就是非常困难的。虽然该条文较难落地，但是有关刑罚制裁的立法同样是必不可少的，如果没有这种违法的预期，船长或负责人对于遇险人员的营救欲望将更为削弱。

2. 英国

在英国的现行立法中，一个鲜明特征是针对船舶人命救助义务履行的各种要求做了明确细致的规定。在英国 1894 年《商船法》第 422 条中明确规定，海上船舶在发生碰撞事故时，有救助他船的法定义务，[2]在第 428 条中则规定船舶上所有雇员以及船长均有携带救生装备的法定义务，[3]在第 430 条中规定了违法处罚等内容，即若海上船舶不能够依法携带人命救助装备，将给予处罚，在第 431 条中还对海上船舶在提供服务时必须应用救生装备给予了规定。[4]

英国对违反人命救助义务的行为科以严厉的惩罚，如已生效的英国 1995 年《商船法》第 93 条第 6 款中明确规定，假如在海上航行中，船长违反了救助人命的强制规定，须承担相应的法律责任：(1) 可以依法处以 6 个月以下的监禁，或处以不超过法定的最高额的经济处罚，或两者并罚；(2) 对情节严重者提起法律诉讼，对于此类行为可判处 2 年以下的监禁或者经济处罚，或两者并罚。从当前实际情况来看，包括英国在内的一些国家和地区均对

---

〔1〕 Francis D. Rose. Kennedy & Rose, *The Law of Salvage* (6th ed.), London, Sweet & Maxwell Press, 2002, p. 293.

〔2〕 英国 1894 年《商船法》，Section422. 船舶碰撞中的协助义务。

〔3〕 英国 1894 年《商船法》，Section428. 船舶所有者与船长携带救生用具的义务。

〔4〕 英国 1894 年《商船法》，Section431. 与人命救助有关的船舶调查。

船舶、船长救助海上遇险人员实施了强制规定，但并没有强调必须将优先救助人命放在首位。

3. 中国台湾地区

在中国台湾地区，“海商法”是其最主要的海事立法，台湾地区“海商法”第 142 条中明确规定，船舶的船长、雇员甚至乘客，应当对海上遇险人员与船舶依法积极救助，若船长不履行法定义务，可处 3 年以下有期刑或进行拘役。[1]

4. 中国

从现行《中华人民共和国海商法》相关规定条款上分析，与其他大多数国家或地区的国内法不同，《中华人民共和国海商法》第 174 条关于人命救助的内容中并未涉及不予救助海上遇险人员时应承担的法律责任。我国法律下对于海难人命救助者所应予以承担的重点在行政责任，如履行 SOLAS 关于携带救助人命安全设备的行政性要求。我国现行《海上海事行政处罚规定》第 9 条规定，[2]行为人违反我国《海上交通安全法》第 36 条、第 38 条的规定，可给予相应的行政性处罚，但是对于船舶船长等救助者在履行救助义务所应承担的各类行政性责任，目前我国立法尚未给予明确规定。我国在《海上人命搜寻救助条例（征求意见稿）》第 46 条中提出，依法承担救助责任的人如果实施了违法行为，海事行政管理机关应对其依法给予行政性处罚。[3]所有国家救助机构的职能人员，均具备尽力救助遇险人命的强制性法定义务，如果怠于履行即可追究其行政法律责任。构成刑事犯罪，可移送司法机关并依法追究其刑事责任。而且拥有这一法定义务的，不仅涵

[1] 郑玉波：《海商法》，台北，三民书局 2008 年版，第 157 页。

[2] 中华人民共和国交通运输部令 2015 年第 8 号，《中华人民共和国海上海事行政处罚规定》自 2015 年 7 月 1 日起施行。

[3] 冯建中：《过往船舶参与海上人命救助制度研究》，载《法制与社会》2013 年第 13 期。

盖了船长，还包括了海上搜救、遇险汇报值守单位以及相关职能人员等。

但从我国立法的实际情况分析，船长若违背了法律规定的救助义务，需要承担相应的法律责任，但承担何种法律责任，却又缺少明确规定，而刑事责任的缺失直接影响了对于海上见死不救类型案件的法律震慑力。仅仅作为强制性义务明确规定船长的救助义务，是无法形成对于人命有效救助的规范体系的，否则就不应当出现“埃姆布勒姆案”中20余艘船舶见死不救的情形了。为了有效构建人命救助的整体法律规制，应明确漠视人命应当负担的刑事责任，明确规定当财产与人命同时遇险时，应当优先救助人命的强制性规范以及不履行义务应当承担的责任。[1]

四、救助人的义务与权利不对等

虽然存在海难救助的强制性义务，但在现行法律规制缺失的情况下，船长不采取救助措施，其反而不会受到制裁，如果采取救助措施，在救助不当的情况下，其可能面临更为严厉的惩处或赔偿。救助人对救助成功的财产要采取合理谨慎（Due Diligence）的保管措施，对救助成功的人员应当在船上妥善安置照料，这是没有列明在国际救助公约但又在现实中需要履行的间接义务。[2]

从“马林财产公司诉美国切瓦隆公司”案（*Marilyn E. Berg*

---

〔1〕 笔者注：一些地方法规对于优先救助人命做出了尝试，如《江苏省水上搜寻救助条例》第3条中明确规定：在一系列的水上搜寻、救助活动中应遵循优先救人的原则，进而有效控制、促进危害程度的最大化实现。这是我国地方法规对于应当优先救助人命的明确规定，充分体现了人本精神和人文主义关怀，但搜救条例并不属于海难救助范围，并不涉及海上人命救助强制性义务问题。

〔2〕 Concerning Feldbrugge, “Good and Bad Samaritans: A Comparative Survey of Criminal Law Provisions Failure to Rescue”, 4 *The American Journal of Comparative Law* 630, 1965, p. 645.

Personal Representative of the Estate of OgieBerg v. *Chevron U. S. A. Incorporated*)[1]的判决分析,包括海岸警卫队在内的救助人可能因为下述原因而产生责任:(1)因为疏忽而使受害者的境况更差;(2)因为鲁莽或随意的行为,引发了更为严重的损失、伤亡。但评判疏忽、鲁莽或者随意的标准是什么,如何判断事故发生时应当采取的正确措施,对于救助人而言无疑是含混不清的。

对于纯人命救助来说,救助不会有报酬产生,救助人反而可能承担更多责任,例如,在"马汀内斯诉皮埃罗李克海洋公司"案(*Martinez* v. *Puerto Rico Marine Mgmt. Inc.*)[2]与"兰波罗斯海上飞机基地"案(The *Lambros Seaplane Base*)中[3],当救助人将救援成功的伤员置于本船之上时,救助人甚至还有照料、提供医疗的义务。根据救助人此项义务,如果被救助者基于救助人的疏忽、鲁莽或者随意的行为而提起人身损害的侵权诉讼,救助人可能会因此承担赔偿的责任。在权利与义务极其不对等的情况下,如何期待大多数普通人仅有精神鼓励就做出救助人命的高尚选择? 而以交通事故致人伤亡的理赔标准作为例子,依据《最高人民法院关于审理人身损害赔偿案件适用法律若干问题的解释》,交通事故致人死亡的情形应当赔偿受害人的项目标准最少包括:(1)丧葬费,根据接受诉讼的法院所处地区上年员工每月平均薪资作为标准,按照半年核算;(2)死亡赔偿金,依据接受诉讼的法院所处地区上年度城市或农村居民人均收入作为标准,以 20 年为单位进行核算;(3)被抚养者生活费,依据抚养者失去劳动能力的程度,参照接受诉讼的法院所处地区上年城市或农村居民人均

[1] *Marilyn E. Berg Personal Representative of the Estate of OgieBerg* v. *Chevron U. S. A. Incorporated*,759 F. 2d1425(1992).

[2] *Martinez* v. *Puerto Rico Marine Mgmt. Inc.*,755 F. Supp. 1001(S. D. Ala. 1990).

[3] The *Lambros Seaplane Base*,215 F. 2d at 233(1954).

消费开支标准来进行核算，被抚养者是未成年人的，可核算到 18 周岁，被抚养者失去了劳动能力与生活来源的，以 20 年为单位进行核算。既然陆上交通事故致人死亡可以给生命列出条文法标准下的经济价值，海上救助中的生命在确定赔偿或补偿标准时没有任何理由不能按照标准做出对于人命救助行为的价值判断。

在海上救助遇险船舶与人命对于救助船舶与被救助船舶而言都是要承担巨大风险的，两者都可能面临财产与人身的重大损失，尤其是给救助船舶带来更为沉重的义务。救助过程中，救助人经常面临生或死的两难选择（To be or Not to be），这种高度风险性是海上所特有的，海难救助不应该仅仅是为英雄主义而设立的，其应当有经济因素的考虑，以形成海难救助的良好机制。笔者认为，只要能起到鼓励勇敢的好心人（Good Samaritans）又不会造成滥于支付的效果，让人命救助人获得救助报酬无任何不妥，救助效果的大小与海上风险大小等因素相关，而人命救助报酬的支付并不会减少财产救助报酬的支付，有关人命救助应该享有独立救助报酬的内容将于本书第四章、第五章作详细研讨。

五、缺少系统性制度安排

系统性的安排有助于法律制度从整体上促进某一法律问题的解决发展，例如，《中华人民共和国海商法》第 208 条规定了 5 项不能享受责任限制[1]的情形，第一项和“救助款项或海损分摊的请求”相关，国内外大部分国家国内法均明确指出获得救援的船只所有者对救助酬劳不受海事责任限制的制约，旨在鼓舞面临海上危险时，救助者能够积极开展援救。此外，各国海商法明

---

〔1〕《中华人民共和国海商法》第 11 章的规定。

文规定救援的酬劳不能超出得到救助财产拥有的价值，因此，救助酬劳无须受到责任限制等其他海事制度的制约。[1]立法上的系统安排将有助于实现法律效果的最大化，如《美国法典》规定在海事诉讼中，救助报酬优先于其他海事优先权，这种优先的位序来自美国1920年《船舶优先权法案》。[2]这种体系性的交叉规定，无疑有助于鼓励海难救助。但现行国际海难救助制度中有关海上优先救助人命，除缺乏上述强制性直接规定外，还因缺少系统性安排而产生了一些伴生性因素，造成人命无法得到优先救助。例如，除了纯人命救助以外的其他两种救助情形，海上人命救助人虽然可以获得酬金，但须从财产救助报酬中合理分成，这种以财产救助报酬为基准的安排，无法弥补救助人做出救人还是救财物的心理差距。[3]而对于海难救助报酬的支付，在现行制度体系下，即使财产救助与人命救助同时发生并存在救助效果，也并无人命救助可以得到优先支付的规定。缺乏系统性的统一法律规制安排，在事实上间接削弱了人命在实践中得到优先救助的可能性。

综上所述，现行海难人命救助制度存在事实上的缺陷，有必要根据情势变更做出新的修改与发展。在财产与人命共同遭遇危险时，优先救助人命是道德层面的基础要求，体现了对人类生命与尊严的尊重。本书引言述及的大量案例证明，目前施行的海洋人命救助理论与制度存在众多不足之处，客观上造成了鼓励财产救助而忽视对人员进行救助。而人命救助制度的完善，则体现

〔1〕 特别补偿也不应存在是否享受责任限制问题，因为特别补偿数额本身已被限定在救助费用的100% ~200%。

〔2〕 346 U. S. C. &&30101 -31343 (Supp. III 1991).

〔3〕 Donald R. O'May, "Admiralty Law Institute: Symposium on American and International Maritime Law: Comparative Aspects of Current Importance: Lloyd's Form and the Montreal Convention", *Tulane Law Review* 57, 1983, p. 1439.

了海难救助的终极价值目标，彰显了对普通个体的人文关怀，体现了人性与道德的美好。本书将对海难救助制度下的人命救助制度进行详细的论证分析与制度架构设计。

第二章　海难救助下的人命救助的法理基础

第一节　人命救助的法理基础

本书所指的人命救助，特指发生在海上风险环境下的人命救助，同陆地上发生的救助不同，海难救助制度本身在适用法律与规则制定上具有极强的独立性与特殊性。[1]但人类的生命无论在陆地还是海上，均具有相同的生命价值，对于生命的法哲学思考均是一致的。本书提出建立海难救助制度下的人命救助制度，是为了解决海上遇险人员能够得到切实救助的问题，并且基于现行体制下，对于海难救助现行制度做尽可能少的变动以保证法律适用的稳定性。海难人命救助制度的主要架构将在本书第三章、第四章予以详细论述，具体包括：海难救助客体的范围加入人的生命权、人命救助可以享有独立的救助报酬、财产与人员同时在海

---

〔1〕 傅廷中：《船舶优先权与海事赔偿责任限制的价值冲突与协调》，载《法学研究》2013年第6期。

上遇险时应当优先救助人命的强制性规定等内容。而在论述本书构建的海难救助制度下的人命救助制度前,需要首先解决的理论问题是:为何要在茫茫大海上耗费时间与精力去救助陌不相识的人?在遇险财产与遇险人员之间,为什么要优先救助遇险人员?而救助人的利益在救助人类生命的过程中又应当如何体现?笔者认为,在宪法、民法、海商法中实际已通过相关法理与法律规定,做出了尊重人类生命、生命利益优先的法益选择。

一、生命利益论

在中国的语义环境下,"生命"是指生物体所具有的活动能力,生命是蛋白质存在的一种形式。[1]《元照英美法词典》明确指出,生命的含义为动植物、人类或某一组织的存活状态,其自然功能与生活功能均通过生物体的器官来予以完成。[2] 生命是生存和死亡中间非常繁杂的过程,死亡是各类生存条件丢失引发的必然结果。

《欧洲人权公约》(European Convention for the Protection of Human Rights and Fundamental Freedoms)[3]第25条明文指出,缔约国民众在自身权益遭受国家侵犯时,拥有权利对欧洲委员会提交诉讼申请,起诉该国。人权是个体对自身权益的合理诉求,这种诉求利用某一形式获得了维护,其独立于当事者的国家属性、自身行为、社会地位等,全体公民均可以平等拥有。人权是人类最为基础的权利之一,是所有权益与权利的基础。[4]人类最基本

---

〔1〕 中国社会科学院语言研究所词典编辑室:《现代汉语词典》(2002年增补本),商务印书馆2004年版,第1129页。

〔2〕 薛波:《元照英美法词典》,法律出版社2003年版,第769页。

〔3〕 又称《保护人权与基本自由公约》,1950年11月4日在欧洲理事会主持下于罗马签署。1953年9月3日生效。

〔4〕 甘绍平:《人权伦理学》,中国发展出版社2009年版,第2页。

的权利是人权，而生命又可被认为是人权的最高体现，即生命是人类最重要的利益。生命利益一直是法哲学讨论的重要话题，常见的辩题有“是否应当为了大多数人的生命而牺牲少数人的生命”“是否应当放弃重度患病之人的生命”“是否应当实施安乐死”等。[1]生命利益的理论，直接决定了人命优位的理论基础，对于上述问题的回答是对生命价值的直接考量。

生命是具有利益的，因为生命的存在是产生人类社会价值的基础，维持生命就是维持人类存在的根本。“活着”是法律事实，这种事实状态并非源于法律的承认，而是因为存在而被法律所承认。为了生存下去，人类产生了对于他人、社会的需求，即一些学者提出的生命正向价值诉求。[2]这种诉求，就是对生命存在利益的认同。具有生命的法律事实，即“活着”的事实，是受到我国法律保护的，法律保护公民“活着”的法律事实。我国《中华人民共和国宪法》《中华人民共和国民法总则》《中华人民共和国民法通则》《中华人民共和国自然资源法》《中华人民共和国环境保护法》等，均对生命生存和发展所需的物质资源作了划分，通过立法的方式加以明确：(1)从宪法的角度分析，《中华人民共和国宪法》第45条规定，国家应当对公民的生命利益负责，当公民年老、患病等情形发生时，国家对公民有救助的义务；(2)从民法的角度分析，《中华人民共和国民法总则》第110条、《中华人民共和国民法通则》第98条规定，公民享有“生命健康权”，即公民的生命利益受到国家法律规范的承认与强制保障；(3)从刑法的角度分析，《中华人民共和国刑法》第232条规定了“故意杀人罪”的罪名，侵害他人生命需要付出巨大代价。

---

〔1〕 上官丕亮：《生命权应当首先入宪》，载《法学论坛》2003年第4期。

〔2〕 王建平、李欢：《生命利益结构与生命权的法律保护——基于弗洛姆“人能毁灭生命”的观点》，载《社会科学战线》2016年第9期。

在探讨生命利益孰重孰轻的历史中，如个人生命与多数人生命的利益大小比较，存在一些经典的理论，如功利主义、契约主义。[1]功利主义的理论特点与基础就是功利，通过计算的方式判断某种行为的好坏对错。其判定的标准就是行为是否有助于社会利益总值的增加，如果单个生命的牺牲有助于多数生命的利益，那么放弃掉单个生命是符合功利主义利益价值的。[2]在功利主义下，单个生命的利益应当让位于多数生命的利益，即中国古人所推崇的"舍生取义"，牺牲掉一个人的生命以获得大多数人的利益。从出发点分析，功利主义对于生命的态度是多数人的生命利益优位于少数人或个人的生命利益，在考量"救与不救"的问题时，出发点是功利的成本利益考量。因此，在功利主义的前提下，实施安乐死能够减少一个无用之人对于资源的消耗，符合大多数人的利益，据此分析，安乐死是值得做出的利益权衡。当抢救没有意义或一个人已经脑死亡后，为何不将遗体捐献以帮助更多人获得生命延续的利益？在中国传统文化中，一直倡导重集体主义、轻个体利益的思维惯式，这实际也是古典功利主义的一种表现形式。按照古典功利主义计算价值大小的要求，在茫茫大海中为了多数人的安全而放弃少数人的生命是值得做出的选择。

契约主义的特点在于将道德规则的根源、国家统治的根据、社会秩序的根基归结成自由和平等的行为当事人在虚拟的状态中签署的合约。[3]社会的产生基础在于契约，每个人认同共同的价值选择并接受契约的约束，即构成了社会契约的基础。契约主义对于生命利益的考量，同样基于个人对于社会整体利益的贡献，但其基础并不在于功利的比较，而在于个人对于社会整体契

[1] 李永军：《从权利属性看人格权的法律保护》，载《法商研究》2012年第1期。
[2] 李永军：《从权利属性看人格权的法律保护》，载《法商研究》2012年第1期。
[3] 姚大志：《公平与契约主义》，载《哲学动态》2017年第5期。

约的认同,即每个人应当认同社会契约,均有为整体利益而牺牲个人利益的潜在性要求,以维护社会的整体统治。契约主义适用于契约基础下的合作,如果是一般性的事项,如要求个人遵纪守法、按时履约的要求,履约并无不妥。但当涉及人的生命时,其履约的基础就受到了威胁。从心理学角度分析,正常心智的个体均可以做出为了大多数人利益而放弃个人利益是有益的价值判断,但这个前提是被放弃的个人利益并非其本人利益,如果事先得知将被放弃的是其本人利益,尤其是生命利益,其是否仍能做出符合功利主义的价值判断?能否做出舍己为人的伟大壮举?此时坚守契约将意味着放弃自己的生命,遵守契约的情形将有悖于人性。契约主义在涉及人类生命的命题上是存在固有缺陷的,虽然从社会契约的角度分析为了众人而牺牲自我是正确的,但涉及牺牲的个体是自我时,又有多少普通人可以做出放弃自我生命的选择?

生命是一种特殊的利益形态,其具有唯一性、矢量性的特点,生命的存在就意味着主观思考与独特的能动性,生命是精神世界与物质肉体的有机结合,每个个体均具有生长、回忆、希望的独特特质,生命的唯一性决定了很难去判定某个生命的价值更高或更低,就个人而言,生命是其行使其他权利的基础,生命价值对于其自身应是无限的,生命利益应优先于财产等其他利益,任何人的生命均不能随意剥夺或侵犯。按照生命利益优先的观点,不应出现为了财产而献出生命、出于经济与社会整体考虑而主动要求放弃重病之人性命的情况。由于生命具有单向、不可逆的、矢量性特点,生命一旦消失就无法适用恢复原状等救济性手段,因此生命利益同财产利益截然不同,并非多个人的生命就比个人的生命更有价值,或者某个人的生命比多个人的生命有价值。

在人生而平等的基础上,个人间的生命利益应当是等价的,并非因为某个人富有、健康、有权势就可以放弃另外某个贫穷、残疾、弱势之人的生命。康德认为,人命拥有价值,然而不存在价格高低。[1]由此,适用功利主义与契约主义,无法衡量生命利益的高低,生命利益应当体现的是人类社会的最高价值。由于每个人的生命利益都是其不可剥夺的最高权益,紧急避险的情形下,也不存在可以剥夺他人生命的权利,即使紧急避险是为了拯救更多人的生命,也不应该放弃其中任何一个人的生命。在登山运动中,高危险环境下经常会出现这样一种情况,两名登山队员被一根安全绳牵引,但后方的队员突然下坠,如果处于上方的队员不割断绳索的话,两名队员均会因此丧命。但按照生命利益理论,任何人即使在紧急避险情况下也不得剥夺他人的生命,因此,除非下方队员自愿割断绳索,上方队员没有主动割断绳索的权利。在这种"生存或死亡"的情形下,也不应将一个人的生命价值凌驾于另一个人之上,[2]个体的生命价值都是近似于无限大的,这是人类尊严的最高体现。

每个独立的个人应对其生命具有独立的支配权与决定权,这种权利与利益是其他任何人不得随意剥夺的,而做出自我牺牲的行为可以为道德所称赞,但不能成为法律的规定而鼓励没有底线的救助。《1989 年国际救助公约》及各国国内的海商法均要求应对遇难船舶与人员采取救助措施,但前提是船长在不危及本船安全的情况下做出救助选择。对于自身安全的需求与保障,是人性的需要,也是生命利益的需要。

海难救助在没有救助合同存在或不涉及主管机关救助的情形下,一般由陌不相识的船舶做出,在不存在法定救助义务的前

---

〔1〕 康德:《纯粹理性批判》,邓晓芒译,人民出版社 2017 年版,第 75 页。

〔2〕 甘绍平:《以人为本的生命价值理念》,载《中国人民大学学报》2005 年第 3 期。

提下，要求救助船舶与船员不顾自身安危做出英勇的救助行为，本身就是极其不道德也是不现实的。现役消防员敢于挺身走进火场是因为职业的需要，警察敢于面对持枪的犯罪嫌疑人是因为职责的需要，其勇于奉献、敢于牺牲的态度来自职业义务的要求。如果将这种高标准的职业素养与职业道德强加于普通人，并不会增强社会对于救助风气的整体转变，反而会造成社会对于个人利益与生命的漠视与疏忽。现代社会的文明标志之一在于重视私人利益，生命作为最重要的个人利益，绝不能因为鼓励救助就随意做出放弃自身安全的立法选择。救助对于普通民众而言，应当是首先考虑自身安危下的前提条件，在确保自身安全前提下做出的价值判断与行为选择。生命利益论是海难救助应当救助海上遇险人员，以及在财产、人员同时遇到海上风险时，应当优先救助人命的首要支撑理论。

二、宪法中的生命权

对于生命利益的重视是建设法治国家的必然选择，[1]但在我国现行法律法规中，却没有生命权的明确定义，但这并不妨碍生命权在客观上的存在。[2]死刑对于生命的剥夺即客观上承认了"生命权"的存在，如果生命不具有重要的利益，缘何极刑要以剥夺人的生命为限？与生命权不同，生存权经常出现在法学研究之中，一般而言，生存权是指确保人类存活的基本条件的权利，在宪法层面体现为国家应当维持和支持公民生存发展的基本条件。[3]

生命权与生存权有必然的联系，但也存在显著的区别，生存

---

〔1〕 王建平、李欢：《生命利益结构与生命权的法律保护——基于弗洛姆"人能毁灭生命"的观点》，载《社会科学战线》2016 年第 9 期。

〔2〕 甘绍平：《以人为本的生命价值理念》，载《中国人民大学学报》2005 年第 3 期。

〔3〕 上官丕亮：《论宪法上的生命权》，载《当代法学》2007 年第 1 期。

权是国家或政权为了满足民众的基本生存条件而创设出的权利,[1]但生命权是一种法律事实,不因人为的创设而灭失或存在。生命的首要表现形式是公民"活着",这同样是第一位的生命利益。否定生命权,就是否定生命利益的存在形式。从哲学意义讲,"活着"本身就是最大的价值。生命作为法律事实存在时,法律能做的只能是承认该法律事实或确认该事实状态。[2]立法应当对生命权的存在做出确认。一方面,生命的存在是人类生存属性的必然要求;另一方面,立法应当为人类的生命提供必要的条件,生命权同样需要救济。

我国《中华人民共和国民法总则》第110条、《中华人民共和国民法通则》第98条规定:公民享有生命健康权,笔者认为,该条款一方面在民法上承认了公民具有生命权、健康权等法定权利;另一方面,国家与社会对生命权具有保障的义务。[3]有一些学者提出观点指出,民法上明确生命权对民事主体不存在任何实质性意义。生命权不但不可以转交于他人,而且不可以被任意放弃。对民事主体而言,不存在取得和消灭的问题,生命权一旦被侵犯,主体已经不具有任何法律意义了。[4]

生命是"活着"的法律事实,生命利益取决于"活着"本身,但并非公民个人的私事,生命权需要国家与社会的支持才能得到保护与发展。生命利益具有分层的特点,人是社会动物,其尊严与生存必须得到强制力的保证。由立法确认公民享有生命权是法治社会的必然选择,无论是公法或者私法,均对生命权的保障做

---

〔1〕 参见[德]鲁道夫·冯·耶林:《为权利而斗争》,胡宝海译,中国法制出版社2004年版,第54页。

〔2〕 [美]G. 德沃金等:《安乐死和医生协助自杀—赞成和反对的论证》,翟晓梅、邱仁宗译,辽宁教育出版社2004年版,第163页。

〔3〕 尹田:《论人格权独立成编的理论漏洞》,载《法学杂志》2007年第5期。

〔4〕 李永军:《从权利属性看人格权的法律保护》,载《法商研究》2012年第1期。

出明确的阐释。[1]民法属于私法范畴，其对于生命权的确认能够排除私法上的妨害，但并不能当然排除公法上的妨害，生命权的确认与保护必然需要宪法层面的支持与保障。宪法和民法中生命权的属性有所差别，民法中的生命权是私权，仅仅可以用来抗争私人主体对生命权进行的侵犯；宪法中包括的生命权是公权，旨在抗争国家公权对生命权的侵犯，并通过宪法根本大法的性质，确保其他部门法依据宪法来维护公民的生命权。由于宪法中包括的生命权具备公权属性，所以世界上越来越多的国家在宪法上规定生命权。

在世界范围内分析，生命受到公法的保护成为趋势，法治国家的显著特征就是承认与尊重公民的生命利益。在国际社会认可的 190 余个主权国家中，超过八成国家的现行宪法对生命权作出了必要的规定。[2] 20 世纪 90 年代，已基本实现把生命权通过立法的方式融入宪法的规定中。[3]宪法的初衷在于保障公民权利、限制国家权力，例如，美国 1791 年《权利法案修订案》第 5 条明文指出："所有人并未通过合理的法律程序，不能侵犯生命或财

---

〔1〕 日本著名公法学家美浓部达吉指出："某单一的权利亦不是非专属于公法或私法之一方不可，专属于公法或私法之一方，并非权利之必然的性质。单一的权利亦可以有两重的性质——面为私权而同时又为公权。"参见[日]四宫和夫：《日本民法总则》，弘文堂 1996 年版，第 175 页。

〔2〕 上官丕亮：《论宪法上的生命权》，载《当代法学》2007 年第 1 期。

〔3〕 "在美国，生命或者生存利益受联邦宪法的保护，包括了国民的如下个人权利及享有能力，包括获得知识和技能、结婚、建立家庭、抚养子女，信仰自由、良知、缔约、从事职业活动，还有言论、结社和出版自由等。根据日本 1950 年《宪法》第 25 条的规定，制定了日本《生活保护法》，规定国家对贫困国民给予必要的保护，在保障其最低生活水平的同时，扶持其自立生活能力，从而履行国家对国民的生活保持义务"。"在 20 世纪 90 年代，生命权入宪达到一个高峰，有 70 个国家的宪法规定了生命权；进入 21 世纪后，至少又有 12 个国家在新制定或修改的宪法中规定了生命权"。参见上官丕亮：《论宪法上的生命权》，载《当代法学》2007 年第 1 期。

产自由”。可认为是美国《宪法》对生命权的确认。[1]就像拥有情绪的人无法规避的会出现伤感，其同样也无法规避和自身权益相关的生命不安全感。[2]囿于各种各样的因素，国家与法律无法确保每个人的生命都得到良好的照料，但立法的初衷应当考虑生命利益，尽最大的努力确保生命利益最大化，没有救济，就没有权利，生命权的宪法保障，关键在于建立生命权的救济制度。[3]通过立法部门完善相关法律，补充和保障生命权相关的条文，在产生严重灾害与紧急事故时，由责任人采取紧急措施，切实保护公民的生命权。具体到海难救助领域，明确对于生命权的保护与尊重，也是海上特殊风险环境下依然鼓励船长救助遇险人命的初衷。

三、民法保护善意救助人利益

（一）《好撒玛利亚人法案》限定救助人责任

民法中有关保护救助人利益的理论实际早已存在，这种理论的来源来自人类文明的不断发展，如果对于救助人的责任不加以限定，则救助人可能承担无限责任，更加不利于救助人对于救助

---

〔1〕 国家负有保护生命权的义务，已经是国际主流观点。爱尔兰 1937 年《宪法》第 40 条第 3 款规定：“（一）国家在法律中保证，尊重公民的个人权利，并尽可能以法律来保障和保护。（二）国家尤其要尽力以法律保护人民不受不公正的攻击。一旦发生此类事件，国家须保护每个公民的生命、人身、名誉以及财产权利。”在德国，联邦宪法法院在 1975 年一起有关胎儿生命权的堕胎案中提出国家对基本权利有保护义务，即国家负有保护生命的义务，德国《基本法》第 2 条第 2 项“任何人都享有生命与身体不受侵害的权利”的规定，可以直接推论出“国家有保护人类生命的义务。1985 年危地马拉《宪法》第 3 条规定：“国家保障和保护从孕育起的人的生命、安全和人格的完整。”1992 年安哥拉《宪法》第 22 条第 1 款规定：“国家尊重和保护人的生命。”1996 年乌克兰《宪法》第 27 条规定：“每个人都享有不可剥夺的生命权。任何人都不能被任意剥夺生命。保护人的生命是国家的义务。” 参见上官丕亮：《生命权应当首先入宪》，载《法学论坛》2003 年第 4 期。

〔2〕 参见[美]艾里希·弗洛姆：《健全的社会》，孙恺祥译，上海译文出版社 2011 年版，第 2～11 页。

〔3〕 上官丕亮：《生命权应当首先入宪》，载《法学论坛》2003 年第 4 期。

的强烈愿望。在“埃姆布勒姆”案例中，从遇难船舶旁经过的船只均可以实施救助，但并没有一艘船只采取措施，甚至连通报海岸警卫队的举动都未曾发生。心理学有一种经典理论是“责任分散效应”，又称“旁观者效应”，当责任由某个人承担时，个人一般会较好的承担责任，但当责任由许多人分散承担时，经常会出现“我不施救，自然会有人施救”的心理，导致旁观者虽然甚重，但无人承担责任。[1]在发生紧急事件的情形下，虽然观者甚多但无人施以援手的案件在中外历史上均发生过多起，而且每隔不久均有相似场景的案例反复上演。2011 年 10 月 13 日，2 岁女孩小悦悦在广东佛山先后被两辆轿车碾压，在事件发生后的 7 分钟，18 个人从这一路段经过，然而并未提供任何救助，而是选择离开。最终一个拾荒者伸出了援助之手，然而，女孩最终依旧失去了鲜活的生命。[2] 2017 年 6 月 7 日，河南省驻马店市一名女子穿行人行横道时被撞倒地，从事后的监控回放分析，超过 20 名行人从其身边路过而无一伸出援手，后女子遭二次碾压身亡。[3]或许这些案例中的路人均有过救助的恻隐之心，但想到有人会伸出援手，何必自己再多此一举，而且，采取救助行为甚至可能因此产生更多的责任，联想到近年来层出不穷的好心扶老太太反被讹诈的案例，[4]个体间的救助意愿会明显大打折扣。

为了培养社会救助的道德风气，西方国家纷纷设立《好撒玛

---

〔1〕 Manning R., Levine M., Collins A., "The Kitty Genovese Murder and the Social Psychology of Helping: The Parable of the 38 Witnesses", *American Psychologist* 62, 2007, p. 562.

〔2〕《独家时评：小悦悦走了，但愿天堂里没有冷漠》，载新浪网：http://news. sina. com. cn/pl/2011 - 10 - 21/103023340450. shtml, 2017 年 8 月 10 日最后访问。

〔3〕《驻马店女子遭 2 次碾压身亡现场：人车混杂　无红绿灯》，载网易新闻：http://news. 163. com/17/0608/19/CMED26GI000187VE. html, 2017 年 10 月 3 日最后访问。

〔4〕《小学生扶起老人反被讹，善举变伤心》，载中国青年网：http://news. youth. cn/sh/201509/t20150907_7086113. htm, 2017 年 10 月 3 日最后访问。

利亚人法案》[1]以鼓励民间救助。“好撒玛利亚人”,英文是Good Samaritan,指在他人遭遇危难之时伸出援助之手的人,而施救之人并没有救助的义务。[2]与“好撒玛利亚人”相对的概念是“坏撒玛利亚人”,指他人遇到危难而袖手旁观的人,即口语中的“见死不救”的人。“好撒玛利亚人”涉及法律救助的义务与道德正义的问题,是辩证人命救助是否具有优先地位的现实命题。

“好撒玛利亚人”起源于《圣经·路加福音》中的一个故事:有一个人从耶路撒冷去外地,结果半路遇到打劫,其被洗劫一空并被打伤后遗弃在路边,先后有牧师、利亚人从其身边经过,但并未施救,只有一位撒玛利亚人施以援手,将其救助并留下一些治疗的费用。由此,西方以“撒玛利亚人”代指见义勇为、乐善好施的人。“好撒玛利亚人”的故事同时反映了一个真实的社会现象,当遇到危难之时,虽然每个人都知道救助的行为是伟大的并符合人类道德情感的价值判断,但并非每个人均能够采取救助的积极措施,特别是在救助有可能造成进一步损失并因此承担责任的情形下。实施救助行为的好心人实际是在引火烧身,在1900年“马丁内兹诉波多黎各海事局”(*Martinez* v. *Puerto Rico Marine Management*)案[3]中,一艘从波多黎各开往新奥尔良的碧昂斯号(Ponce)施救船在收到求救信号后,对两名遇险者实施了救助,但导致二人死亡。审理法院后判决施救船舶所有人赔偿死者家属

[1] 按照《元照英美法词典》的翻译,为“行善人保护法”,该种制定法的目的在于使那些对处于危险中的他人自愿施以救助、但又在施救过程中由于过错而导致他人伤害的人免除责任。薛波:《元照英美法词典》,法律出版社2003年版,第606页。

[2] Concerning Feldbrugge,“Good and Bad Samaritans: A Comparative Survey of Criminal Law Provisions Failure to Rescue”,*The American Journal of Comparative Law* 4,1965,p. 631.

[3] *Martinez* v. *Puerto Rico Marine Management*,755 F. Supp. 1001 (1990).

120 万美元。[1]

《好撒玛利亚人法案》正是为解决此类问题而生，其创设的初衷在于免除非义务施救人对于施救行为所引起损害的责任，鼓励民众出于善意去帮助他人，消除民众对于救助造成损害的赔偿疑虑，并非对见死不救者科以刑责或为普通民众设立必须见义勇为的义务。例如，医生乘机途中偶遇乘客突发心脏病，在实施了正常程序的心肺复苏法后，并不会为此承担乘客死亡或病情加重的责任。但如果此种救助是基于义务上的关系，则救助不能适用《好撒玛利亚人法案》，例如，医院正常上班的医生，不能免除其对于病人误诊误判的责任，不能免除机长或机上乘务人员对于乘客救助的责任。加州于 1959 年制定了美国第一部《好撒玛利亚人法》，目前美国各州基本均有《好撒玛利亚人法》或类似法案的立法。[2]个别州规定了对于救助的积极义务，包括对于见危不救的"坏撒玛利亚人"的惩处措施。

虽然中国目前并无成文的《好撒玛利亚人法案》，但鼓励救助、鼓励见义勇为的思想一直在我国法律法规中得以体现。[3]《中华人民共和国民法通则》第 93 条规定了"无因管理"的内容，[4]无因管理的成立要件有三个：无义务约束、为他人利益、管

[1] 徐国栋：《见义勇为立法比较研究》，载《河北法学》2006 年第 7 期。

[2] Patrick J. Long, "The Good Samaritan Law and Admiralty: A Parable of a Statute Lost at Sea", *Buffalo Law Review* 48, 2000, p. 594.

[3] 中国古代法治中对见危不救的行为要求科以刑责。《睡虎地·秦墓竹简》中明文规定：贼入甲室，贼伤甲，甲号寇，其四邻、典、老皆出不存，不闻号寇，问当论不当？审不存，不当论；典，老虽不存，当论。意为：强盗进入人家并伤人，如果该人家呼救，但邻居、乡里官员若事后查证当时不在家，则邻居免责，乡里官员依然需要承担责任。《唐律·捕亡律》同样明文规定：邻里有强盗或杀人案发生，见呼告而不救助者，杖一百。闻而不救者杖九十。根据典籍所载可以推断出，至少在秦朝与唐朝，邻居间在紧急情况下存在相互救助的义务。——笔者注

[4] 《中华人民共和国民法通则》第 93 条：没有法定的或者约定的义务，为避免他人利益受损失进行管理或者服务的，有权要求受益人偿付由此而支付的必要费用。

理他人事务,与《好撒玛利亚人法案》的成立要素契合。《中华人民共和国刑法》第 21 条规定了“紧急避险”的内容,[1] 即传统意义上的“见义勇为”。[2] 构成紧急避险需有如下要件:一是迫不得已、不得不为;二是避险行为造成的损害必须在必要的限度内。“无因管理”与“紧急避险”均体现了注重维护他人利益、对陷于困境的人员伸以援助之手,但此项义务仍属于道德义务而非法律义务。

值得注意的是,在 2017 年通过的《中华人民共和国民法总则》第 184 条中引入了《好撒玛利亚人法案》的相关精神,其第 184 条规定“因自愿实施紧急救助行为造成受助人损害的,救助人不承担民事责任。”笔者认为,《好撒玛利亚人法案》与《中华人民共和国民法总则》的相关规定,为海难人命救助制度的构建提供了有益借鉴,即人命救助人的责任应当存在限度,当人命救助人在救助的过程中出于善意而造成了被救助者的进一步损失时,应当免除救助人对于该损失的责任,而善意的标准为救助人非故意或重大过失而造成遇险人员的更大损失,救助人履行人命救助义务的要求为合理谨慎。[3] 例如,假如应用《好撒玛利亚人法案》的

---

〔1〕《中华人民共和国刑法》第 21 条:为了使国家、公共利益、本人或者他人的人身、财产和其他权利免受正在发生的危险,不得已采取的紧急避险行为,造成损害的,不负刑事责任。紧急避险超过必要限度造成不应有的损害的,应当负刑事责任,但是应当减轻或者免除处罚。

〔2〕见义勇为可定义为没有法定或约定义务,为保护国家利益、社会公共利益或者他人的人身、财产利益,面对各种违法犯罪行为、自然灾害或者意外事故,在危急时刻挺身而出所实施的救助行为。见义勇为是无因管理的特殊情形。无因管理是指没有法定或约定义务,为避免他人利益受损失,主动为他人进行管理或提供服务的行为。见义勇为是正当防卫的个别情形。正当防卫是指为了使国家、公共利益、本人或者他人的人身、财产和其他权利免受正在进行的不法侵害而采取的制止不法侵害并对不法侵害人造成未超过必要限度的损害的行为。见义勇为是紧急避险的排己情形。紧急避险是指为了使国家、公共利益、本人或者他人的人身、财产和其他权利免受正在发生的危险,不得已采取的损害另一种较小的合法权益的行为。——笔者注

〔3〕Peter Birks, *An Introduction to the Law of Restitution*, Gloucestershire: Clarendon Press, 1989, p. 351.

精神，即免除非义务施救人对于施救行为所引起损害的责任，则上述“马丁内兹诉波多黎各海事局”案中的碧昂斯号上的雇员尽到了合理谨慎的义务，虽然出现了被救者身亡的事实，但身亡并非出自救助人的故意或重大过失，就不应当追究救助人的更多责任。对于海难人命救助人的民事责任做出一定的限制，减少救助人承担无限责任的风险，将显著地提高专业救助人与普通救助人对于救助海上遇险人员的意愿与积极性。[1]

(二)违反法定救助义务需要承担责任

对“好撒玛利亚人”的问题进行剖析，涉及以下几个问题：(1)遇险者是否有被救助的源生性权利；(2)这种权利是否受法律规制；(3)对于遇险者，旁人是否存在法律上的必要救助义务；(4)如果救助行为加重了遇险者的损害，施救者是否因此承担加重的责任；(5)救助者能否因为自己所受损失进行索赔、向谁索赔。从上述五个问题的共生性要素进行分析，解答问题的关键在于旁观者是否存在救助的义务，若违反了义务应当承担何种程度的责任。

《好撒玛利亚人法案》更多的体现是道德底线与法律义务的关系，能否将道德直接转化为法律，各国的立法实践中对此基本是明确否定的，[2]即使一个人做出微小的努力就可以挽救路边玩耍的幼儿，但并不能因为其没有做出该种努力就将此行为与婴儿被汽车撞死产生直接的因果关系，此人可以受到道德的谴责，但不能受到法律的制裁。[3]旁观者在他人生命垂危之际，并不会因

[1] Geoffrey Brice, “Salvage and Enhanced Awards”, *Lloyd's Maritime and Commercial Law Quarterly* 1, 1985, p. 124.

[2] 徐国栋：《见义勇为立法比较研究》，载《河北法学》2006年第7期。

[3] 2006年9月28日，全国人大内务司法委员会召开第39次会议，对代表议案进行了审议并做出报告，报告第36条指出：“见义勇为行为是中华民族的传统美德，应该给予奖励和保护。但见义勇为行为一般由道德规范调整。”——笔者注

其漠然或者虽有同情心但未施以援手的不作为，而承担法律责任，尽管其可能面临强烈的道德谴责。[1]法律和道德两者存在很多关系，在进行探究时，必须选择某一种关系来将其视特有的关系。[2]但是道德的演化会影响法律规制的调整。在英国，已经废除了自杀未遂罪，美国已普遍允许堕胎自由，婚外性关系已不再成为一种罪行。[3]但在大陆法系的部分国家，做出了不同的价值选择，《法国刑法典》第3节规定了"怠于救助"的罪名，若行为人本可以立即采取行动阻止侵犯他人的罪行发生，而当时情形对其本人或第三人并无危险，却故意忽视采取此种行动的，处5年有期徒刑并可处以50万法郎罚金。[4]因此，布鲁诺·莱奥尼(Bruno Leoni，1913～1967年)说："不能以实物解释法律，表面上一模一样的词，在不同的时代和地方，可能会有全然不同的含义。"[5]美国法学家庞德(Roscoe Pound，1870～1964年)说过：道德非常重视行为，并不是仅仅重视行为隐藏的事物，也并不单单局限在行为

---

〔1〕 郑显文：《中国古代关于见义勇为的立法》，载《中外法学》1999年第6期。

〔2〕 [英]哈特：《法律的概念》，许家馨、李冠宜译，法律出版社2006年版，第173页。

〔3〕 [美]博登海默：《法理学：法律哲学与法律方法》，邓正来译，中国政法大学出版社2001年版，第377页。

〔4〕 范忠信：《国民冷漠、怠责与怯懦的法律治疗——欧美刑法强化精神文明的做法与启示》，载《中国法学》1997年第4期。

〔5〕 《西班牙刑法典》第489条规定：能够救助且对其自身或第三方没有危险，却不救助处于明显而严重危险之中的无助者的，处以拘留或5千～1万西班牙银币罚金。自己不能够救助而不向他人立即求助的，处以同样的刑罚；《德国刑法典》第330C条规定：意外事故、公共危险或困境发生时需要急救，根据行为人当时的情况急救有可能，尤其对自己无重大危险且又不违背其他重大义务而不进行急救的，处1年以下自由刑或罚金；《意大利刑法典》第593条规定：发现不满10岁的儿童或因精神疾病、年老或其他原因而不能生活自理的人被遗弃或者被丢失而不立即向主管机关报告的，处3个月以下有期徒刑或者60万里拉以下罚金。发现某人昏迷、似乎昏迷、受伤或者处于其他危险中而不提供必要的救助，或者不立即向主管机关报告的，处以同样的刑罚。如果因犯罪人的上述行为导致人身伤害的，刑罚予以增加。如果导致死亡，刑罚增加一倍。参见[意]布鲁诺·莱奥尼：《自由与法律》，秋风译，吉林人民出版社2004年版，第75～77页。

自身。反过来说，法律重视行为，然而，仅仅重视呈现于行为属性里的思维和情感，通常基于此来判别其对道德所形成的侵害。[1]

对于旁人是否有救助的义务，近代英美法坚持“各人自扫门前雪、每个人都是一座孤岛、人人为己的行为规则”，[2]大陆法则认为施救的人是值得称赞和保护的，[3]但大陆法并未对公民是否存在普遍的施救义务做出明确的立法说明。如果援助对个人的安全不具备任何威胁，或和自身的义务并未产生矛盾和冲突时，便可实施援助。如果将救助视为法律义务，则可能引发道德困境，因为可以立法明确一个人不应去实施何种行为，但明确一个人应当去实施何种行为却是极其困难的，实践的可操作性极小。从可操作性层面进行分析，《好撒玛利亚人法案》在实践中应用并不多，例如，美国福蒙特州 1973 年《帮助临险者责任法》这一法律明文指出，如果社会群体得知其他人面对着人身危险时，要提供相应的援助，[4]但长期以来并未在实践过程中获得实施与落实。而其他有类似立法的明尼苏达州、罗得岛州对此也是相同的立法现实。[5]法律将触角伸入道德领域，却难以执行，对好心人不当施救的责任豁免还可能涉及违宪的问题，例如，医生非法行医与救助遇险者之间的矛盾就可能会造成合宪性的冲突。要求不予施救者呈述其故意不予施救的心理状态，可能会违背任何人不能自证其罪的宪法权利。

---

〔1〕 [美]庞德：《法律与道德》，陈林林译，中国政法大学出版社 2001 年版，第 100 页。

〔2〕 徐国栋：《见义勇为立法比较研究》，载《河北法学》2006 年第 7 期。

〔3〕 [澳]维拉曼特：《法律导引》，张智仁、周伟文译，上海人民出版社 2003 年版，第 249 页。

〔4〕 Concerning Feldbrugge, “Good and Bad Samaritans: A Comparative Survey of Criminal Law Provisions Failure to Rescue”, *The American Journal of Comparative Law* 4, 1965, p. 632.

〔5〕 Michael N. Rader, “The Good Samaritan in Jewish Law”, *The Journal of Legal Medicine* 22, 2001, p. 375.

为了有效应对司法实践不足的尴尬局面，关于救助义务究竟是道德义务还是法律义务的问题，欧美学者在研究中提出了《好撒玛利亚人法案》下新的解决进路——特定情景论，只有在符合特定情境下，救助义务才能上升为法律义务。[1]通过研究分析上述各国关于“好撒玛利亚人”的立法，均将救助义务限定在特殊的场景下。以《德国刑法典》第330条第C款的规定分析，[2]法定救助义务的产生至少应当存在以下几个要件：(1)必须存在“意外事件”“公共危险”等紧急情况，日常条件下的献爱心等行为不能认定存在救助与被救助的义务关系；(2)当时的情境下，施救者采取施救措施并不存在显著的危险，这是基于人性与伦理做出的价值判断，在存在危险的情形下，潜在的施救者应当也必然会先考虑自身的安危；(3)救助在当时的场景下必须存在成功的可能性；(4)对放弃救助的行为，应当证明施救者存在不予救助的故意或过失。但从事后分析人的主观故意程度，无论对于受害人或者公诉机关，证明施救者存在漠视人命的主观态度均属于非常困难的范畴。特定情景论无法解决的问题，是如何将道德义务转换成为法律的义务，即旁观者何时应当承担《好撒玛利亚人法案》相关的救助义务。如果将救助作为旁观者应当承担的法律义务，西方法学家认为并不能促进社会救助风气的转变，波斯纳对此评论说：将救助他人作为法律上的义务并不会有利于救助，因为救助者救人的行为会演变成为避免法律的制裁，而不是出于道德的力量进

---

〔1〕 Michael N. Rader, “The Good Samaritan in Jewish Law”, *The Journal of Legal Medicine* 22, 2001, p. 379.

〔2〕 《德国刑法典》第330条第C款：公民在遇到事故、险情或紧急情况时，可以施救、但拒绝施救——尤其是在不会给本人来带危险以及不会与其他重要责任构成冲突时，可处于1年以下监禁或罚款。参见徐国栋：《见义勇为立法比较研究》，载《河北法学》2006年第7期。

行主动的救助。[1] “二战”后很多欧洲国家规定了“见危不助”入刑，[2]如前文所述，法国1994年《刑法典》规定了“怠于救助罪”，[3]但实践中能够查找到应用上述条文的实际案例极少。

笔者认为，特定情景论在《好撒玛利亚人法案》的适用上存在困难，在民法、刑法体系下去详细规定普通民众对于何种行为可为、何种行为应为是及其不现实的，陆地上的生产生活场景繁多，很难对何种情景下属于道德义务而何种情景下属于法律义务做出穷尽说明，即使耗费巨大的立法成本做出了类似规定，也无法满足实践快速发展的需要。但如第一章所述，在海上风险的特殊环境下，对在海上遇险的人员提供救助一直作为公法上船长的义务存在，海难救助中的人命救助本身就已经满足了特定情景的要求——人员在海上遇险，因此，船长对于海上遇险人员具有天然的法定义务，在船长违反了在海上救助人命义务的情况下，应当承担相应的责任，与本书第一章论述的现行公约与国内法有关违反人命救助强制性义务应承担相应责任的法理具有相同性质。

第二节　人命优位的法理基础

优位的理念在法学理论的研究中已有体现。民商法学界有学者曾提出“私法优位主义”，指的是私法在市场经济中具有优势

---

〔1〕 参见[美]波斯纳：《道德和法律理论的疑问》，苏力译，中国政法大学出版社2001年版，第145～146页。

〔2〕 F. J. M. Concerning Feldbrugge: "Good and Bad Samaritans: A Comparative Survey of Criminal Law Provisions Failure to Rescue", *The American Journal of Comparative Law* 14, 1965, p. 631.

〔3〕 范忠信：《国民冷漠、怠责与怯懦的法律治疗——欧美刑法强化精神文明的作法与启示》，载《中国法学》1997年第4期。

地位，私法较之公法应居于优越地位，只有在适用私法无法维护公平正义时，公法才介入适用。[1]也曾有学者对“私法优位论”提出批驳，“私法优位论”主张私法是法的重心，但私法置于市场经济法律体系的核心地位有违国家权力运行的本质。[2]康敬奎在《社会优位下的权利本位》中提出“社会优位理念”，指出“当个人权利与社会权利冲突时，社会权利应优先于个人权利”。[3]而权利从横向上来看，可分为个人的权利和社会的权利。权利本位亦可分为社会优位下的权利本位和非社会优位下的权利本位。[4]社会优位下的权利本位是当个人和他人以及个人和社会的权利发生冲突时，公共的正当权利优先于个人一己的私利。[5]魏治勋在《文义解释在法律解释方法中的优位性及其限度》[6]一文中尝试运用优位的理论阐释文义解释在法律解释中具有“优势地位”，同时这种优位可以带来实体上的价值，立法机关拥有对文义进行解释的权利，能够显著区别其他公权力机关拥有的权力，突出立法机关的释法正当性。[7]综上所述，优位在法理中体现为“优势的地位”。

在政治学理论上，同样适用“优位”的概念，例如，日本政体中存在的“一党优位制”，就指的是日本自民党长期占据优势地位而

---

〔1〕 梁慧星：《市场经济与法制现代化——座谈会发言摘要》，载《法学研究》1992 年第 6 期。

〔2〕 汪习根等：《论法治社会私法的非优位性——对公、私法定位的再反思》，载《华中师范大学学报》（人文社会科学版）2003 年第 1 期。

〔3〕 康敬奎：《社会优位下的权利本位》，载《求是学刊》2005 年第 3 期。

〔4〕 个人优位下的权利本位——笔者注。参见康敬奎：《社会优位下的权利本位》，载《求是学刊》2005 年第 3 期。

〔5〕 康敬奎：《社会优位下的权利本位》，载《求是学刊》2005 年第 3 期。

〔6〕 魏治勋：《文义解释在法律解释方法中的优位性及其限度》，载《求是学刊》2014 年第 4 期。

〔7〕 魏治勋：《文义解释在法律解释方法中的优位性及其限度》，载《求是学刊》2014 年第 4 期。

在政权中作为核心执政党长期执掌权力的体制。“政党优位协商是指在政党与社会的关系中,政党处于优势地位,主导、调控整个政治社会关系”。[1]“优位”在政治学中的解释同样指“优势的地位”。[2]

在海商法下,同样有学者提出了“优位”的观点,例如,“海事优位权”的概念最早由司玉琢教授提出,[3]他认为,海事赔偿责任限制在外部与内部关系上均优先适用,具有优势地位,[4]而“海事优位权”属于特殊的形成权。[5]从法理上分析,法律本位是对法律调整系统价值指向的概括,是指在两种或两种以上的价值目标中的侧重点,表明一个法律体系的终极关怀客体。[6]而“优位”恰恰体现的是法律对于法益的价值选择,即通过立法确定何种法益优先,并具有优势性地位。笔者认为,“优位”,是指法律适用上的优先以及事实上的优势地位。

根据本章第一节的论述,生命利益是人类最为重要的利益,生命权利在人类法治文明下重于财产权利,因此,有必要在海难救助中体现人命优位。人命优位不仅仅包括人命在救助上的优先,更包括事实上形成人命相较财产的优势地位。海难救助财产

---

[1] 高奇琦:《政党优位协商:新加坡人民行动党与社会的互动模式》,载《社会主义研究》2014 年第 2 期。

[2] 王瑜:《日本自民党“一党优位制”的终结》,载《当代世界与社会主义》2005 年第 3 期。

[3] 司玉琢:《海事赔偿责任限制优先适用原则研究——兼论海事赔偿责任限制权利之属性》,载《中国海商法年刊》2011 年第 2 期。

[4] 外部关系上“即船舶优先权、船舶抵押权、船舶碰撞以及船舶扣押制度等都不影响海事赔偿责任限制的优先适用”。内部关系上是指“除并行于海事赔偿责任限制的责任限制制度外,所有其他责任限制制度,要么受制于海事赔偿责任限制,要么共享海事赔偿责任限制的限额”。参见司玉琢:《海事赔偿责任限制优先适用原则研究——兼论海事赔偿责任限制权利之属性》,载《中国海商法年刊》2011 年第 2 期。

[5] 司玉琢:《海事赔偿责任限制优先适用原则研究——兼论海事赔偿责任限制权利之属性》,载《中国海商法年刊》2011 年第 2 期。

[6] 葛洪义:《法律 · 权利 · 权利本位——新时期法学视角的转换及其意义》,载《法律科学》1991 年第 3 期。

制度与海难救助人命制度应是并行的两种制度，在救助遇险人员与遇险财产的过程中，人命应当具有优势的地位，这是人命优位的体现，也是“生命利益论”“生命权”等理论的具体要求。同时，为了体现人命在事实上的优位性，因人命救助而产生的费用应当较财产救助优先受偿，而这正是优先内容的体现。

一、人命享有较财产优先被救助的权利

基于上述法理，海难救助制度中除了财产救助制度之外，更应包括人命救助制度，并且人命救助制度源于“生命利益论”“宪法中的生命权”等法理基础，可以并且应当相对财产救助具有优势的地位——“人命优位”。海上遇险人员享有被救助的权利，救助海上遇险人员是救助人应付的强制性义务，相较于财产救助人命应当具有优位性，这种优位性取决于人命救助制度的法律规制安排，通过多项规则的统一安排实现人命救助效用的最大化，确保人命在事实上与法律上具有先于财产得到救助的地位。在财产与人命同时遇险时，救助人或者潜在的救助人能够通过经济、法律风险、强制性规定等多种因素的考量，从而更多地选择优先救助人命。

（一）人命优位的概念

人命优位的目的在于确保人命享有优势地位的实际待遇。优位，从字面意思解释即为“优先的要求、优势的地位”，笔者认为，优位有两种方式的体现：一种是纵向式，另一种为横向式。纵向式优位是指由两者间层级的不一致而决定其中位阶高者具有优先的地位，纵向式优位法律上早已有体现，例如，行政法中常见的法律优位原则，就是指部门规章等行政规章不得与全国人大制定的法律相违背，下位法不得与上位法相冲突，上位法具有优先

的地位;横向式优位是指两者间层级本身一致,而由法律规定或人为设置,其中一个具有相对优先的地位,横向式优位在海商法中体现颇多,例如,《中华人民共和国海商法》第22条规定了船舶优先权所涵括的内容,在此之中,细致罗列了5种优先权担保的海事请求权,从给付请求的内容分析,这5项请求权之间本没有什么地位上的本质差别,但为了照顾不同主体间的利益,人为地通过立法设定了船舶优先权所担保的海事请求权得到补偿的优先次序。[1]即享有最先受偿地位与权利的是船员工资,船员工资的给付请求同其他请求相比,具有优位的实际待遇。

具体到人命优位而言,是指人命具有优先于财产的地位,在海难救助的特殊环境背景下,人命应当享有优先于财产得到救助的实际地位与待遇。人命优位实际上早已在海商法律制度上得以体现,例如,《中华人民共和国海商法》第49条中规定,因船舶在海上实施的救助人命行为而发生的各种绕航等行为可以排除于承运人责任之外,体现了将救助海上遇险人员置于重要地位的立法理念。

本书第一章论述的现行海难救助制度的弊端表明,现行法律规定对于人命救助的规定容易引发道德困境,人命不属于海难救助的客体、救助人命无法享有独立的救助报酬、缺少人命与财产同时遇险时优先救助人命的强制性规定等事实直接引起了“埃姆

[1] 《中华人民共和国海商法》第22条:“下列各项海事请求具有船舶优先权:(一)船长、船员和在船上工作的其他在编人员根据劳动法律、行政法规或者劳动合同所产生的工资、其他劳动报酬、船员遣返费用和社会保险费用的给付请求;(二)在船舶营运中发生的人身伤亡的赔偿请求;(三)船舶吨税、引航费、港务费和其他港口规费的缴付请求;(四)海难救助的救助款项的给付请求;(五)船舶在营运中因侵权行为产生的财产赔偿请求”。《中华人民共和国海商法》第23条:“本法第二十二条第一款所列各项海事请求,依照顺序受偿。但是,第(四)项海事请求,后于第(一)项至第(三)项发生的,应当先于第(一)项至第(三)项受偿。本法第二十二条第一款第(一)、(二)、(三)、(五)项中有两个以上海事请求的,不分先后,同时受偿;不足受偿的,按照比例受偿。第(四)项中有两个以上海事请求的,后发生的先受偿。”

布勒姆"等案件中漠视人命的悲剧发生。有必要基于人命优位的要求,对现行海难救助制度有关人命救助的内容进行修改,构建具有实践意义的海难救助制度下的人命救助制度。笔者认为,人命优位制度架构主要包括以下四个方面:一是将人命纳入海难救助客体的范围;二是人命救助应享有独立的报酬请求权;三是在索取救助报酬时,出于救援人命产生的费用与酬劳相较财产救助,可以享受优先得到支付的权利;四是通过人命救助强制责任保险等一系列制度性保障,确保人命能够得到事实上的优先救助。基于人命优位要求下的人命救助制度,通过以上几项制度性安排,确保人命在海上风险中得到优先救助,有关人命救助制度的具体内容将在后续第三、四、五、六章中予以详细论述。

(二)海难救助中人命优位的特征

从字面分析,优位与优先意义相近。海难救助中的人命优位同民法中的优先权之间既有显著不同,又有密切联系。人命优位指海上遇险人员相较于海上遇险财产具有显著的优势地位。而优先权(Lien),是大陆法系民法的一个重要概念。[1]定义为:债权者在特殊财产中设定的担保权益,通常来说在债务完全偿还时终止。[2]债务者如果超出了期限并未还清债务,那么债权人可利用出售抵押物的方式来优先获得赔付。[3]

优先权的中文翻译起源据考证为我国海商法界在制定《海商法》时移植引用的。[4]优先权源自罗马法中的法定抵押权制度,如

〔1〕 孙新强:《我国法律移植中的败笔——优先权》,载《中国法学》2011年第1期。

〔2〕 "衡平法中包括的留置权,并非局限在抵押物由债权人占据的情形"。参见郭明瑞、仲相:《我国未来民法典中应当设立优先权制度》,载《中国法学》2004年第4期。

〔3〕 薛波:《元照英美法词典》,法律出版社2003年版,第847页。

〔4〕 孙新强:《我国法律移植中的败笔——优先权》,载《中国法学》2011年第1期。

所有权人对永租权人转让永租权时的优先回赎权（规定在用益物权下），这种权利来自立法的特殊政策。[1]有关优先权的立法模式有两种：一种为法国模式，《法国民法典》第3卷第18编里将优先权划分成一般优先权、特殊优先权两类，有详细的优先权规定；另一种为德国模式，虽然没有对优先权做出统一的规定，但通过扣押保护、清偿顺序制度、法定抵押权等制度起到保护债务人特殊债权的目的。[2]优先权制度是特种债权优先受偿的理论基础，实现了特定立法政策和目标。在立法路径上，优位性同优先权是相似的，人命优位是通过立法政策的调整以实现人命得到救助的法律效果和事实效果。

对于优先权的性质，民法学界一直存在较大争议。有观点曾提出优先权是担保物权的内容之一，优先权是特殊的法定权利，是通过立法的形式作出明确规定的特殊债权，是债权人拥有的权利之一，是与债务人相关的财产优先获得赔偿的担保物权。[3]物权的显著特点是具有不能并存的排他性与针对第三人的追及性，但由于优先权可以同时存在同一财产上，例如，对同一财产，不同的主体拥有优先购买权。并且优先权没有法定的公示要件，第三人无法知晓优先权的存在。因此，优先权不具有物权的上述特点。与之相对，有观点认为优先权为债权或特殊债权，优先权制度创设的初衷就在于打破债权平等，给予特种债权人优先受偿的权利。但通过分析可以发现，优先权也并非债权。债权只能发生在特定主体之间，权利义务主体具有严格的特定性。优先权的权利主体是特定的，但义务主体并不是特定的债务人。债权的建立

---

〔1〕孙新强：《我国法律移植中的败笔——优先权》，载《中国法学》2011年第1期。

〔2〕田野：《优先权性质新论》，载《郑州大学学报》（哲学社会科学版）2016年第2期。

〔3〕郭明瑞、仲相：《我国未来民法典中应当设立优先权制度》，载《中国法学》2004年第4期。

离不开债务人的自觉配合。对优先权来说,不需要其他人的配合或协调,单方面便能够实现。综上所述,笔者认为,物权是对物占有、使用、收益和处分的支配权,但优先权则只是相较其他债权人得到优先清偿的权利,民法下的优先权不属于普通意义上的物权、债权。其创设的初衷在于特殊法定情形下保护特殊主体利益,具有极强的立法政策导向性,其本质意义在于保护民事权利免受侵害。[1]

从上述角度分析,海难救助制度下的人命优位与民法上的优先权存在立法目的上的相似性,均为了保护特定主体的特定利益。人命优位的一项重要支撑性内容是人命救助人在索取救助报酬时,因救助人命而产生的费用与酬劳,相较财产救助费用与酬劳拥有优先获得赔偿的权利。这种权利产生的原因在于现行法律体系下,人命救助产生的费用与酬金无法得到优先受偿,可能受到船东、其他债权人甚至其他救助人的侵害,其法律政策的目的在于维护人命救助人的合法权益以维护海难救助的公平性与积极性。

二、海商法中现行制度对于优位的体现

由于人命优位的内容仍源自现有法律规制,只是根据法律政策做了相应调整,因此有必要对其主要内容与来源同相关理论加以比较剖析,以便更好地分析研判构建人命优位要求下的人命救助制度的可能性、必要性以及正确性。实际上,海商法中有关优位的内容早已存在,只是尚未成体系性论述或阐释。例如,《中华人民共和国海商法》第 38 条规定,船舶在海上发生事故后,若出现沉没等无法避免的情况时,船长可决定抛弃船只,但在抛弃船

---

〔1〕 田野:《优先权性质新论》,载《郑州大学学报》(哲学社会科学版)2016 年第 2 期。

只时,船长需要采用行之有效的举措确保乘客安全撤离,接着帮助船员撤离船只,最终自己才能够撤离到安全地带。《中华人民共和国海商法》的规定中实际已经做出了财产与人命的价值选择,即人命的价值优于财产的价值,该法第 38 条第 2 款规定,在离开船舶前,船长需要组织船员竭尽可能的救援航海日志、无线电台日志、贵重货品、燃料登记簿、航海地图、现金等。笔者认为在此体现出两种优位,第一种是船员的生命利益排在船长之前,但位于旅客之后,这种法定的优位,并非意味着船长的生命没有船员或旅客重要,而是由于船长、船员不同的职业职责所决定的,船长有义务采取措施保护船舶与在船人员的安全,船长在船有可能挽救更多的船员、旅客的生命,以最小的人命牺牲,换取最大限度的人命保全,这正是人命优位原则的体现;[1] 第二种是财产的价值让位于人员的生命价值,在旅客妥善安置好后,船长方才能够指挥船员组织抢救重要物资,即人命优位于财产。

上述两种优位同样是人命优位的重要体现,人命优位于财产是构建人命救助制度的重要基础。如《中华人民共和国海商法》第 114 条、第 115 条有关承运人责任的规定,承运人对乘客受伤或死亡具有一定过错的,应该负担赔付责任,而第 116 条则规定,承运人对于旅客的财物[2] 发生的灭失、损坏,却不负赔偿责任。通过这 3 条相邻的法律条文比对,可以发现《中华人民共和国海商法》对于财产与人命,做出了不同的法律价值判断,承运人对于人命的责任明显大于对于财物的责任。现代海难救助制度源于几千年来传统的海上风险,虽然海上风险的形式发生了变化,但是

---

〔1〕《中华人民共和国海商法》第 35 条:"船长负责船舶的管理和驾驶。船长在其职权范围内发布的命令,船员、旅客和其他在船人员都必须执行。船长应当采取必要的措施,保护船舶和在船人员、文件、邮件、货物以及其他财产"。

〔2〕包括货币、金银、珠宝、有价证券或者其他贵重物品。——笔者注

海难救助的本质并没有发生根本性的变化。为了体现人命优位，海商法中实际早已做出价值选择，下文将进行详细论述。

（一）船舶优先权

船舶优先权与民法上的优先权虽然均有优先二字，但两者间有较大区别。船舶优先权，在目前的国际公约里被称作 Maritime Lien。[1]其将船只作为优先权的标的，将担保特殊债权实现作为最终目标，通过法定程序，扣留并强制出售船只，确保债权人能够对拍卖价款按照法定顺序优先获得赔偿。[2]《中华人民共和国海商法》中加入了优先权这一概念，将其表达成"法定非转移占有型担保物权"，原因在于中国的担保法体系中有三类特殊的担保形式：质押、留置与抵押，上述三种担保均不能适用这类海商法中的特定担保形式。[3] 1993 年《船舶优先权与抵押权国际公约》(International Convention on Maritime Liens and Mortgages, 1993) 第 4 条明文指出，对船舶所有者、承租者等申请的赔偿，都可以利用船舶优先权获得担保。船舶优先权设置目的在于保障担保的特殊债权可以获得赔付，属于法律规定的担保物权之一。[4]海商法中的优先权将产生海事请求的特殊船只作为对象，行使船舶优先权必须依法扣船拍卖来清偿海事请求。海商法中特有的船舶优先权具有排他性，其他人必须满足对于船舶优先权人对于特定船舶的支配请求。船舶优先权符合物权的另一个特征是具有追及性，即使特定船舶的所有权主体发生变更，也不影响船舶优先权人根据海事请求向该船舶追偿。

---

〔1〕 法语是 Privilege Maritime。——笔者注

〔2〕 吴焕宁：《海商法学》，法律出版社 1995 年版，第 308 页。

〔3〕 孙新强：《我国法律移植中的败笔——优先权》，载《中国法学》2011 年第 1 期。

〔4〕 邢海宝：《船舶优先权研究》，载《法学家》1996 年第 4 期。

从位阶进行分析，船舶优先权优于一般债权，按照法律规定，船舶优先权优先于船舶留置权和船舶抵押权等担保物权，[1]体现了对特定类型债权人的特殊保护和立法选择，这种制度的设计本身就蕴含了不同法益的位阶概念，从立法的高度做出了价值选择，包含了优位的概念，即船舶优先权担保的海事请求权高于船舶留置权、抵押权等担保性的物权。例如，《德国商法》第776条规定船舶债权人行使船舶优先权，如同时有其他质押或抵押权时，以船舶优先权为先。[2]《中华人民共和国海商法》第22条详细列出了5类专属的优先权担保的海事请求权，《中华人民共和国海商法》针对这5种请求权优先获得赔偿的次序作出了清晰的规定。上述优先权从担保申请出现直至1年后消失，具有明确的除斥期间。[3]对船舶优先权规定有除斥期间，但船舶优先权具有从属性，其所担保的海事请求并没有消灭，因此特定的事实发生后，实际上存在海事请求与船舶优先权两种法律关系。综上所述，船舶优先权属于法定担保物权，[4]而非民法一般意义下的意定担保物权。

《中华人民共和国海商法》第22条规定"海难救助款项的给付请求"，属于船舶优先权担保的海事请求。在建立人命救助制度后，人命将纳入海难救助的范畴。"从维护救助人利益以保护救助积极性的立法目标出发，如果海难人命独立救助报酬的支付主体确定为船舶所有人，则人命救助报酬作为海难救助款项纳入船舶优先权的担保范围，且人命救助报酬优于船舶留置权，船舶

[1] 《中华人民共和国海商法》第25条。

[2] 吴焕宁：《海商法学》(第2版)，法律出版社1996年版，第387页。

[3] 船舶优先权的消灭规定在《中华人民共和国海商法》第29条，除因第26条的规定外，船舶优先权因下列原因而消灭：(1)具有船舶优先权的海事请求，自优先权产生之日起满1年不行使；(2)船舶经法院强制出售；(3)船舶灭失。

[4] The *Ripon City*. [1897] Lloyd's Law Report. 226.

抵押权与一般债权得到清偿。但是,假如采取海上人命救助强制责任保险的方式,保险人将承担救助报酬的支付,救助报酬将不再与财产的实物价值发生联系,也不会再与扣船等事宜产生联系,从而更加有效地维护救助人利益并促进海难救助业的发展。”这也涉及了人命救助制度与其他海商现行制度的协调问题,有关人命救助报酬支付主体的内容与制度协调问题将分别在第五章与第六章进行详细论证。

(二)海事责任限制

责任限制制度起源于欧洲,14 世纪出台的《康索拉度海商法典》明确指出:船只所有者与经营者对船长为供养船只而出现的债务,或由于不当承载货物,或由于航行不当而出现的亏损,要负担相应的赔付责任,并以个人在船只中占有的份额作为衡量上限。[1]海事赔偿责任限制是一种抗辩权,责任人并没有基于此限制提出辩护的,法院不会自己去引用该责任限制进行审理。[2]海事赔偿责任限制并非赔偿的责任,而是通过行使该权利,责任人能够将自己置于赔偿限额的范围内。

船舶优先权制度通过扣船保证担保的海事请求能够实现,与船舶所有人的其他财产无关。海事责任人通过设立责任限制基金来限制自己承担的责任,保证在一定限度内承担责任,以替代扣船。二者的立法目的均是使承担责任的范围可控,但并非所有的请求权人或债权人都可以获得完全的偿付。当船舶优先权制度同海事赔偿责任限制制度发生冲突时,海事赔偿责任限制制度优先适用。只要海事赔偿责任限制的权利主体申请责任限制程

〔1〕 王彦:《康索拉度海法评述》,载《中国海商法研究》2017 年第 2 期。
〔2〕 最高人民法院《关于审理海事赔偿责任限制相关纠纷案件的若干规定》第 14 条。

序并得到法院的认定，船舶优先权的程序就不能再实施下去了，让位于责任限制。只有海事赔偿责任限制的权利主体一直不行使责任限制权利，船舶优先权程序才有可能进行到底。[1] 救助款项以及船员工资的请求因为是非限制性债权，所以不会与责任限制发生冲突。因此，《中华人民共和国海商法》第30条明确规定，该节规定（第三节　船舶优先权）不会对《中华人民共和国海商法》第十一章有关责任限制条文的执行产生任何影响。所以，其他和海商法特有的优先权担保相关的请求权需要面临赔付限额上限的约束。优先权代表的利益优于其他权利，但是海事责任限制所代表的利益又在法律条文中明显体现出高于船舶优先权所代表的利益，这同样可以视作优位在海事法律中的体现。

海事责任限制的一项重要目的在于鼓励海难救助行为，除了海上特殊的高风险的自然环境，救助人还要承担商业风险与责任风险。海难救助早已经发展成为高度专业化的重资产、重装备行业，救助的过程会耗费大量的人力、物力，如果无法得到救助报酬或救助报酬无法偿付救助花费时，将面临不菲的经济损失。如果救助不力，造成了遇险船舶或货物的继生伤害，还可能因此承担更为严重的法律责任，如果救助人在付出大量努力的前提下仍需对遇险财产承担无限赔偿责任，必然会对海难救助业乃至整个海洋航运带来消极影响。海事赔偿责任限制的权利主体具有严苛的制约：船舶所有者，包含船舶运营者与船舶租赁者、海难救助者。为了保护海上保险业的健康发展，减少保险人承担无限责任的可能性与压力，上述主体的责任保险人可以同样享受责任限

---

〔1〕 司玉琢：《海事赔偿责任限制优先适用原则研究——兼论海事赔偿责任限制权利之属性》，载《中国海商法年刊》2011年第2期。

制。[1]例如,《1976 年海事索赔责任限制公约》(Convention on Limitation of Liability for Maritime Claims,1976,LLMC)明文指出海事赔偿请求权下的保险人,在被保险者可享有的利益范畴以内享受本公约下被保险人拥有的权利。《中华人民共和国海商法》第 206 条对这一方面也做出类似的规定。

《中华人民共和国海商法》规定的由船舶优先权担保的海事请求共 5 项,其中第 2 项人身伤亡的赔偿请求与第 5 项侵权行为产生的赔偿请求同为财产损害赔偿性质,在船舶优先权体系下有受偿的先后。应用海事赔偿责任限制制度抗辩后,海事赔偿责任限制制度下的损害赔偿请求不存在先后顺序的划分。[2]即使设立责任限制基金后,也无法确定人身伤亡赔偿请求具有优先受偿的地位。但在完善人命救助制度后,救助人员的花费与报酬将由保险人等法定主体支付,才能够体现人命优位的事实状态。因此,明确人命优位不仅仅是理论问题,更是司法实践的现实性问题。

假设否决海事请求权在海事优先权体制下的优先地位,是否代表着海商法下的责任制约体系能够代替同样是海商法下的优先权体系?笔者认为这是两种截然不同的法律制度,体现的优位方式也并不相同。《中华人民共和国海商法》尽管指出船舶享有的优先权机制,对海事责任限制不存在任何影响,但并非用一种

〔1〕 傅廷中:《船舶优先权与海事赔偿责任限制的价值冲突与协调》,载《法学研究》2013 年第 6 期。

〔2〕 傅廷中:《船舶优先权与海事赔偿责任限制的价值冲突与协调》,载《法学研究》2013 年第 6 期。但是,人身伤亡限额不足以赔偿人身伤亡请求时,差额部分仍然享有限制性财产请求权的限额限止。该做法同样体现了人命优位原则。根据《海牙规则》第 8 条和《1974 年国际海上旅客及其行李运输雅典公约》第 19 条的规定,承运人享有的单位责任限制权利和海事赔偿责任限制权利互不影响,可以共存于承运人。当作为承运人的船舶所有人对海难事故导致的本船货物或旅客的索赔进行了单位责任限制以后,针对所有未受偿的人身伤亡、货物损害及其他损害的索赔余额还可以主张一般性或特殊性的海事赔偿责任限制。——笔者注

实体法否定另外一种实体法。笔者认为,从立法条文与体例分析,《中华人民共和国海商法》仅规定了 3 种船舶优先权的消灭情形,并未规定因海事责任人主张责任限制的抗辩,而消灭船舶优先权。国际社会在 20 世纪 60 年代出台的《1967 年统一船舶优先权和抵押权某些规定的国际公约》明文指出,成员国可以就适用责任限制公约的条款进行国内法约束来进行制衡;[1]《1993 年船舶优先权和抵押权国际公约》明确提出,船舶优先权公约中的相关规定对于适用责任制约公约或国内法来说,不应当存在任何影响。[2]上述国际条约均表明船舶优先权与海事赔偿责任限制制度是两种不同立法目的的实体法制度。船舶优先权属于法定的非转移担保物权,法院在配置责任限制基金时,通常需要依据物权法定原则来决定如何适用于海事优先权。[3]

"同一阐释"这一法定原则对相同的法律文件里概念相同,且需要依据相同的词义进行阐释做出了清晰的规定,目的在于维持法律意义的延续与拓展。[4]无论是国际法还是《中华人民共和国海商法》,均明确地将船舶优先权担保的某些海事请求如船员工资、海难救助款项等确定为非限制性的海事请求。按照《1976 年海事赔偿责任限制公约》(Convention on Limitation of Liability for Maritime Claims,1976,LLMC)的规定,海事责任限制制度是为了对抗限制性海事请求,而不是对非限制性的海事请求提出抗辩,因此,从隐性上基本消除了两种制度间冲突的可能。在现行法律框架下,海难救助人基于救助合同提起的救助报酬请求是无法适

---

〔1〕《1967 年统一船舶优先权和抵押权某些规定的国际公约》第 2 条。

〔2〕《1993 年船舶优先权和抵押权国际公约》第 2 条。

〔3〕Thomas J. Schoenbaum, *Admiralty and Maritime Law* (4th ed.), Haryana, Thomson Business Press,2004, p. 829.

〔4〕[德]卡尔·拉伦茨:《法学方法论》,陈爱娥译,商务印书馆 2005 年版,第 204 页。

用责任限制的,其原因在于海难救助人对保全船舶做出了巨大的贡献,使索赔有了清偿债务的标的,如果没有海难救助人的努力,其他海事请求也就失去了意义。因此,海商法对于海难救助报酬实行"双重"优先,救助报酬请求属于船舶优先权担保的优先受偿范围,后发生的海难救助对于保全船舶的作用、意义更大,因此后发生的海难救助优先于先发生的海难救助受偿。在海事请求中,索赔数额最大的应属船只油污侵害赔付申请,假如把油污侵害加入到船只优先权担保的海事申请范畴内,或许可将这一申请在海事赔付责任限制基金里优先获得赔付,必然会对其他海事请求的受偿造成极大影响[1]。由于船舶优先权与油污损害赔偿的担保物不同,如油污损害赔偿以责任保险为担保,[2]当导致油污侵害时,通过责任保险人来代替负担赔付责任,不需要对船只提出申请,[3]不在海事赔偿责任限制基金中受偿。[4]由于油污损害赔偿有专门基金负责赔偿,是从海事赔偿责任限制制度中独立出来的责任限制制度,与海事赔偿责任限制制度并行,因此就无须在海事赔偿责任限制基金中受偿。在人命优位的要求下,人命虽然作为海难救助的客体,但与传统意义上的财产救助仍有不同。一般而言,救助人命无法起到保全船舶的作用,而是单纯的出于人道主义考虑救助遇险的生命,如果纯人命救助人具有船舶优先权,由于有保险人进行特别支付,无须同其他海事赔偿请求在责任限制基金中竞争,如果适用人命救助强制保险,则既不属船舶优先权,也不应受海事赔偿责任限制的限制,此内容将于第五章第四

[1] 基本无索赔的可能。——笔者注

[2] 根据《国际船舶油污损害民事责任公约》的规定,凡载运2000吨以上散装油类货物的船舶,均须投保油污责任险。

[3] 面临油污的巨大损坏数额,即使拍卖船舶也于事无补。——笔者注

[4] 即使是在船舶碰撞导致油污事故的情况下,根据法律规定也要分别设立两个基金,即海事赔偿责任限制基金和油污损害赔偿责任限制基金。

节详细分析。

综上所述，虽然在海上救助遇险人员是长期以来形成的救助人法定救助义务，而救助生命又是人性与“生命利益论”“生命权”等法律理论的具体要求，但由于现行海难救助制度对于人命救助相关规定的弊病，人命救助无法起到良好的实践效果，在海上漠视人命的情况时有发生。为了有效地提高救助人在海上救助人命的积极性，扩大人命救助的救助效果，极有必要按照人命优位的要求调整现行海难救助制度的相关规定，构建人命优位前提下的人命救助制度。人命优位同民法上的优先权等概念既有极强的联系，但在外延上又涵盖更广。人命优位是指在海上风险环境下，人命相较于财产享有优先被救助的地位，而人命救助与财产救助虽同属海难救助制度，但在实践应用时，人命救助的相关规定应优先适用，形成人命救助事实上的优先地位。人命优位在海商法的其他制度中实际早已有体现，船舶优先权对于不同海事请求间的受偿顺序设定、海事赔偿责任限制与船舶优先权等制度的适用位序设定表明了现行海商制度中对于优位在事实上的认可，按照人命优位的要求构建海难制度下的人命救助制度将显著提高在海上救助人命的效果。

第三章　人的生命权纳入海难救助客体的考量

由法律的层面厘清海难救助客体具体含义、范畴、内容等，对建立与健全海难救助法律体系而言，具备理论与实践引导价值。

法律关系的客体指的是法律关系所调整的对象。就法律关系作用的对象而言，指的是法律调节的具体化，法律调解的对象为个人行为与相互关系。还有一些学者指出，法律关系客体指的是法律关系主体存在的权利与义务所指的对象。[1]就法律关系而言，客体是必不可少的要素。海事法律关系中的客体指的是主体权利与义务指明的对象。[2]由于海事法律关系具有复杂性与多元化特征 ，这意味着海事法律关系的客体非常广泛且多样。对海难救助来说，客体通常会随人类海上救援实践活动的开展而形成，伴随海难救援认识与实践水平的提升而持续变动。

就海难救助制度而言，海难救助客体的具体范围具有非常关键的作用。明确海难救助客体不但和社会群体对海难救助属性

---

〔1〕 张文显：《法理学》，北京大学出版社1999年版，第116页。

〔2〕 司玉琢等主编：《新编海商法学》，大连海事大学出版社1999年版，第24~25页。

的认知息息相关,而且和航运界对海难救助含义的认定具有密不可分的关系,是海难救助主体据以开展救援活动的前提。如第一章所述,现行海难救助的客体为可航水域中遇险的船舶与财产,将人命排除在救助客体的范围之外,导致现行海难救助法律体系下的救助报酬索赔、强制救助、保险赔偿均无法适用于人命救助。这一立法导向有其深刻的历史原因,因为人命救助一直作为船长的义务在海洋环境下适用。例如,根据各国国内法以及 SOLAS 等法律的条文得知,海洋上的人命救助是世界上很多国家明文规定的人道主义义务,参与救援的主体大部分是航海者或海洋沿线的国家当局,海上人命救助的主体不但包括专业救援组织,而且包括事故发生地过往的船舶、船员。但通过历史分析的方法可以得出结论,法律关系的客体并非一成不变的,海难救助的客体也在发生着不同的变化,从《1910 年统一海难援助和救助某些法律规定公约》只是将海船、[1]船舶中的属具、货物、财产等视作救援标的,到《1989 年国际救助公约》不再单纯的局限将船舶等财产视作唯一救援标的,更是把范畴扩充到"非永久性依赖于岸线中的所有财产"。

在《1989 年国际救助公约》生效后,浮船坞、渔具、飞机等坠到海里,均可视作救助标的,公约更是按照实践的变化将运费这一财产也作为海难救助的标的。伴随海洋财产呈现出多元化的特征,并且日益复杂。海难救助法包括的救助标的远远超过了早期救助标的的范围。1954 年美国发生的"兰波罗斯海上飞机基地诉巴特瑞"案[2]中,明确了"海上失事飞机是受到救助法律约束的海洋中的财产"后,美国法院认为从可航水域救捞起来的任何

---

〔1〕 包含和它存在救援关系的内河船。——笔者注

〔2〕 *Lambros Seaplane Base* v. *Batory*,215F. 2d 228 (2d Cir. 1954).

财产，无须考虑财产属于什么类别、所有权属于谁，均可作为救助客体处理。

海难救助的客体一直呈扩大的趋势，这是随着生产工具的发展、人类科技的进步而同步进行的，法律的生命在于运用，而法本身也具有滞后性的特点，只能根据实践的发展而不断调整。马航MH370航班失联后，对飞机的搜索同样运用了海洋救助制度，但假设救助起航班中的遇险乘客，能够将其作为海难救助的客体从而适用救助制度？而人命救助并不是一个鲜见的话题，据新华社2016年1月28日报道，仅中国海事系统在2015年参与的海洋救援案件就已经超过千起，调配公务船只达到245艘，渔船达到1533艘，救援的人员数量超过1.3万名，救援的船舶达到1299条，投资的救援费高达3446万元，避免直接经济损失达到7.75亿元。[1]笔者认为，人命救助作为海上风险不可回避的问题，虽然将人命作为客体在法律上较为鲜见，但可以将人的生命权作为客体纳入海难救助的整体系统规制之内，利用补充和完善相关法律的时机，促进海难救助法律体系的整体发展。

第一节　两大法系对于海难救助客体范围的比较

一、大陆法系

（一）德国

人的生命不属于德国海商法海难救助客体的范围，但人命救

---

〔1〕《去年中国海上搜救成功救助13727人》，载新华网：http://news.xinhuanet.com/politics/2016-01/28/c_1117928905.htm，2017年10月7日最后访问。

助人在部分情形下可以获得独立的救助报酬。依据《德国商法典》第 751 条的规定内容:人命救助人有权利由获得救助的船只或获救财产的救助人处得到一定比例的酬劳。假如船只或船舶的财产救助者没有权利要求上述酬劳,由此造成人命救助人失去了救助报酬请求权,人命救助人可对获得救助的财产所有人提出救助报酬的支付要求。[1]上述规定说明,人命救助人在德国法律下,可对获得救助的财产所有人索取人命救助报酬,但这种报酬请求权是建立在有财产救助同时发生的情况下。

(二)日本

《日本商法典》第 800 条明文指出:"在船只或所载的货物面临海上危险时,不存在法定义务而实施了救援行为的人员,可根据救援结果申请一定比例的救援酬劳。"[2]第 804 条明文指出:(1)多人合作实行救援时,有关救援酬劳的配置比重,可适用于第 801 条相关条文;(2)实行了救助人命行为的人员,同样可依据上一条款相关规定来参与救援费用的分配。第 800 条的规定说明人命不属于日本海商法中海难救助的客体,而第 804 条第 2 款的规定则证明日本海商法承认相对独立的人命救助报酬请求权。

(三)荷兰

荷兰海商法中有关人命救助的相关规定,编纂于《荷兰商法典》第 2 卷《海商法编》里,与财产救助和人命救助相关的内容体现于第 7 章内,《荷兰商法典》第 545 条明文指出,假如船长在现场,如未经船长允许,不可对面临危险的船只与船舶中的财产和

---

[1] Catherine Swan, "The Restitutionary and Economic Analyses of Salvage Law", *A&NZ Mar LJ*. 23, 2009, p. 102.

[2] 王书江、殷建平译:《日本商法典》,中国法制出版社 2001 年版,第 201 页。

人员实施救助,也不可对面临危险的漂浮物与船只残骸实施救援。假如船长并未在场,但是船舶所有者在场,那么对船只与货物的援助需要经船舶所有者的允许,并且允许其能够在任何时间撤销该许可,但不能因此缩减救助者可获得的酬劳。假如救助协议已签署,亦可适用于《荷兰商法典》第1647条的规定。[1]《荷兰商法典》第552条明文指出,针对面临危险的船只等财产实施了救援并获得成功、针对遭遇危险的人员实施救援、打捞漂浮物与船只残骸获得成功,理应得到相应的救助报酬。[2]《荷兰商法典》第568条明文规定,就算船只消失或毁灭,船舶运营者依旧要支付救助船员提供救助行为的费用补偿,针对获得救助的人员救助费用补偿应当不高于300荷兰盾,就算在财产与船舶并未获得成功救助的状况下,救援者对面临危险的人员进行救援,同样拥有权利自船舶运营者处得到相应的酬劳。[3]据此可知,荷兰法律中认可独自救助人命的人员有权得到独立的救助报酬,在船舶等财产救助并未获得预期成功的状况下,船舶运营者存在义务支付一定限额内的救助费用补偿,以弥补救助人支出的救助费用。由此可以判断,荷兰法律承认海难救助的客体包括人命救助。

(四)希腊

在希腊海事法里,人命是海难救助的标的之一。依据《希腊海事私法典》第246条相关规定,针对处在危险之中的乘客实施

---

〔1〕 韩立新、王秀芬:《各国(地区)海商法汇编》(中英文对照)下卷,大连海事大学出版社2003年版,第1140页。

〔2〕 韩立新、王秀芬:《各国(地区)海商法汇编》(中英文对照)下卷,大连海事大学出版社2003年版,第1087页。

〔3〕 韩立新、王秀芬:《各国(地区)海商法汇编》(中英文对照)下卷,大连海事大学出版社2003年版,第1141页。

的海难救助与提供的救援服务，均应得到一定比例的救助酬劳。[1]因此人命在希腊海商法中也属于海难救助的客体，但希腊对于人命救助报酬采取了相对肯定的态度，即只有在救助人命的过程中，还成功的救援了船只或财产，参与救援过程的人员才拥有权利申请救助酬劳，单独施行人命救助是无法得到任何救助酬劳的。

二、英美法系

（一）英国

英国法中的海难救助概念的内涵与外延相对来说非常丰富，而且会伴随海上实践活动的发展而出现变动。在“西蒙诉泰勒”案（*Sinmon* v. *Talon Leishman*）[2]这一案件中，新加坡国家法院的初审法官（Justice. Chua）参考了英国哈斯巴利（Halsbury）的法律著述中对于海难救助的认定，[3]其认为海难救助的含义，一方面包括救助者提供的救援服务，另一方面包括代表对救助者提供救援服务支付的救助酬劳。海难救助服务是指通过救助行为，使在海洋中面临危险的船只、货物、人员能够脱离危险的处境，被转移至安全地带。这类服务的供应遵循自主自愿的原则，是为保障他人的个体利益而开展。如果提供这类救援服务的当事者为救助者，那么便认定其拥有权利为其提供的救助服务索取救助酬劳。

英国国内法针对海难救助的类型做出了清晰的划分。具体来说包含军事海难救援、民事海难救援与环境救援、政府当局主

---

〔1〕 韩立新、王秀芬：《各国（地区）海商法汇编》（中英文对照）下卷，大连海事大学出版社2003年版，第970页。

〔2〕 *Sinmon* v. *Talon Leishman*. [1975]344 Lloyd's Reports.

〔3〕 *Sinmon* v. *Talon Leishman*. [1975]344 Lloyd's Reports.

导或参与的海难救援与打捞等。[1] 也就是说,针对海难救援所做出的界定,并非单单限制在某个当事者在缺少合约或无须负担法律规定的义务时,自主自愿对在海洋遭遇危险的船只、货物、人员提供救援,而且还应当包含具备强制性的军事海难救援、环境海难救援、政府制约的海难救援与打捞等。并且在救助获得成功时,便拥有权利得到不超出救助财产价值的酬劳。

1846 年,英国议会通过了《救助与残骸法案》,规定人命救助人应当获得单独的救助报酬,但遗憾的是因为并未规定由哪个主体来支付报酬,该条法律在实际中并无法得以应用。[2] 1894 年出版的约瑟夫·凯(Joseph Kay)等人所著的《与船长等海员相关的法律:权利、权力与责任》(*The Law Relating to Shipmasters Seamen: Their Appointment Duties Powers Rights*,1894)一书中注明:所谓救助,重点指的是行为人应用自身的能力、技术等,去救援那些陷入到危险之中的船舶及属具、小艇、小型航空器以及其载运的人员、物品等,这些救助的客体,是构成救助报酬体系的重要基础。[3] 从英国 19 世纪时期的立法状况来看,当时已经将人命救助纳入了海上救助客体的范畴之中。早在 1934 年的"维平汉"案(The *Whippingham*)[4] 中,法庭就提出救助客体范围的变化,将救助可能引发其他船只事故的船舶作为救助行为对待,即使无财产救助成功,也不能否认救助人对于其他船只利益的救助。

根据弗朗西斯·罗斯教授(Francis D. Rose)等编写的《肯尼迪和罗斯论海难救助法》中提及的理论,英国海事法院认可的可

---

〔1〕 刘刚仿:《论海难救助的客体》,对外经济贸易大学 2006 年博士学位论文,第 134 页。

〔2〕 Lawrence Jarrett, "The Life Salvor Problem in Admiralty", 63 *YALE L. J.* 779 (1954): P781. Note 23.

〔3〕 Joseph Kay ed., *The Law Relating to Shipmasters Seamen: Their Appointment Duties Powers Rights* 1894, Arkose Press, 2015, p. 566.

〔4〕 The *Whippingham*. [1934] 49 Lloyd's Law Reports.

以获得救助酬劳的两类海难救助只有军事海难救助与民事海难救助。[1]前者表示被英国海事法庭承认的救助者拥有权利就个人提供的海难救助服务申请获得相应的救助酬劳,例如,在战争时期由敌军处获得救助财产的行为。后者表示被具备民事管辖权的法院认定能够得到海难救助酬劳的一系列救援服务,包含对处于战争或和平时期面临海上风险的财产与人员提供救援的行为。这两类海难救助均可以适用衡平法的相关规定,进而有效处理救助报酬等一系列问题。[2]即如果参与救援的人员提供了救助服务,无论是军事或民事层面上的救援,只要最终的结果是人命或财产在事实上得到了保障就应该得到相应的救助酬劳,此时适用天然的衡平原则。例如,英国 1947 年《皇家程序法》规定英国皇家海军可以像普通救助人一样索取救助报酬。[3]由于英国国内法并未把海难救助限制在狭义层面上的民事海难救助范畴以内,因此在英国海难救助的相关法律体系中客体的范畴不但包含了民事海难救助的客体,还包含了强制性海难救助等客体,人命属于英国国内法下的海难救助的客体。

(二)美国

在美国法律体系下,有关人命救助的案件归于联邦法庭审理,悬挂美国船旗的船只受美国海事法律的规制。美国法下对于救助的诉讼是对物诉讼(In Rem),避免了对于船舶所有人的对人诉讼(In Personam),但直接利益人仍能够得到担保。美国国内法

---

〔1〕 Francis D. Rose. Kennedy & Rose, *The Law of Salvage* (6thed.), London, Sweet & Maxwell Press, 2002, p. 10.

〔2〕 James A. R. Nafziger, "Historic Salvage Law Revisited", *Ocean Development & International Law* 31, 2000, p. 90.

〔3〕 Geoffrey Brice, *Maritime Law of Salvage*, London, Sweet & Maxwell Press, 1996, p. 231.

里，救助的客体不仅包含在海上行驶的商事或民用船舶，并且包括军事或政府公务性船舶，这和很多大陆法系国家的相关规定具有明显的不同之处。[1] 美国国内法明确指出，属于救助客体的财产需要是海上财产，在确定这一规定时，考虑到了下面几大要素：(1)考虑被救援的客体是否具备财产性质，(2)美国联邦法院对于被援救的财产是否拥有海事管辖权，(3)考虑财产是否在海洋中面临着真实危险的处境。[2] 美国国内法明文指出，参与救援人命的人员拥有权利和其他对船只、货物、船上附属物等财产提供救援服务的救助人一样，享有获得救助酬劳的平等权利。另外，人命救助者拥有权利在提供环保服务或努力避免对环境造成损害的特别补偿里获得相应的报酬，即使是救助船舶所有人未在场提供救助服务，其同样有权获得救助报酬。[3] 值得注意的是，即使是由美国海军实施的救助（不同于海岸警卫队提供的救助），包括施救海军官兵在内的所有人员均有权利获得救助报酬，理由是这超出了美国海军的职责范围。[4]

虽然人的生命目前不属于美国法中海难救助的客体，但是对联邦第二巡回区的上诉法院审理的“半岛”案（The *Peninsular*）[5] 的判决进行分析，纯人命救助的救助人可以依照“准合同理论”得到补偿，本书第四章对此将进行详细分析。并且，近年来美国法学界对于现行救助法律体系选择性忽视人命救助而偏重财产救

---

〔1〕 Bruce D. Landrum, “Salvage Claims for the Navy and Coast Guard—A Unified Approach”, *Naval Law Review* 38, 1989, p. 215.

〔2〕 Bruce D. Landrum, “Salvage Claims for the Navy and Coast Guard—A Unified Approach”, *Naval Law Review* 38, 1989, p. 216.

〔3〕 *Saint Paul Marine Transp. Corp.* v. *Cerro Sales Corp.*, 505 F. 2d 1115, 1117 – 18 (9th Cir. 1974).

〔4〕 Thomas J. Schoenbaum, *Admiralty and Maritime Law* (4th ed.), Haryana, Thomason Business Press, 2004, p. 837.

〔5〕 *Peninsular & Oriental Steam Nav. Co.* v. *Overseas Carriers*, 553 F. 2d. 830 (2006).

助的批评越来越多，对救助法律进行修改的建议呈增多趋势。[1]美国加入了《1989 年国际救助公约》，美国《宪法》规定其加入的外国公约优先适用，《1989 年国际救助公约》自动适用于美国法院审理的案件，但是自 1996 年 8 月公约生效以来，美国法院极少引用《1989 年国际救助公约》进行判决，选择性地忽视了《1989 年国际救助公约》的适用，很多案例的判决同现行海难救助成文法的内容并不一致。[2]实践中更为混乱的是，美国也是《1910 年统一海难援助和救助某些法律规定公约》的缔约国，其并未因为加入《1989 年国际救助公约》而选择退出《1910 年统一海难援助和救助某些法律规定公约》，因此根据《1910 年统一海难援助和救助某些法律规定公约》第 15 条所列的要求（公约适用于涉及缔约国救助船舶或被救助船舶的案例），美国政府对于《1910 年统一海难援助和救助某些法律规定公约》的其他缔约国也有适用《1910 年统一海难援助和救助某些法律规定公约》的责任。

第二节　海难救助客体范围的变化趋势

从公元前几个世纪海难救助法律制度的发端，到现代海难救助法律制度的发展，两大法系的海难救助法律制度均产生于衡平和鼓励海难救助的理念，发展于效益，现代海难救助客体的变化更是体现了法律的前瞻性和国际统一性。从古至今，两大法系的

〔1〕 参见 Jason Parent, "No Duty to Save Lives, No Reward for Rescue: Is that Truly the Current State of International Salvage Law?", *Annual Survey of International & Comparative Law* 12, 2006, p. 137。

〔2〕 美国海事案例集录取的 114 个经典救助案例中，仅有 14 个援引了《救助公约》的内容进行审理。参见 Martin Davies, "Whatever Happened to the Salvage Convention 1989?", *Journal of Maritime Law & Commerce* 39, 2008, p. 466。

海难救助客体的界定和范围是一个动态的、且伴随海难救助实践和航运经济、船舶业等诸多因素发展变化而变化的动态系统。尤其是20世纪初至今,海难救助的客体伴随航运经济的发展至少存在以下变迁:(1)船舶形体和种类的变迁。在1908年劳氏标准救助格式合同(Lloyd's Open Form,1908,LOF 1908)、《1910年统一海难援助和救助某些法律规定公约》的时代,仍然大量使用帆船进行客货运输,而进入20世纪末叶,排水量超过20万吨的货轮已经大量投入使用。各种特种类型的工程船舶如散装货船、水翼船、气垫船、修理船、浚疏江河船、工程船、气压船、海上钻井设备等不胜枚举。(2)货物种类和性质的变迁。除普通货物外,原油、化学品、易燃易爆性货物等在航运运输中均占有一定比例。尤其是船舶燃油泄漏、油气等物质遭遇危险的救助,使实施救助的风险大大提高。(3)对环境问题的重视和政策的变化。各国基于环境保护的理念,对海难救援的干涉力度明显增强,这对海难救助客体范畴的变化具有显著的影响。最为典型的是《1989年国际救助公约》对环境救助的肯定和承认,并影响了各国国内的海难救助客体的立法。海难救助客体范畴的改变体现出了海事法律立法政策和立法目的根据现实情况的调整。环境救助作为特殊的救助形式,已经将可能造成的环境污染作为海难救助的客体,这证明海难客体正随着现实的变化而扩大其范围。

《1989年国际救助公约》第1条(a)款对海难救助进行了下述划分:海难救助表示对处于可航水域或其他任何水域遇到海上危险的船舶(Vessel)或其余海上财产(Other Property)开展的全部救助活动。此外,第1条(c)款对财产(Property)的定义进行了明确的规定,明显较《1910年统一海难援助和救助某些法律规定公约》的财产范围扩大。[1]国际法中有关救助客体的范畴正在持续发生变化,且表现出显著的扩大趋势。[2]随着人类科技水平的提高,对于大自然特别是外太空控制能力的增强,经常会有水上飞机、太空舱和陆上其他物品落海的现象,为了避免争议,英美法系国家通过案例裁决已经将水上飞机上的人员和气垫船里的乘员确定为海上救助的客体范畴,并在实践中不断扩大海难救助客体范围的外延。

一、客体范围扩大

(一)水上失事飞机人员

随着科技的发展,海洋上有更多的客体面临海上风险,例如,

---

〔1〕《1989年国际救助公约》第1条(c)款:"指非永久性和非有意地依附于岸线的任何财产,包括有风险的运费"。依据《1989年国际救助公约》第3条的规定,公约把现已就位且开展海底矿物资源的勘探、开发以及运作的固定式或浮动式海上平台或移动式近海钻井装备排除于海难救助客体的范畴外。

〔2〕参见李海:《关于"加百利"轮救助案若干问题的思考》,载《中国海商法研究》2016年第3期。笔者注:《中华人民共和国海商法》可以吸收英国法的要求以及准则,把运输旅客的旅费尤其是具备风险的旅费(Passage Money)以及转运运费(Sub Freight)添加到海难救助客体范畴中。除此之外,假如航程未开启,当事人签署了租船合同支付运费,发生在船舶装载期间的海难救助作业,能否将运费纳入海难救助客体的范畴。此外,需要点明的就是,我国有专家指出,预付运费不归属于海难救助客体。然而实际上,笔者认为预付运费的救助和支付本质上就是涵盖在托运人或收货人付出的资金中,假如使用CIF价格术语的时候,在卖方报价中就包含运费,所以即使运费预付,上述预付损失的风险并未让承运人担负,实际上由身为卖方的托运人或身为买方的收货人担负,因此无法表明上述运费肯定不会出现风险,此外救助人救助运费的报酬计算被涵盖在货价中。所以,预付运费还是存在风险,也可被划分到海难救助的客体范畴中。《中华人民共和国海商法》可以吸收借鉴美国政府诉卡耐尔蒸汽机船公司(*United States* v. *Cornell Steamboat Co.*)案等美国相关判例的要求,把国家税收收入费用等全面添加到海难救助客体范畴中。得益于海难救助人的帮助,不只让遇到海上风险以及受到危险威胁的船舶、财产以及运费的所有人权益得到维护,让环境避免或降低污染风险,也应一并维护国家税收收入以及相关行政成本(如使关税海关检疫检验成本得以维护)。所以,把国家税收收入、成本等也添加到海难救助客体范畴内,对于激励救助,促进我国海上救助事业的进步有积极影响。

现代社会经常出现的空难就发生在海洋上空，当失事的飞机在水上迫降或肢解后，对于失事飞机及其成员的救助能否适用海难救助制度？笔者认为，首先要解决的问题是水上失事飞机与水上失事飞机上的人员能否被认作现行海难救助制度下的海难救助客体。

解决空难中航空器载运人员救助的问题，首先要厘清航空器究竟是否属于海难救助的客体？《1910 年统一海难援助和救助某些法律规定公约》仅将江、海船（包括与之发生救助关系的内河船）、船上财产和运费作为救助客体的限定范围。但究竟什么属于"船舶"引起了巨大的争议，在 1942 年的"波普兰船运公司诉联合保险公司"案（*Polpen Shipping Co.* v. *Commercial Union Assurance Co. Ltd.*）[1]中，被告飞船由于和原告机动船舶出现冲撞，所需要处理的事情就是被告飞船是否为船舶（Ship or Vessel）进而可划分到保险单所指的可承保理赔的相关大型船只或船舶的范畴且得到赔偿。法官爱特斯丁爵士（Lord. Atkinson）之前基于 1894 年《英国商船法》第 742 条包含的相关船舶（Vessel）以及大型船只（Ship）的概念提出："在本人的眼中，船舶（Vessel）以及大型船只（Ship）最明显的特点就是可以进行航行，而并非是只能航行一段时间"。[2]爱特斯丁爵士还指出："我并未尝试去确定相关概念，然而假如我必须给大型船只或船舶（Ship or Vessel）确定明确的概念时，我认为是任何形式上四陷中空，且目的是用于航行的构造物，例如，目的就是用在海上或其他水域航行，此外可自主有规

---

〔1〕 *Polpen Shipping Co.* v. *Commercial Union Assurance Co. Ltd.* ,No. 16. H. M. S. O(1971).

〔2〕 Christopher Hill 教授在《海商法》（Maritime Law）一书举了两个例子。一是断链在漂流的"浮筒"（Buoy）；二是定位的钻油平台（Jack - up Drilling Rig）因为不能移动，则不属于海难救助客体之"船舶"的范围。参见 Christopher Hill, Maritime law(6thed.), Lloyd Press, 2003, p. 672。

律的从某地航行至其他地方。”[1]

为了符合海上财产多层次的发展态势，《1989 年国际救助公约》扩展了救助标的范畴。《1989 年国际救助公约》对“船舶”的含义并未进行范围狭小的制约，“船舶表示所有船只或所有可以航行的构造物”，所以上述船舶定义不只包含海船，也包含内河船舶，乃至搁浅船、弃船、沉船都归属于上述范畴。海上移动的钻油装置也被划分到“可航行的构造物”的定义范畴内，伴随海上财产的繁杂化以及多样化，海难救助法所要求的救助标的会明显超出之前救助标的范畴。

对于国际航空运输职责的调整，国际目前普遍适用的重要准则是 1999 年《蒙特利尔公约》(The Convention for the Suppression of Unlawful Acts Against the Safety of Civil Aviation，1999，以下简称《蒙特利尔公约》)，[2]该公约并没有对航空器水上失事和救助提出额外要求。对失事航空器进行救助基本上从各国国内法角度做出要求，比如中国国内适用的《民用航空器海上遇险应急反应预案》等行政规章，具体指导组织海上搜救活动的开展。但应急搜救主要由国家机关主导进行时，[3]并不涉及支付救助报酬、报酬分配、优先救助人命等法律问题。特别法优先原则作为法律适用的重要原则性依据，对于处理各法律规范之间的矛盾具备显著的影响。此原则的适用，以有关规则并未清楚明晰冲突解决方式为基础。[4]在海上对包含失事飞机在内的主体进行救助，理应属于海事法律的特殊要求，比如，SAR 第 3 章第 2 款对于搜救中

---

〔1〕 *Polpen Shipping Co.* v. *Commercial Union Assurance Co. Ltd.*，No. 16. H. M. S. O(1971).

〔2〕 中国是其缔约国之一。——笔者注

〔3〕 王世涛、石化东：《论我国海上执法体制的改革与完善——从东北亚海上执法模式比较研究的视角》，载《法学杂志》2016 年第 11 期。

〔4〕 廖诗评：《国际法中的特别法优先原则》，载《法学研究》2010 年第 2 期。

船舶和航空器的协调规定。包含航空法在内的其余法律条文,对于救助包含的法律问题并未进行清楚明确的限定要求,相关海上救助的国际公约和国内法规制会根据现实情况的差异给予优先适用。在20世纪40年代之后,美国法院的全新判例指出:从可航水域救捞出来的全部财产,不需要思考财产具体形态怎样,也不需要甄别财产属于谁,均被视为海难救助的客体,需要思考的并非是财产源自何处,而是救助的现实情况。[1]此观点可以被学界关注以及吸收,假如把上述观点使用在海难救助制度中的海难救助客体归属的划分,则伸入海中的输油装置、海上卸货设施、浮码头等以及开展海底矿物资源勘探、研发或者运作的固定式、浮动式平台以及移动式近海钻井装置等物件添加到海难救助客体的范畴中就变得合情合理。

在"兰波罗斯诉巴特利"案(*Lambros Seaplane Base* v. *Batory.*)[2]中,法院判定海上失事飞机应当受到相关海上救助法律的规制(法院在此案中虽然没有承认人命救助报酬索赔,但是法庭认为救助人救助遇险飞行员的行为应当作为财产救助报酬的考虑因素)。在"苏丽万诉通用直航"案(*Sullivan* v. *General Helicopters*)[3]中,救助人把直升机从漂浮码头转移走的活动,被美国法院判决成海上救助。在笔者看来,根据法官所作出的裁决结果可知,美国针对海难救援客体范畴的明确衡量标准为得到救助的客体是否具备财产的性质。假如处在财产范畴内,并且能够于海洋中或可航行水域里得到援助,那么就可将其认定成海难救助客体,而不再囿于国际救助公约对于"船舶"或"可航行物"的纠

---

〔1〕 Bruce D. Landrum, " Salvage Claims for the Navy and Coast Guard—A Unified Approach" ,*Naval Law Review* 38,1989,p.41.

〔2〕 *Lambros Seaplane Base* v. *Batory.* ,215 F. 2d,Vol. 2(1954).

〔3〕 *Sullivan* v. *General Helicopters.* ,564 F. Supp. 2d,Vol. 2(2008).

结之中。[1]救助酬劳的支付是用来嘉奖救援财产的行为所表现出的精神与气节，并非关注财产来自地面、水域或空中，例如，《中华人民共和国海商法》第180条明文指出救助酬劳要体现对于参与救援活动人员的嘉奖。

航空器空中解体进入海上，但仍具备现实意义的航空器碎片，如黑匣子、发动机等，只要其具备经济价值就能被判定成"海上财产"，也就是海上救助客体。假如航空器水上迫降顺利且维持机体正常，其身为"可以航行的构造物"或者"其余财产"，都不阻碍其变成救助客体。在航空器解体的时候，船舶在海上进行搜救活动一定会出现其他的成本。出现紧急迫降的时候，进行航空器海上救援工作无疑会增加救助人的成本。由国家机关主导控制的救助可利用行政经费列支而不牵连救助报酬的给付，民用船舶根据国际法或船旗国法律自愿开展的航空器救助，如果得到财产救助成果就可以得到相应报酬。但从目前《1989年国际救助公约》和《中华人民共和国海商法》第171条对"海上救助"的概念进行探究，纵然在航空器坠海的特殊情形下适用特别法优先原则，人命亦不能变成海上救助客体，所以，失事飞机幸存乘客无法成为海难救助客体。

笔者认为，上述状况凸显了现行海难救助制度的不公平，救助水上失事飞机可得到救助报酬请求权，但是在海上救助失事飞

---

〔1〕 从《中华人民共和国海商法》第172条的规定来看，任何非有意和非永久依附于岸线的财产，均属我国对于救助所认定的客体范畴，该法案对于海上救助客体的范畴规定非常宽泛，如船载货物、从船上和岸上落入海中的货物、沉入海底的货物、对于为减轻重量所抛弃的货物、失事船舶中漂浮出的货物、系浮标投入海洋中的货品、脱位的灯标、悬浮于海面上并处在危险情形之下的飞机等航空器、海洋中处在可航水域并且面临危险情形的有价物品、财产、遗弃物、海上"发现物"、珠宝、货币、有价证券、失事船的残骸和漂流在海上的弃船的货物、从可航水域救捞起来的任何财产如捕捞悬浮于海域之内的捕鱼设备等均可视作海难救助的客体。

机上的乘员却只能是人类自身价值和道德的展现,无法得到报酬请求权。与之相对的是,在“美国农民”案(The *American Farmer*)[1]中,轰炸机飞行员在执行命令的同时,寻找到受困农民进而得到航空委员会给予的奖励。上述案件证实了一点:航空器救助遇险财产或人员可以得到相应报酬。笔者无法发现航空器救助遇险人员与船舶救助遇险人员在法律性质上有任何的不同。有关立法导致鼓励救助人去救助处于海上风险下的财产以便于得到报酬对价,却并未关注到上述“生意”产生的轻视人命的困境。[2]在海上风险下对于水面上航空器的救助基本都会遭遇道德困境——救助人救助财产价值很高的航空器可得到更高的救助报酬,但是救助幸存者不仅需要担负照料、治疗的责任之外,却无法得到实际的财产效益,乃至不能得到所支出额外成本的补偿。这再次印证了本书引言中提出的问题:在现行的海难救助制度下,在金钱诱惑以及现实风险的面前,每个人都可以依照伟大的道德情操做出舍弃财产而优先救援海上遇险人员的最佳选择吗?[3]

(二)海洋中的尸体

海洋中的尸体能否成为海难救助的客体没有成文法或习惯法对此予以明确的规定,但笔者认为尸体无法成为海难救助的客体,原因有以下两点:(1)如果救助人是从洋面捞起浮尸,救捞行为本身耗费的精力与财力并不多,即便给予救助人索取救助报酬

---

〔1〕 The *American Farmer*. [1949] Vol. 80 Lloyd's Law Rep. 672.

〔2〕 Jason Parent, "No Duty to Save Lives, No Reward for Rescue: Is that Truly the Current State of International Salvage Law?", *Annual Survey of International & Comparative Law* 12, 2006, p. 130.

〔3〕 Susanne M. Burstein, "Saving Steel over Souls: The Human Cost of U. S. Salvage Law", *Tulane Maritime Law Journal* 27, 2002, p. 309.

的权利,但因尸体的国籍、姓名等有效身份信息极难核实,救助人也不知向何人索取;(2)若在大海特定环境下救捞起的浮尸可以取得救助报酬,就可能存在有人故意贩卖尸体的可能性,导致犯罪行为的增多甚至为获取救助尸体报酬而放任原本存活的遇害者死亡。在复杂的海洋环境与人心的复杂程度之间,很难以最高的道德标准衡量每一个普通人。因此,从立法成本与立法目的的角度分析,尸体均无法成为海难救助的客体,但尸体随身携带的货币等财物确定可以成为海难救助的客体。

在"布鲁尔诉 2133 美元"案(*Broere* v. *Two Thousand One Hundred Thirty - Three Dollars*)[1]中,某个人由于乘坐小船颠覆而溺水死亡。3 个月之后,原告在纽约港寻找到尸体,把其尸体运送到岸上且转移给警察。在死者衣物中发现 2133 美元。原告为得到上述金钱而提出诉讼,提出需要享受海难救助报酬。在经过几轮审理以后,法院做出判定,指出既然金钱被带上船只,那其就属于海难救助客体,但尸体本身并不属于海难救助的客体。肯尼迪法官(Justice. Kennedy)对上述案例做出了归纳与总结:一方面无法在法律的原则上,另一方面无法在过往实际裁决案例上,清楚的寻找理由来夺去原告负担风险形成的结果,虽然其行为在现实的角度上分析作用非常微乎其微,然而所做出的活动却来自个人的真诚。肯尼迪法官将"浩林沃斯诉七十金币与三小块金子"案(*Hollinsworth* v. *Seventy Doubloons & Three Small Pieces of Gold*)[2]这一案件的裁决作为依据,引用了"马特比诉蒸汽起重船"案(*Maltby* v. *Steam Derrick Boat*)[3]的裁决精神,明确表示用来判断救助客体的标准不可以仅通过开展商业活动的船舶或货

[1] *Broere* v. *Two Thousand One Hundred Thirty - Three Dollars*. 72 FC. C. D. Pa. (1868).

[2] *Hollinsworth* v. *Seventy Doubloons & Three Small Pieces of Gold*. 186 F. Supp. 452(1941).

[3] *Maltby* v. *Steam Derrick Boat*. 528 F. Supp. 1059(1920).

物来进行区分,更多的应是通过被救援的物品是否具备财产性质、是否处于海事管辖范畴内、是否会受到侵害以及获救的结果来加以考量。因此,虽然尸体无法作为海难救助中的客体存在,但上述案例的判决无一不体现出海难救助客体涵盖的范畴呈不断扩大趋势。

二、海上遇险人员

《1989 年国际救助公约》第 16 条针对“人命救助”做了明确规定,获得救援的海上遇险人员不存在支付任何支付酬劳的义务,但这一规定对于各国国内法相关条文的法律效力不会产生任何影响。假如救援人命的救助人在海上危险出现时参与了救援财产的活动,则其就拥有权利和其他参与船舶、属具、货物等财产救援的救助人共同享有分享救助报酬的权利。《荷兰商法典》第 571 条明文指出,在荷兰管辖区域内的陆域或水域,为面临危险的飞机、飞机中的货物、人员提供了帮助并获得成功,救援相关费用可由航空器运营者来支付。[1] 此处提及的“运营者”表示自行使用或驾驶飞机,或他人驾驶飞机提供服务的人员。该法典第 573 条明文指出,飞机中的“货物”表示除了机上乘客财产、邮件与行李以外的飞机运输的物品。[2] 值得注意的是,本条位列《荷兰商法典》第 2 卷中的海商法典中,从条文的体例编排来看,属于海难救助条文的调整范畴。

英国著名的海商法学者克里斯托夫 · 希尔(Christopher Hill)明确指出,船舶上的人命应当属于海难救助针对的客体范畴。英

---

〔1〕 韩立新、王秀芬:《各国(地区)海商法汇编》(中英文对照)下卷,大连海事大学出版社 2003 年版,第 1140 页。

〔2〕 韩立新、王秀芬:《各国(地区)海商法汇编》(中英文对照)下卷,大连海事大学出版社 2003 年版,第 1140 页。

国1968年《气垫船法》(The Hovercraft Act 1968)第1条(1)(h)(ii)及英国1972年《气垫船法令应用规则》[The Hovercraft (Application of Enactment) Order 1972]第8条第3款明文指出:所有在可航水域水面、水中或水上,或海滩水面水中或水上,或在涨退潮水域提供救援服务,成功地救助了船舶中的人员、货物与财产的行为,假如服务是某个船舶提供的,那么在所有状况下,均可认定为提供了海洋救助服务。[1]关于气垫船的救助与救助价值衡量,可适用于船舶救助的规定,这代表着对气垫船及其船上的人员进行救援,可被视作受到海难救助制度的规制。另外,假如海难救助行为是气垫船对其他财产与人员所提供的,那么气垫船的船员或所有者拥有权利如同其他提供类似救助行为的船舶所有者一样,申请获得相应的救助报酬。该款规定,在以下情形下同样具备法律效力:就算气垫船并没有在其他国家就船只进行登记,或提供的救援服务处于女王管辖的水域或其管辖水域以外的任意水域。[2]依据英国1982年《民用航空法》(Civil Aviation Act 1982)第87条的规定,由船只实行的在海上、潮水线或海岸沿线对航空器的人员、财物、货物提供救援,可被认作符合海难救助要件。[3]如果航空器提供了救援,则航空器所有者便拥有得到和船只同等的救助报酬权利。由此可以得出结论,人命作为海难救助的客体在英国国内法上已无障碍。

---

〔1〕 刘刚仿:《从斯蒂德曼案看英国法中作为海难救助标的之船舶》,载《国际商法论丛》(第8卷)2006年,第537页。

〔2〕 刘刚仿:《从斯蒂德曼案看英国法中作为海难救助标的之船舶》,载《国际商法论丛》(第8卷)2006年,第538页。

〔3〕 袁曾:《空难水上救助的道德困境与海上人命救助制度的完善》,载《法学杂志》2017年第5期。

第三节　扩大海难救助客体范围的建议

一、人的生命权属于法律认可的海难救助客体

在传统的海难救助制度中，仅仅把船舶、属具、货物、燃油、运费等财产作为海难救助的客体存在，仅有财产救助人才能够享受独立的财产救助报酬。从海难救助发展的历史过程分析，在人类生产力水平较低的时代是无可非议的。但随着科技的发展，人类认知也跟随实践不断在变化，而法律同样并非一成不变的，从法理学角度分析，法律的制定需要具有一定的超前性，但总体而言，法律的发展一定是落后于实践的，法律同样具有滞后性。在人类文明高度发达的今天，落入海中的飞机可以作为财产享受救助报酬待遇，而飞机上的乘员却只能依靠人道主义救援，这无疑是法律落后于社会发展的实际体现。在目前的海难救助制度下，把财产作为唯一的救助客体将无法解决人命救助无法获得独立救助报酬的原则性问题。从国际救助公约的变更着手研究，客体的范围不断呈扩大趋势，环境救助已经作为救助的特殊形式写入了《1989 年国际救助公约》，而通过对各国国内法进行比较分析，已经有国家将人命作为救助的客体对待。虽然从目前我国民法的通行理论分析，暂无法直接将人命作为海难救助的客体，但无论是从实践的需要还是从海难救助本身的构成要件进行分析，将人的生命权纳入海难救助的客体范畴均无理论上的阻碍。

如第二章所述，人的生命是具有利益的，因为生命的存在是产生人类社会价值的基础，维持生命就是维持人类存在的根本。“活着”属于法律事实的一种，这种事实状态并非源于法律的承认，而是因为存在而被法律所承认。从宪法的角度分析，《中华人

民共和国宪法》第45条规定,国家应当对公民的生命利益负责,当公民年老、患病等情形发生时,国家对公民有救助的义务;对于生命利益的重视是建设法治国家的必然选择。[1]生命的首要表现形式是公民"活着",这同样是第一位的生命利益。否定生命权,就是否定生命利益的存在形式。从哲学意义讲,"活着"本身就是最大的价值。生命作为法律事实存在时,法律能做的只能是承认该法律事实或确认该事实状态。[2]立法对生命权的存在做出确认,一方面,生命的存在是人类生存属性的必然要求;另一方面,立法应当为人类的生命提供必要的条件,生命权同样需要救济。因此,人的生命权在海难救助制度下应当得到尊重,人命救助的客体即为遇险人员的生命权。

英美法系对于海难救助的构成要件一般认为有三点:存在海上危险(Danger)、自愿实施救助、有实际救助效果。其中,存在海上危险从人命救助角度分析,存在危险的情况与财产救助没有分别,从救助历史研判,船舶面临风险、财产受到损毁的情形基本会带来船员及乘客遇险的状况,存在海上危险是救助产生的必要条件,没有危险存在就不会有海难救助的客体,救助行为、救助报酬就无从谈起;自愿实施救助是指救助人与被救助人之间不存在法定的救助义务关系或签订过救助合同,例如,海岸警卫队在职权范围内救助遇险船舶不属于海商法意义下的海难救助,海岸警卫队等国家机关也无权获取救助报酬,拖船对于被拖船舶在合同范围内实施的救助也不属于海难救助的范畴;有实际救助效果在现行海商法体系下为全部或部分的财产获得救助,笔者认为,虽然

---

〔1〕 王建平、李欢:《生命利益结构与生命权的法律保护——基于弗洛姆"人能毁灭生命"的观点》,载《社会科学战线》2016年第9期。

〔2〕 [美]G.德沃金等:《安乐死和医生协助自杀—赞成和反对的论证》,翟晓梅、邱仁宗译,辽宁教育出版社2004年版。

人命并不具有统一的价格衡量标准,但人命救助的效果同样可以明确,即从危急状况之中拯救遇险人员,使其转移至安全位置或提供医疗救助,即使最终被施救人员死亡,只要救助船舶实施了救助行为并做出了救助努力,人命救助就应当认定为有效果。

学界认为海难救助中不包括人命的主要原因在于无法用金钱价值衡量人的性命,但将人命救助纳入海难救助体系并不是将每条生命以数字的价值进行拍卖而鼓励救助人提供施救,而是奖励施救行为本身,这更近似于一个哲学问题:救助报酬奖励的不是每条人命或者生命的权利应该价值多少金钱,而是救助的行为应该获得多少奖励。既然海难救助制度的创设初衷是为了鼓励人们在高风险的海洋环境下做出具有勇气、智慧的光辉行为,环境救助等公共利益客体均可以成为海难救助的客体,由构成要件的特性来进行剖析,难以寻找到人的生命权不可被认定成海难救助客体的理论根据,因此,将人的生命权认定成海难救助的客体,对人命救助者获得独立的救助报酬而言是基本的前提与理论基础。

二、可以获得人命救助报酬的客体范围

在对人命实施救援时,极有可能出现难以预料的风险。例如,2001 年 9 月,挪威一艘承载着大量集装箱的船只"川帕号"(TAMPA),船长与船员对一艘遭遇沉沦的印度尼西亚船舶实施了救助,成功地救援了 440 名难民。然而,澳大利亚政府不希望难民登上圣诞岛,这对救援船只与船只所有者而言,产生了巨大的麻烦。[1]从 SOLAS 对于沿岸国义务要求的规定分析,澳大利亚

---

〔1〕 Jason Parent,"No Duty to Save Lives,No Reward for Rescue:Is that Truly the Current State of International Salvage Law?",*Annual Survey of International & Comparative Law* 12,2006,p. 152.

作为 SOLAS 的缔约国,已经违背了对于介入其所辖水域船只的管理义务。整体而言,实施人命救助不单单要负担救援过程中的风险,而且要负担难以被预测的风险和一系列费用。在很多救援人员看来,负担无法估计的风险来实施救援行为却无法获得相应的回报,这是明显不合理的,必然会挫伤救援人员的热情。违背了鼓舞海上从业人员,应当努力保护救济海上遇险人员生命安全的立法意图。[1]

从人类历史发展与人道主义的角度分析,对每一个遇险的人员均采取相同的救助态度是人类文明几千年来的终极发展目标,但现实往往同理想有较大的差距,希望通过海难人命救助制度的调整以解决所有海上遇险人员的救助问题是乌托邦式的幻想,立法的根本是为调节现实。从现实的角度分析,船舶不可能为每一位在海上遇险的人员提供相同的救助。如果船舶对于海上遇险人员均有不可推卸的责任,而救起遇险人员就可以获得救助报酬,那就可能产生生活无望的人群采取到海洋航道故意跳海的行为期冀获得海船的救助,从而产生新的道德风险。而从生产生活的实际出发,船东或船舶实际控制人不可能放弃所有的经营行为,不顾经济价值而设法为每一个遇险人员提供相同的救助。笔者认为,有必要对人命救助的客体范围进行一定的限制,这同样涉及人命救助制度的整体设计与考虑。

1. 所有在海上遇险的人员均有获得被救助的权利。这是第二章提及人类具有生命利益的需要,也是人道主义的必然要求,从人性的角度分析,正常人均会对身处危险的同类产生恻隐之心,法律不能也不应当禁止对于所有遇险人员救助的权利,这也

---

〔1〕 Guy S. Goodwin – Gill,"Refugees and Responsibility in the Twenty – First Century:More Lessons Learned from the South Pacific",*PAC. RIM. L. & POL'Y J.* 23,2003,p. 44.

是各国海商法与相关国际公约对于船长具有救助遇险人员(甚至是敌人)的义务起源。船长或船舶所有人具有救助海上遇险人员的义务,这一点是无须修改或调整的。调整后的海难救助囊括了人命救助,海难救助的客体应当包括人命,这里的人命是指所有的海上遇险人员。即无论是难民或敌人,过往船只具有救助的义务,船长见死不救依然需要承担相应的责任,即使这种责任在事实上难以得到追究,但立法的导向性作用依然需要在人命救助的领域得到确定。

2. 虽然海难救助的客体是所有海上遇险人员,但如果对国际救助公约进行修改,笔者认为,根据国际公约的规定,救助人可以获得人命救助报酬的客体应仅限于船员或乘客这些从事海上生产生活的人员,其救助报酬的支付由强制责任保险制度进行覆盖。如果救助所有海上遇险人员均可以获得救助报酬,则会出现新的道德困境,例如,可以设想是否会出现救助人为获取救助报酬而故意安排他人在海上遇险,从而实施救助,骗取人命救助报酬。有关人命救助报酬将由强制保险或海上救助基金支付,有关人命救助报酬支付的详细内容将在本书第五章进行详细论述。在绝大多数人命救助的案例中,基本为一船失事或数艘船只碰撞而形成危险的局面,遇险的人员基本为一船的船员、乘客或渔船上的渔民。有学者可能会提出新的"道德困境":虽然救助人命成为海难救助的客体,但若只有救助船员乘客方可获得报酬,是否会出现救助人员先救助船员、乘客,其次救助其他人员的情况。笔者认为,从现实角度来说,这种可能性微乎其微,很难想象在茫茫海洋上船舶遇险时,又凭空出现个别难民或者其他遇险人员,这种情况在实践中极难出现;从法律成本的角度分析,为了极其微小的可能性事件专门创设规则规避此种几乎不可能发生的"道德困境"得不偿失。对于船员、乘客实施救助,可以快速有效地通过船员登记系统、乘客登记系统以及渔业系统的档案在事后迅速查清身份,使人命救助人获得明确的人命救助报酬支付。根据IMO《海难事故中公平善待船员指南》的规定:船员应当获得优先的保障与对待。[1]则在人命救助的情形下,船员理应受到人命救助制度的保障,针对船员获得了救助,参与救援的人员可获得救助报酬,将鼓励潜在的救助人对于危险之中的遇险船员与旅客施以援手,从经济的因素确保人命能够获得优先救助的地位。

3. 除国际公约规定的船员、乘客等客体的救助可以获取人命救助报酬外,各国可以通过国内法规定范围更为广泛的可以获得救助报酬支付的客体。例如,本书第五章中提及的英国海商基金对于英国水域内任何人员的救助以及其他水域内英国国籍人员的救助可以获取人命救助报酬,对于其他海上遇险人员报酬的支付,通过国内法的规定进行明确,有利于各国依据本国经济条件等实际情况做出选择。由于各国国力不同,其对于本国人命救助的重视程度与实际能力必然不同,这是无法忽视的现实。通过国际公约建立人命救助强制责任保险制度覆盖船员、旅客的救助报酬给付以及通过国内法规定其他人命救助报酬的支付,将于本书第六章进行研究分析。

三、在海上优先救助人命的强制性规定

人的生命权能够作为海难救助的客体从理论与立法实践分析,已经不存在任何障碍。而一旦人的生命权纳入海难救助的客体,则可以立法通过相关强制性规定,要求对海上遇难人员予以强制性救助,尽可能地保证人命救助效果的实现。根据救援行为

---

〔1〕 Guidelines on Fair Treatment of Seafares in the Event of a Maritime Accident. IMO 4 ALBERT EMBANKMENT. Ref. A1/B/2.06(a). Circular letter No. 2711. Annex:8.

的产生是否存在法定强制性，即是否存在强制的救援义务，可将海难救助划分成强制性救助和自愿救助。面临义务性救援的状况时，救助属于法律规定的义务之一。[1]现阶段，《中华人民共和国海商法》第174条尽管对船长救援海上遇险人员的义务作出了清晰规定，然而，这一规定难以处理好本书论及的道德风险：一是针对“危险”的含义界定与判别标准不够精确；[2]二是救助者在开展救助过程中，极有可能放弃救援人命，只是对财产进行救援，而且就算做出了巨大的努力，证实出现了忽视人命的案例，因为缺少对船长等一些责任主体的强制性惩罚规则，同样难以对责任主体作出刑事惩罚。[3]中国台湾地区实施的“海商法”和德国等一些大陆法系国家的规定基本类似，把海上救助划分成救助与捞救这两大方式，且针对船长并未竭尽全力救援遇难者的行为须受

---

〔1〕 海商法在我国的法律制度中属于民法特别法，其在第174条中，对救助者的责任进行了一些限定，而在现行的《中华人民共和国海上交通安全法》第36条中，除对船舶上的船长应积极救助海上人命这一法定义务给予规定之外，还同时规定其具备向主管或者组织机关汇报现场信息以及本船情形的法定义务。《中华人民共和国海上交通安全法》第38条中，还对所有参与救助的船只均应服从主管或者组织机构的统一指挥协调的法定义务。——笔者注

〔2〕 在国内外航运相关事件里，船东或船只经营者为逃脱债务而抛弃船只引发的风险时有发生。此种风险体现在：抛弃船只引发的不良后果造成停留于外国的船只安全与船员生命安全、基本生活难以获得保障，更有甚者，会由于断绝水电，燃料不足，威胁到船只与船员的安全。假如不采用行之有效的救援举措，引发的不良后果必定和普通的海难事件极其相似。如我国青岛海事法院曾参与救助的“明听”轮（M. V. XILARGLORY）和“大安吉”轮两起实例就说明这一点。我国海难救援法律制度里，缺少把船东与船只运营者为逃脱债务，故意抛弃船只引发停留于外国的船只与船员安全无法获得保障的惩罚措施，更有甚者，由于断水电、燃料不足，威胁到了船只与船员生命安全的情况，无法被认定成应该提供海洋救援的风险类型。——笔者注

〔3〕 《中华人民共和国海上海事行政处罚规定》第8节规定：“过往船舶违反《海上交通安全法》的规定，不履行及时向主管机关报告险情、听从主管机关的统一指挥、在不严重危及自身安全的情况下尽力救助遇险人员的，海事机构可对船舶所有人或经营人及船长处以罚款，并可扣留船长的职务证书。”

刑法的规制,[1]美国法律对此内容也同样作出了相同的规定。[2]《中华人民共和国海商法》第 166 条针对船舶碰撞情形下的救援与通知义务作出了清晰的规定,但并未对违背这一义务引发不良后果应适用的刑事处罚措施作出清晰的规定。1986 年实施的《中华人民共和国海上交通安全法》第 36 条指出,事故现场周围的船只要竭尽全力救援面临危险的人员。

针对这一强制性义务,国际公约和《中华人民共和国海商法》均存在一定缺陷——缺乏强制性的执行力,上述规定只是民事层面的规定。面临见死不救的案件时,难以真正地对违背义务的人员采取强制性举措。《中华人民共和国海商法》尽管对救援海上遇险人员这一义务作出了清晰的规定,然而并未对违背这一义务承担的后果作出规定。[3]

人命救助制度体现的是海难救助制度对于人性与文明的价值意义,但现实的运用必须来自设计完备、互为交叉的强制性规范作为引领。笔者认为,至少应从以下几个方面确定人命优位制度相关的强制性规范:首先,必须确立在海上"见死不救"行为应负的刑事责任,建议《中华人民共和国海商法》在修改的过程中加入船长刑事责任的内容,条文可增设为"船长违反救助海上人命情节严重的,处一年以下有期徒刑或者拘役";其次,在《中华人民共和国海商法》的修订过程中加入必须优先救助人命的强制性规

---

〔1〕 参见本书第一章第二节相关内容。——笔者注

〔2〕 37 Stat. 242(1912). 46 U. S. C. A § 728.《美国商法典航运卷》第 728 条规定:"如果船长违反救助义务,则他将被处以不超过 1000 美元的罚款或被处以 2 年以下的监禁或两者并处","第 728 条强加于船长救助海上遇难人命的义务,并规定了刑事后果。"参见[美]G. 吉尔摩、C. L. 布莱克:《海商法》,杨召南等译,中国大百科全书出版社 2000 年版,第 768 页。

〔3〕 郭萍、马德懿:《试析我国海上人身损害法律救济有关问题》,载《中国海商法年刊》2002 年第 1 期。

范，例如，在第166条中的相关救助描述“对于相碰的船舶以及船上人员必须尽力施救”中加入“情况紧急时，如果财产与人员同时需要救助，应当优先救助遇险人员”的明确表述，确保人命优位得以实现；[1]再次，在船舶救助遇险人员的过程中，引入“好撒玛利亚人法案”的内容，明确救助人不承担因为救助人命而引起的进一步损失，除非能够证明救助人有重大过失；最后，通过相应规范性程序规则，明确人命救助案件的救助优先顺序及相应处理措施，如在《中华人民共和国海商法》船舶碰撞一节中加入相撞船舶互相通报船名、船号、母港、国籍的义务，通过强制性规范的共同作用，确保人命救助制度能够真正的在救助遇险人员方面发挥实际作用。

我国虽然在2006年制定《刑法修正案》（六）中，对《中华人民共和国刑法》第134条进行了修订完善，使依法应予以承担重大责任事故的犯罪主体范围有所扩大，并使船舶碰撞之类的事故责任认定、刑事责任追究等做到了有法可依。但从我国的整体立法现状来看，对于海上航行船舶的船长不予以履行法定的人命救助义务所应承担的刑事责任仍然没有实施清晰的规定。如我国在《海上人命搜寻救助条例的征求意见稿》里，仅仅是立足主体视角规定了人命救助行为人应负的行政以及刑事法律责任，鉴于刑法对此没有给予明确的规定，因此依据罪刑法定的原则，当前尚难以依法追究相关责任人不履行人命救助法定义务的刑事法律责任。而德国目前已经对“见死不救”的行为做出了明确的法律价值选择，2017年以来，已经有多例因行为人未积极救助而获刑的案例。[2]《德国刑法典》第28章“危害公共安全犯罪”第330条

〔1〕 2017年2月14日《中华人民共和国海上交通安全法（修订草案征求意见稿）》正式发布，在此征求意见稿中第67条中明确规定，人命搜救优先于环境和财产救助。

〔2〕 《厉害了！德国见死不救可被判有罪，处1年以下监禁或罚款》，载腾讯新闻：http://news.qq.com/a/20170919/026969.htm，2017年8月16日最后访问。

第C项规定，公民在遇到事故、险情或紧急情况时，可以施救、但拒绝施救——尤其是在不会给本人来带危险以及不会与其他重要责任构成冲突时，可处1年以下监禁或罚款。[1]美国在加入《1910年统一海难援助和救助某些法律规定公约》后，在国内法中针对船长在海上见死不救的情形进行了相应的立法，于1912年制定了《救助法案》(Salvage Act)与《救助伴护法案》(Standby Act)，其中规定船长违反救助的义务面临1千美元的罚款[2]或者最高2年的监禁，两者可以并罚。[3]

而实际上，在我国现行海商法起草的阶段，是存在要求船长违反救助义务的刑事责任的。[4]在1992年6月7日由国务院提交全国人大常委会的《中华人民共和国海商法(草案)》中，涉及船员刑事责任的有：非法悬挂中华人民共和国国旗，情节严重的，对直接责任人依法追究刑事责任；[5]船长违反碰撞后的施救义务，情节严重的，处2年以下有期徒刑或者拘役；[6]船长违反救助海上人命情节严重的，处1年以下有期徒刑或者拘役。[7]后来由于笔者无法寻究到的原因，我国于1992年经过全国人大正式审议通过的《中华人民共和国海商法》取消了上述条文的设置。笔者认为取消上述条文设置的主要原因可能是审议的过程中可能有学者提出《中华人民共和国刑法》中已经设置了“故意杀人”“过失致人死亡”等多项有关生命的罪名，可以覆盖海上见死不救的

---

〔1〕 徐国栋：《见义勇为立法比较研究》，载《河北法学》2006年第7期。

〔2〕 笔者注：当时美国家庭平均年收入为600美元。

〔3〕 46 U. S. C. § 2304(a)-(b)(2000).

〔4〕 《关于〈中华人民共和国海商法(草案)〉的说明》，载中国人大网：http://www.npc.gov.cn/wxzl/gongbao/1992-06/23/content_1479244.htm，2017年10月7日最后访问。

〔5〕 《中华人民共和国海商法(草案)》第5条第2款。

〔6〕 《中华人民共和国海商法(草案)》第174条第3款。

〔7〕 《中华人民共和国海商法(草案)》第182条第2款。

行为,但从实际效果来看,在《中华人民共和国海商法》中取消上述强制性义务规范的直接后果是对于救助人不予救助人命行为的震慑力度降低较多。因此,笔者建议在修订后的《中华人民共和国海商法》中重新加入该条款。同时,有必要针对人命与财产同时遇险的情况,明确规定在船舶等财产与人员同时遇险时,救助人必须优先救助遇险人员的强制性规定,如果事后证实救助人违反了上述规定而造成人员伤亡,应当对责任人追究其刑事责任。

除了刑法上对于见死不救的恶劣行为的惩处,还应通过其他法律强制性规范的体系性调整共同规制海上人命救助。由于海上环境的特殊性,一般而言,"见死不救"情形下的案件均为事后追责,很难证实为现行犯。因此,关于海洋救助人命可能涉及刑事案件的证据提供,有其一定的特殊性。从历史渊源上看,《维斯比海法》利用同船船员作证,其第 20 条规定:假如在天气的影响下,需要把货物抛到大海里,使船只承载重量有所减小。就算是船只中的货物管理者不允许抛弃货物,船舶中的其他人也同样认可抛弃货物是最为有效的安全举措,那么仍然需要把货物扔到大海里,面对这一情形时,假如船只进了港,三名海员要上岸利用宣誓来免掉责任,发誓这一行为的目的在于保障人员、船只与货物的安全,是逼不得已的,被扔掉的货物也要被加入至海损范畴内。[1]《维斯比海法》第 62 条规定:"假如船长察觉到某个船员得了传染病,那么拥有权力把船员放置于最先到达的陆域,并且不需要为船员提供薪资。前提条件是船只的其他船员能够证实这一状况"。[2]但这种证明方法并不能有效地排除其余船员的串通作伪证以换取利益。

---

〔1〕 王彦:《维斯比海法》,载《中国海商法研究》2017 年第 1 期。

〔2〕 王彦:《维斯比海法》,载《中国海商法研究》2017 年第 1 期。

随着科技的发展,海上船舶特别是远洋船舶的科技手段已大幅增强,为了满足 SOLAS、SAR 等国际法的强制性适航性要求,远洋船舶基本配备了强大的记录装备。在海难人命救助的过程中,有必要加入对于救助过程的强制性记录要求,为确定救助责任与救助报酬的给付提供完整的证据链。例如,船舶必须保管航行期间应答机和对话器的所有记录,在接受求救信号后,对于救助场景和救助行动时的音频、视像资料必须强制性保存,并由 2 名以上船员签名作证,以确保事后能够尽量真实还原海难救助案件的真实场景。人命救助实际效果的提升并不仅仅来自一纸缺乏强制力的"纯义务式救助规范",更应当涵盖详细完善的配套性强制规范机制,例如,在违反救助义务时面临的高额罚款以及自由刑的刑事责任规范,更应包括救助人命事故时的处理规范,如两船碰撞时应当告知对方本船船名、船号、母港等信息,而政府甚至可以针对违反规则应收取的罚款产生对物诉讼的权利并行使扣船的权利。[1]

---

〔1〕 上述内容在《中华人民共和国海上交通安全法(修订草案征求意见稿)》已有体现。详见《中华人民共和国海上交通安全法(修订草案征求意见稿)》第 73 条:"船舶、海上设施、航空器及人员在海上遇险,应当及时向海上搜救中心报告。任何单位和个人发现或者获悉海上险情的,应当立即告知海上搜救中心。"《中华人民共和国海上交通安全法(修订草案征求意见稿)》第 74 条:"船舶、海上设施以及有关单位、人员不得瞒报、迟报、谎报海上险情。船舶、海上设施、航空器及有关单位、人员发现误发遇险报警信号时,应当立即向海上搜救中心报告,并尽快消除影响。"《中华人民共和国海上交通安全法(修订草案征求意见稿)》第 75 条:"发生碰撞事故的船舶、海上设施,应当互通名称、国籍和登记港,在不严重危及自身安全的情况下,尽力救助遇险的他方,不得擅自离开事故现场或者逃逸。"《中华人民共和国海上交通安全法(修订草案征求意见稿)》第 77 条:"船舶、海上设施或者航空器,收到求救信号或者发现他人遭遇生命危险的,在不严重危及自身安全的情况下,应当尽力救助遇险人员,并及时向海上搜救中心报告现场情况和本船舶、海上设施的名称、电台识别码、通信方式和位置。"《中华人民共和国海上交通安全法(修订草案征求意见稿)》第 124 条:"遇险现场和附近的船舶、海上设施、船员不履行海上救助责任和义务,不服从海事管理机构统一指挥或者不配合事故调查、取证,由海事管理机构对船舶、海上设施处 5 万元以下的罚款,对当事船员处暂扣船员适任证书 6 个月至 12 个月直至吊销船员适任证书。"——笔者注

第四章　人命救助享有独立救助报酬的考量

除了纯人命救助，现行海难救助体系下的人命救助在有财产救助成功的情况下是可以获得救助报酬的，但从现实情况分析，救援财产得到的收益和救援人命的成果相比明显较大，例如，在"下沃普特"案（The *Shreveport*）[1]中，救援酬劳的总数额达到5万美元，救援人命的人员在此之中得到的救援酬劳只有5000美元，而且船员与船东还需要合理配置费用，船东可以获得4/5的利益。在"埃索格林斯波"[2]（The *Esso Greensbor*）这一案件中，差别更为明显，在船舶所有人并未提交申请的情况下，参与财产救援的船员与水手的酬劳是21.6万美元，而参与救援人命的船员与水手的酬劳只有4000美元，并且需要在参与救援人命的人员之间进行平均分配。[3]

而如本书第一章对于现行人命救助制度弊端的论述，在只有

---

〔1〕 The *Shreveport*, 262 E 535 (1919).

〔2〕 The *Esso Greensbor*, 166 Eng. Rep. 35 (1929).

〔3〕 当然上述案例具有一定的特殊性，其中的人命救助人是在没有风险和困难的情况下完成的，而相比之下，财产救助者则承当了巨大的危险和困难。倘若人命救助者也分担了救助作业的风险和艰辛，其应获得的救助报酬肯定要比上述案例中的不足2%或10%的"合理份额"要大得多。——笔者注

纯人命救助的情况下，人命救助人是无权获取救助报酬的。这种导向易使救助人放弃救助人命而转而优先救助财产。有关人命救助费用的规定在法律里难以追寻到任何迹象，造成人命救助者的权益难以获得应有的保障。[1]尽管《中华人民共和国海商法》第49条、第57条第7款等条款明文规定船舶因为救助而引发的绕航等行为并不属于违反运输合同，无须承担违约责任，但并未涉及开展人命救助时引发的绕航等一系列直接或间接费用的补偿。对纯人命救助而言，不存在单独的报酬请求权，更无法享有人命救助报酬的优先请求权。法律目前的相关规定对救援遇险人员来说是极为不利的，但国际公约实施人命救助酬劳的单独支付提供了修订的空间，《1910年统一海难援助和救助某些法律规定公约》第9条明文指出海难救助中得到救助的人员本人无须支付救助报酬，但不妨碍国内法对此做出例外规定。

针对人命救助在特定情况下，可以给予合理的救助报酬已逐渐成了很多国家或地区国内法的发展态势。例如，南非1996年《救助法案》第15条第3款明文指出，商务部长可依据需求嘉奖人命救助者。[2]加拿大现行《船舶法》第450条对人命救助酬劳作出了清晰的规定，印度1958年《商船法》第402条同样对人命救助的酬劳做出了要求。[3] 对"半岛"案[4]这一经典案例而言，美国法院根据"准合约"这一原则，认可适用于人命救助费用的补偿，这体现了对人命救助报酬理论的创新。若人命救助报酬可以获得独立的请求权，则该种报酬的支付主体与方式需要特殊规

[1] 傅廷中:《雇佣救助合同的性质及其法律适用》,载《中国海商法研究》2016年第3期。

[2] Catherine Swan, "The Restitutionary and Economic Analyses of Salvage Law", *A & NZ Mar LJ.* 23, 2009, p. 101.

[3] Catherine Swan, "The Restitutionary and Economic Analyses of Salvage Law", *A & NZ Mar LJ.* 23, 2009, p. 101.

[4] *Peninsular* v. *Oriental Stern Navigation Co.*, 553 F. 2d. Vol. 2(2006).

定，有关人命救助报酬独立请求权的内容在本章予以论证。

第一节　人命救助报酬理论

海难救助与陆上法律进行比较具有许多特殊的特征，例如，其他法律学科多是为了找出什么是错误的行为并纠正它，而法院在判定海难救助时需要找出救助人做了什么正确的行为并且奖励这种行为。[1]在19世纪以前，英国的海事法院体系与普通法体系是平行的，基于海事法律对于救助行为是有救助报酬的，但普通法对于合同外的救助并不承认报酬请求权，陆上救助人无法向财产所有人追索救助报酬，因此一些适用于海难案件的判例，对于发生在陆地的同类案件却不能直接予以适用。[2]

从海上救助理念的发展历程来看，可以追溯到公元前900年的《罗德海法》，[3]救助法需要表彰的是救助人的勇气、技能。[4]一些学者指出，海难救助行为的客体是不是可以将人命涵盖在内显然是一个较为复杂的问题，而从当前各国、各地区的海事立法现状来看，普遍持有的是两种立法理念：一是所谓的绝对承认观点，二是相对承认观点。[5]这两种观点都认为，立足广义的救助标的来讲，当然应该将人命涵盖在救助客体之中，而且在何种情形之下，均不应该将人命排除在海难救助之外。两种观点的争议点

---

〔1〕 Geoffrey Brice, "Salvage and Enhanced Awards", *Lloyd's Maritime and Commercial Law Quarterly* 1, 1985, p. 124.

〔2〕 Catherine Swan, "The Restitutionary and Economic Analyses of Salvage Law", *A & NZ Mar LJ.* 23, 2009, p. 99.

〔3〕 Geoffrey Brice, *Maritime Law of Salvage*, London, Sweet & Maxwell Press, 1996, p. 6.

〔4〕 Steven F. Friedell, "Salvage", *J. MAR. L. & COM.* 31, 2000, p. 313.

〔5〕 司玉琢：《海商法专论》（第3版），中国人民大学出版社2015年版，第269页。

在于能不能承认救助报酬请求权的独立属性。绝对承认观点强调，人命的救助报酬请求权具备独立特征，而人命作为独立的海难救助标的，其救助人当然具备独立意义的救助报酬请求权利。而相对承认观点则强调，传统意义上的海难救助理念，同时也是当前一些国家和地区的主要立法理念，均强调救助报酬请求权必须依附于海难获救财物的实际价值，因为人命不能用价值衡量，因此其救助报酬难以确定，但若施救者将财产和人命一同救助，人命救助行为就具备了依法诉求救助报酬合法权利。相对承认的观点对海上人命救助报酬诉求以及合理分配是认可的，但同时又认为这种救助报酬请求权应该对财产等救助存在依赖性，而并不具备独立特征。从美国、日本、德国、韩国等国以及我国台湾地区的立法现状分析，其均采用的是“相对承认”的司法裁判取向。《1910 年统一海难援助和救助某些法律规定公约》规定缔约国有权对于人命救助做出范围更广的规定，但遗憾的是，利用国内法承认人命救助报酬的国家较少。[1]

有学者指出，海难救助报酬存在的目的有以下三点：第一，完成工作的酬劳；第二，花费费用的补偿；第三，奖励。[2]对于现行救助法体系的更改，很重要的方面是引入经济分析的要素。[3]陆上救助的费用基本由完善的公共支出进行覆盖，因此除了高山救援等极少数特种救援外，需要救助报酬产生的场合极少，但海上救助作业往往由单一的救助人实施，在广袤的海洋上也无法做到公共网络的有效覆盖，通过较高的救助报酬安排，可以显著的提高

〔1〕 Steven F. Friedell, “Compensation and Reward for Saving Life at Sea”, *Michigan Law Review* 77, 1979, p. 1221.

〔2〕 Catherine Swan, “The Restitutionary and Economic Analyses of Salvage Law”, *A & NZ Mar LJ.* 23, 2009, p. 99.

〔3〕 Catherine Swan, “The Restitutionary and Economic Analyses of Salvage Law”, *A & NZ Mar LJ.* 23, 2009, p. 101.

海上风险环境下的人命救助积极性，救助人在考虑到报酬的有效性时也不会产生犹豫（Without Hesitation）。[1]

1822年，英国法庭对人命救助报酬做出了法官自己的价值选择，[2]在“埃德”[3]案件（The *Aid*）中，救助人救助了6千英镑的财产与22名水手，英国高等法院做出补偿救助人花费并给予人命救助人救助报酬的裁决，救助报酬为获救财产价值的1/10，在判决的附带意见中，斯德沃勋爵（Lord. Stowell）指出：法庭对判定独立的人命救助报酬没有权利，但是，如果人命救助能与财产救助发生联系，无论是不是因为事故，法庭将会对此进行充分考虑并意图对人命救助人予以补偿。[4]法院意图对于人命救助人的行为进行褒奖，虽然当时无法突破海难救助法律的规定，但法院通过确定审判指导原则为人命救助获取报酬提供最大的可能。

笔者认为，海难救助法律制度对于人命救助报酬的规定，应在相对承认观点的基础上，逐步过渡完善到应用绝对承认观点。即原则上在对人命实施救助的同时，如果有财产、船舶、环境等被救助的情形存在，救助人命的行为人就应具备合理诉求救助报酬的合法权利。而对于单独实施人命救助而并没有财产可以获救的情形，则可以由国家或者地区通过构建海上救助人命专项基金

---

[1] SM Waddams, *Dimensions of Private Law*, Cambridge, Cambridge University Press, 2003, p. 197.

[2] 英国法对于海上财产的归属判断主体发生过多次变化。历史上最初是由国王拥有海上漂浮物或冲刷上岸财物的所有权，公海上的财物由国王授权海军大臣决定，后来才将所有海上无主物的所有权交由英国海事法院判定，将冲刷上岸财物的所有权交由当地法庭按照普通法进行判定。19世纪之前甚至出现过普通法庭与海事法庭对于英国海事案件的裁判权争议，直到1873～1875年《司法权法例》撤销了英国高等海事法院，设置了统一的高院，管辖权之争才得以消失。参见 Catherine Swan, “The Restitutionary and Economic Analyses of Salvage Law”, *A & NZ Mar LJ.* 23, 2009, p. 100。

[3] The *Aid*. 166 Eng. Rep. 30 (Adm 1822).

[4] The *Aid*. 166 Eng. Rep. 31 (Adm 1822).

或者人命救助强制保险制度的形式向救助者提供合理的救助报酬,上述方式的优劣将于第六章第四节详细讨论。

人命救助制度采纳绝对承认说的理由是:在人类所从事的各项活动以及所有创新创造过程中,其初衷都是为了满足自身生活需求和利益获得,人是社会的主体,人的价值才是最大的财富。而在海难的法律规制范围中,如果不向单独实施人命救助的救助人提供合理的救助报酬,则对于鼓励海上事故中的人命救助行为极为不利,而且这样的价值导向显然也与人类从事各种活动的基本初衷相背离,更是对人道主义的不尊重。因此,对单独的人命救助行为报酬请求权利给予全面否定,只有可能带来这样一种与人类的扶危助困精神背道而驰的现象,即救助者在救助过程中往往只救财产而不救人,试想,如此情形岂不是法律的悲哀、人类的耻辱? 对于现行救助法报酬体系安排诟病最多的就是无法妥善、公平地安排救助报酬的分配,缺少经济思维的制度性安排容易同实践脱钩。海商法作为少数几种国际通行并迅速发展的法律,应当采取更为有效的报酬安排体系。

第二节 有关人命救助报酬的域外借鉴

从一些先进国家和地区的海商立法现状来看,采用单行模式的海难救助立法非常罕见,而相关海难救助的立法规定普遍是在其他的综合立法或者行业立法的相关条文中体现,比如,在美国实施的《联邦商法典航运卷》中,就明确表述了海难救助行为以及其司法裁定的规则等。[1]而在英国，有关海难救助重要立法是1894年《商船法》、1995年《商船法》以及1911年《海事公约法》。[2]希腊则在其《海事私法典》中对海难救助进行了明确规定。[3]还有很多国家和地区加入了《1910年统一海难援助和救助某些法律规定公约》，该公约中有关海难救助的一些规定成为缔约国家或地区的相关立法依据。而且美国、英国等国还相继加入了20世纪后半叶制定的《1989年国际救助公约》，该公约中的一些规定同样成为部分缔约国家或地区的重要法律制定依据。美国、英国等相关立法、司法经验为确立独立的人命救助报酬提供了有益借鉴。

一、美国通过“准合同”理论承认人命救助费用补偿

（一）初始——在有效救助财产时享有人命救助报酬请求权

从法律渊源分析，美国与英国均为普通法系（Common Law）的适用与主导者，两个国家的判例相互提供指导借鉴作用。[4]但是美国在人命救助能否获得独立救助报酬的问题上，采取了与英国并不一致的态度与理论。在殖民时代，美国法律认为奴隶可以作为救助的客体，[5]属于“财产”的范畴，[6]但废奴以后，没有奴

---

〔1〕 卢卫彬、陈珺：《军舰实施海难救助中的报酬请求权探析》，载《中国海商法研究》2015年第2期。

〔2〕 刘刚仿：《从斯蒂德曼案看英国法中作为海难救助标的之船舶》，载《国际商法论丛》（第8卷）2006年，第534页。

〔3〕 韩立新、王秀芬：《各国（地区）海商法汇编》（中英文对照）下卷，大连海事大学出版社2003年版，第1140页。

〔4〕 Susanne M. Burstein, “Saving Steel over Souls: The Human Cost of U. S. Salvage Law”, *Tulane Maritime Law Journal*27, 2002, p. 315.

〔5〕 Lawrence Jarrett, “The Life Salvor Problem in Admiralty”, 63 *YALE L. J.* 779 (1954), p. 783. Note231.

〔6〕 相关案例参见 *Jerby v. One Hundred & Ninety - Four Slaves*, 13 F Cas. 550 D. S. C. (1806)。

隶的存在,人命即不再享有独立的救助报酬。

在引言部分述及的“埃姆布勒姆”案件[1]中,法院裁判认为救助人救助人命的行为属于人性的义务,因此对于其申请救助报酬的诉求不予以支持。在该案中,法院在裁判中对救助人的单独人命救助的救助报酬请求权给予了驳回,强调唯有存在财产救助行为并且获得成功的情形之下,救助者才可获得一定份额的法定人命救助酬劳。在“莫尔豪斯”案件[2](The *Mulhouse*)中,一艘船舶救助了船员,其他船只救助了财产,法官依据“埃姆布勒姆”案件的裁决结果,认为人命救助获得报酬必须同财产救助行为存在密切关联,而在本案之中,明显存在财产救助的这一法律关系,因此救助者的人命救助行为应该当得到合理的补偿。在判词中,法庭认为应当给予人命救助人一定的报酬,以给人命救助人一个强烈的可以获得救助费用补偿的预期,从而实现鼓励救助的目的。在“普利茅斯洛克”案(The *Plymouth Rock*)[3]中,法庭一直认为应当明确确定人命救助应当作为增加救助报酬数额的必要考虑因素。

但美国法院对于人命救助的报酬请求权问题也经历过反复,在“乔治·克莱德”案(The *George W. Clyde*)[4]中,由于认为该案中人命救助与财产救助是两个不同的行为,并且当时在救助人命上已经不再具备急切性,所以法官对于救助人的就人命救助行为诉求合理报酬的申请不予以支持。《美国宪法》规定可优先适用其参与缔约的各类国际条约,在约定签署《1910 年统一海难援助和救助某些法律规定公约》并在公约生效之后,美国联邦专门据

---

〔1〕 The *Emblem*. 641 F. Cas. D. Me. Vol. 8(1840).

〔2〕 The *Mulhouse*. 17 E Cas. 962 S. D. Fla(1859).

〔3〕 The *Plymouth Rock*. 9 F. at 418(1881).

〔4〕 The *George W. Clyde* . 80F. 157 E. D. N. Y (1897).

此在 1912 年颁布实施了与公约内容相呼应的《救助法案》。[1]《1910 年统一海难援助和救助某些法律规定公约》在条文中明确各国国内法可以就人命救助报酬较公约做出更为广泛的规定，意图为各国关于人命救助的问题创设一个底线，但未曾预料到该公约的这条规定在现实中变成了“天花板”。[2] 例如，美国就并未就此做出扩大性解释与立法安排，相关法庭裁判对公约的规定做了限制性解释。[3]

（二）发展——人命救助与财产救助必须满足关联性

美国 1912 年《救助法案》第 3 条中明确规定：在海上提供人命救助的救助人依法可就财产救助人所获得的报酬，酌情参与报酬分配，即只要存在财产被救起的情形，人命救助人就可以获得和财产救助相同的救助报酬请求权利，但假若仅仅是救起了人命，则不可以申请救助报酬。[4] 因此从实质上来看，该法案对救助人实施的单独人命救助行为应获得一定救助报酬并没有采取认可的态度，而是规定只有存在财产被救起的情形之下，人命救助人才可以获得和财产救助人相同的救助报酬请求权。在该法案通过后不久发生的“安妮上帝”案件（The *Annie Lord*）[5] 中，人命救助人据此获得了财产救助报酬的一部分。在解释何种情况下人命救助可以分享财产救助报酬时，美国案例法提出了“时间一

---

〔1〕 Steven F. Friedell, “The Future of Maritime Law in the Federal Courts: A Faculty Colloquium: Salvage”, *Journal of Maritime Law & Commerce* 31, 2000, p. 199.

〔2〕 Steven F. Friedell, “Salvage”, 31 J. MAR. L. & COM. 311 (2000), p. 311.

〔3〕 Steven F. Friedell, “The Future of Maritime Law in the Federal Courts: A Faculty Colloquium: Salvage”, *Journal of Maritime Law & Commerce* 31, 2000, p. 202.

〔4〕 Martin Davies, “Legal and Practical Aspects of Salvage in the United States”, *Lloyd's Maritime and Commercial Law Quarterly* 1, 2009, p. 32.

〔5〕 The *Annie Lord*. 251 E 157 D. Mass(1917).

致”原则，即人命救助和财产救助不仅要在同一救助事件上有关联，还应该发生在同一时间。[1]在“东大陆”案[2]（The *Eastland*）中，由于人命救助人救助了船员，但本船能力受限无法对船舶进行拖带，被救助船舶直到3周后才被其他船只拖带回港，法庭依据发生的时间不一致，认为人命救助人是因为自身能力不足从而未选择救助财产，而不是在人命救助与财产救助二者间做出选择。从而拒绝向人命救助人提供救助报酬。该判词隐藏的条件是除非面临救人还是救财物的两难选择时，救助人将人命和财产在同一时间共同救助才能提起人命救助报酬的申请，而在没有财产被救起的情况下，单纯的人命救助者是无法获得救助报酬的。

在“下沃港口”一案（The *Shreveport*）[3]中，救助人面临相同的情形，一艘名为阿勒得卡号（Aledecoa）的船舶前往救援下沃港口号（Shreveport），此时下沃港口号已经发生了爆炸事故并且有船员受伤，由于部分伤者伤势严重，在搜寻遇难者后，阿勒得卡号驶往了最近的码头，而没有尝试拖带或救助下沃港口号上的财产。大约4小时后，另外一艘船舶拖带下沃港口号至安全地带。在此案中，人命救助人阿勒得卡号具有救人或救物的选择，法庭强调了对及时救助人命的重要性，并对只有财产救助行为可以获得救助报酬非常不利于人命救助这一因素给予考量，进而强调在海上事故发生后，人命救助人实施的救助行为，即使是单纯为了救助人命，也可以与财产救助人一起分享一定额度的救助报酬。本案的审理结果，是人命救助人获得了总救助报酬的1/10，大约5000美元。从这个判例可以看出，尽管人命与财产的救助行为均可以单独实施，但唯有在同时发生的情形下，救助人命的救助人

---

〔1〕 The *Annie Lord*. 251 E 172 D. Mass(1917).

〔2〕 The *Eastland*. 262 E 535 N. D. 11(1919).

〔3〕 The *Shreveport*. 42 E2d 524, 1930AMC 1310 (E. D. S. C. 1930).

才有权和财产救助人一同分享一定额度的救助报酬。该案中，两名救助人之间的不同救助行为，最终被法院判定为属于同一救助事件。

若不是同时进行属于同一救助事件，则人命救助者不能主张救助报酬，而《美国法典解释》(United States Code Annotated, U.S.C.A)第46篇第729条对此做出成文法规定，尽管人命与财产救助行为均可以单独实施，但唯有在同时遇险的情形之下，救助人命行为人才有权和财产救助人分享一定额度的救助报酬。[1]在“下沃港口”一案做出承认人命救助报酬的判决后，“吉兹比诉海岸海事税收公司”案[2]（*Gigsby* v. *Coastal Marine Service of Texas Inc.*）继承了上述案例的判决精神。一名叫吉兹比(Gigsby)的海岸工人在尝试救助一艘驳船上的两名修理工时溺亡，如果按照《1910年统一海难援助和救助某些法律规定公约》的相关规定，则吉兹比是无权获取救助报酬的，但是法庭基于人性的考虑，提出按照驳船不适航的原因，做出了应当支付吉兹比的亲属以报酬的判决。在该案例的判词中，法官有如下精彩的论述：在所有的法律中，海商法是唯一强加义务于救助生命、财产的成文法，救助法反映了当代社会人性的光辉，并经常作为立法尝试的历史性先驱去引导日后的其他法律，海商法应当通过各种途径和条文来鼓励救助人实施救助。虽然该案做出的判决是依照船舶不适航的理由，但这为其后的案例判决提供了审判指导，有利于法官在原则性上对于人命救助的案件做出把握。

---

[1] Steven F. Friedell, "The Future of Maritime Law in the Federal Courts: A Faculty Colloquium: Salvage", *Journal of Maritime Law & Commerce* 31, 2000, p. 203.

[2] *Gigsby* v. *Coastal Marine Service of Texas Inc.* 412 F. 2d 1011, 1969AMC 1513 (5th Cir. 1969).

（三）进阶——国家主管机关享有救助报酬请求权

美国《联邦商法典航运卷》第724条中，正式承认了军舰或者政府公务船舶所拥有的救助报酬请求权，并对强制性的救助行为实施了明确责任主体。[1] 在"美国石油集团诉弗吉尼亚阿墨卡轮"一案（*United Stated American Oil. Co.* v. *The Amoco Virginia*）[2] 中，主要观点是海岸警卫队违反了公序良俗而对自己海上救助行为提出了报酬的申请。本案的背景是，弗吉尼亚阿墨卡（Virginia Amoka）轮停泊在运河休斯顿段的某处码头时，所装载的汽油因燃油加热操作不慎引起大火，熊熊大火如果扑灭不利必将给码头带来严重灾难。见此危情，附近的海岸警卫队立即前往救助，并获得了城市消防机关的大力协助。但直到次日，大火仍然没有得到完全控制，然而当地的灭火泡沫已经全部用完，危急之下，海岸警卫队随即请求空军部队派出空运大队进行支援，之后，50多吨化学泡沫灭火器被空军部门运到起火现场，终于在当天傍晚将大火彻底扑灭。联邦政府通过计算，得出总救助费用达到89,676美元以上，该数据的计量是以所用灭火器价值以及海军部队、空军部队的运输费用为基础，但并没有涵盖海岸警卫队本身的灭火投入。在该案的上诉审理判决中，联邦第五巡回法院将地方法院的原判决撤销，在认可判联邦政府总救助费用的同时，强调该判定必须涵盖海岸警卫队的实际投入。法官科米斯基（Justice. Comiskey）在当庭裁定时认为，尽管联邦政府匡算了所用灭火器价值以及海军、空军部队的运输费用，但并没有涵盖海岸警卫队本身的灭火投入。尽管海岸警卫队承担着海上安全保障职能，但

---

〔1〕 Steven F. Friedell, "The Future of Maritime Law in the Federal Courts: A Faculty Colloquium: Salvage", *Journal of Maritime Law & Commerce* 31, 2000, p. 204.

〔2〕 *United Stated American Oil. Co.* v. *The Amoco Virginia.* 522 F. 2d 33 (1975).

是这种义务不应该也不可以影响其申请合理救助报酬的基本权利，因此只要其在合法的范围内提出救助报酬的主张，法律就应该给予支持。通过此案的判决可以得出结论，美国的救助服务如果是由政府机构所提供，无论其是由海军、空军的运输工具所提供，还是由政府机构所拥有的船舶所提供，均不会影响该政府机构提出救助报酬的主张，而且对其给予支持也是美国各级法院的一致做法。虽然并非美国联邦一定需要请求实际的救助报酬以弥补损失，其蕴含的更多的是政策机制和法律导向。

依据上述美国司法机关的相关判例，在美国海军的舰船为社会提供海难救助类的服务过程中，如果已经很好地履行了国家赋予的应尽责任，便有权就自己的救助行为申请救助报酬。在提出救助报酬申请时，需要获得美国海军秘书机关的允许。在1941年发生的“汉堡 - 美国航线公司诉美联邦”案件（*Hamburg - American Line* v. *United States*）[1]中，当时一艘德国商船悬挂着美国国旗在海上航行，但是因发生重大机械事故，船长与船员们准备将其凿沉，美国海军的一艘巡洋舰艇在发现之后对其实施救助，并将该商船上的船长与船员全部救起。该案在法院审理时，法庭对联邦政府与海军提出的救助报酬申请给予了裁定支持。[2]而在“东巴斯轮”[3]一案（The *Donbass*）中，是一艘美国国有集团公司的大型油轮在太平洋海域救助了一艘动力机械全部停车的俄罗斯商船，鉴于在救助过程中让美国政府支出了大量的救助费用，所以联邦政府放弃了最初承诺的不请求救助报酬的初衷和政策，转而请求救助报酬。

在美国制定、实施的《法典解释》第46篇第729条中，对于人

---

〔1〕 *Hamburg - American Line* v. *United States*, 168 F. 2d 47(1948).

〔2〕 *Hamburg - American Line* v. *United States*, 168 F. 2d 47(1948).

〔3〕 The *Donbass*. 673 F. 2d 39(1997).

命救助行为做出了明确规定:假如救助人命行为人在海难事故的救助过程中参与并提供了救助类的服务,则该行为人有权与其他对该船舶、船舶上的货物等财产提供救助服务的救助行为人一同分享救助报酬。[1]并且,提供的救助形式可以多种多样,例如,根据美国有关判例,提供人命救助通知服务的当事人就有权获得救助报酬。[2]

(四)成熟——运用"准合同"理论突破救助报酬限制

《1910年统一海难援助和救助某些法律规定公约》与美国1912年《救助法案》的立法初衷在于使财产不具有优先于人命得到救助的地位,但美国法庭所做出的判决基本没能实现该目的。[3]在现行美国法下,人命救助人可以获得补偿需要满足以下条件:一是人命得到救助,二是人命当时处于海上风险,三是人命获救的同时有财产获救,四是人命救助人同一时间面临着救人或者救助财物的选择,五是人命救助人对于财产救助人或船舶的索赔成功。[4]在救助中,最为广泛应用的是2000年版本的劳埃德标准救助格式合同(Lloyds Open Form 2000,LOF2000),该合同指出其以英国法律而非国际救助公约为依据拟定,但是美国水域内适用LOF2000格式合同的较少,因为LOF2000格式合同本身要求争议在伦敦仲裁,而美国法院拒绝认定美国公民间使用的合同却

[1] United States Code Annotation, Title 46, Shipping 721 - 1100, St. Paul . Minn., West Publishing Co., p. 47.

[2] Susanne M. Burstein, "Saving Steel over Souls: The Human Cost of U. S. Salvage Law", *Tulane Maritime Law Journal* 27, 2002, p. 317.

[3] Simon W. Tache, "The Law of Salvage: Criteria for Compensation of Public Service Vessels", *Mar. Law.* 9, 1984, p. 83.

[4] Simon W. Tache, "The Law of Salvage: Criteria for Compensation of Public Service Vessels", *Mar. Law.* 9, 1984, p. 84.

适用英国的法律规制。由于20世纪70年代以后，美国海岸警卫队承担了大量的救助义务而使其疲于应付，针对此种情况，1988年美国议会修改法律，[1]要求在非紧急情况下的救助由私人公司或个人承担救助，而非国家机关。随后美国海岸警卫队不再承担一般性的救助任务，在有人命受到威胁时才由海岸警卫队主导救助，一批专业性的救助公司因此随之兴起。

单独实施人命救助的行为人，竟难以实现合理的救助报酬，该种实质上是损害人命救助行为人合法权益的现象，在经典判例"半岛"一案（The *Peninsular*）[2]中得到了一定程度的突破。在该案之中，联邦第二巡回上诉法院在海事救助案件的审理中首次以"准合同"类推的形式实施了裁定，并判决单独实施人命救助行为的救助当事人，有权依据推定准合同的原则申请救助报酬补偿。该案发生过程是，当时一艘名为进展号（Overseas Progress）的商船在航行过程中，一名水手突发心脏病生命危急。正好与一艘名为堪培拉号（Canberra）的商船相遇，堪培拉号接到求助信号之后，紧急将该水手接到陆地医疗机构进行诊治，而且在航行过程之中，堪培拉号上的一位医生还为该水手实施了心脏手术，并因此绕航232海里以上。进展号的船长非常感动，两次表示一定要让船东报销所有的费用，但该船的船东却在事后仅仅支付了240美元的手术费。堪培拉号船长就此向法院提起民事诉讼，要求进展号船东支付医疗、手术、偏航等费用总计12,108余美元。

联邦上诉法院在对该案实施审理时认为，虽然救人性命是一种美德，甚至可以说是作为人类的基本义务，但救助者确实提供了迅速高效的救助，并有力地维护了他人的生命权利，而且还对

---

〔1〕 14 U.S.C. § 88(2).

〔2〕 *Peninsular v. Oriental Stern Navigation Co.*, 553 F.2d. Vol.2(2006).

此承担了很大的责任风险,因此获得合理费用补偿应予以支持,这种裁定可以看作是以“准合同”的形式给予司法适用。[1]

在英美法系的国家和地区中,这种“准合同”的理论同大陆法系下的“无因管理”(Negotiorum Gestio)有相似之处。无因管理是大陆法系民法上的概念,指必要情况下,自愿照顾他人利益的行为,此时照料人是作为被照料人的代理人存在的,无因管理的结果并不需要他人利益的最终保全。[2]准合同原则的适用前提,是一方当事人在给予另一方当事人提供某种利益过程,期望该利益的付出价值能够从另一方得到合理的报偿,而另一方当事人应知道或尽量满足前者的期望值。[3]

在“格罗玲”案例(The *Goring*)[4]中,一艘船舶在泰晤士河中得到救助,事后救助人索取救助报酬被拒绝后起诉被救助人,该案的争议焦点在于内河水域适用的普通法是否赋予救助人为救助他人财产利益时索要救助报酬的权利。英国上诉法庭经过审理后认为,海难救助中的救助请求,同普通法意义下的救助并不相同,英国法庭对于海难救助的定性趋向于无因管理,普通法下的救助是个人间的非义务行为,不具有索取补偿的权利。在英国法下,往往将海难类的救助行为界定为无因管理,进而赋予一种合理报酬请求权利,这对于鼓励积极救助海难事故具备一定的价值意义,这也是公共政策的需要。但是,美国法庭逐步将海难救助的报酬请求作为“准合同”理论处理。在“半岛”案例的特殊情形下,进展号负有为其患上急病并已危及生命的船员提供对应医

---

〔1〕 *Peninsular v. Oriental Stern Navigation Co.* ,553 F. 2d. Vol. 2(2006).

〔2〕 S Stoljar, *The law of Quasi Contract*(2nded.), Sydney, The Law Book Co. Press, 1989, p. 172.

〔3〕 李锡鹤:《民法原理论稿》,法律出版社 2008 年版,第 827 页。

〔4〕 The *Goring*. [1988]AC 831.

疗服务的法定义务，由于该船所载设备明显不具备处理船员疾病的能力，其不得已求助堪培拉号，这就形成了堪培拉号帮助进展号履行义务的情形。按照美国《返还请求声明》(Restatement of Restitution)的规定，共有两种情况属于“准合同”适用的情形：[1]第一种是没有紧急事件时为第三方提供了不存在合同约定的必要服务，而第三方当时已经无法履行义务。第二种是履行他人的义务在紧急情况下帮助了第三方。具体包括：(1)非正式的合同提出履行及收费请求；(2)提供的服务或物品迅速地排除了第三人严重的伤害或危险。在上述两种情况下，行为人均可以因此要求获得补助(Restitution)。堪培拉号在进展号的要求下，代替进展号履行了对于重病船员的看护与救助义务，因此符合“准合同”的构成要件，在这种情形下，即使被救助的船员身亡，由于“准合同”调整的是实施救助船舶与被救助船舶间的权利义务关系，因此救助人获得合理救助补偿的权利，不应受到“无效果、无报酬”原则的局限。在此情形下，即使被救助船舶本身没有处于危险的状态之中，并不影响救助补偿产生的构成要件。

从“准合同”的法理意义来看，其也是一种以维护公平为基本初衷的原则，即在遵循成文法裁定可能存在明显的有失公平之际，利益的受损一方可据此而获得合理、合法、正当的价值补偿。

---

〔1〕 Restatement of Restitution and Unjust Enrichment (Proposed Final Draft 1936). Sections 113, 114. Section 113. Supplying Necessaries to a Third Person Where No Emergency. A person who has performed the non - contractual duty of another by supplying a third person with necessaries which in violation of such duty the other had failed to supply, although acting without the other's knowledge or consent, is entitled to restitution therefor from the other if he acted unofficiously and with intent to charge therefor. Section 114. Performance of Another's Duty to a Third Person in an Emergency. A person who has performed the duty of another by supplying a third person with necessaries, although acting without the other's knowledge or consent, is entitled to restitution from the other therefor if (a) he acted unofficiously with intent to charge therefor, and (b) the things or services supplied were immediately necessary to prevent serious bodily harm or suffering by such person.

可见其适用往往被限定在救助者需要及时对重伤或者重病人员提供紧急救助的特定情形之下。像“半岛”案即是如此,上诉法院之所以适用“准合同”的原则进行裁定,同样是基于并非所有的救助结果一定能获得全部成功的考量,即便是救助者的救助行为并没有成功挽回重病水手的生命,救助者依然有权要求另一方支付相关的费用补偿。

但是这种模式并不是万能的,有国外学者对此也提出过批评,认为海难救助不应当受到默示合同(Implied Contract)的影响。[1]由于救助补偿的支付主体为被救助船舶的所有人,在船舶全损或者存在海事赔偿责任限制的情形下,救助补偿依然无法得到满足。但通过“准合同”理论以调整原有成文法与案例法的缺陷,无疑不是一种进步。

在现今以专业救助人为主导的救助行业环境下,救助更多的是帮助船舶排除危险,而不是将落水的财物打捞或者拖拽遇险的船舶,如果机械的依据“无效果无报酬”的原则,则救助人的报酬根本无法索取,“准合同”理论有其适用的必然空间。真正判定是否属于海难救助构成要件的应当看是否满足海上特殊的风险,如果没有事发时的风险即无法被认定为真正意义上的“风险”(Distress)或“危险”(Danger),从而无法认定“准合同”的成立或海难救助的成立。人不能无故被科以本身并不存在的义务,是人类社会法治文明的重要标志。例如,一艘游艇出海,途中风帆受损,其尚可以依靠自身动力返回母港,也并未发出求救信号,其周边的船只不可以据此认定该游艇存在“风险”而索取伴护的费用,更不能在该游艇无要求或无明显的紧迫风险情况下,擅自对该游

---

〔1〕 Peter Birks, *An Introduction to the Law of Restitution*, Gloucestershire, Clarendon Press, 1989, p. 304.

艇采取拖带、系泊等“救助”行为。

海上风险是海难救助整体制度产生的基础，判定是否处于危险也并非难事，只要船舶或人员发出了求救信号，就可以认定其处于风险之中，例如，中国大陆境内拨打“110”报警电话，报案人在报警记录中即可体现处于所述的“危险”之中。海上风险情形下对于处于危险中的船舶或人员进行救助即可满足“准合同”理论的构成要件，从而适用救助报酬的支付。“准合同”理论并不是替代海难救助理论也不会对公平正义理论造成影响，只是在现行海难救助理论无法得以适用时的补充，其优点是不需要救助双方事先签订合同或有协议约定，仅重复当时的情形能够满足“准合同”的条件时即可适用。至于适用“准合同”理论时救助报酬的数额，斯蒂夫·哈德利（Steve Hedley）认为应当适用救助行业普遍采用的救助合同金额，根据具体个案确定合理（Resonable）的数额。[1]

在“太极号”案[2]（*Ta Chi*）中，“准合同”理论得以继续被支持适用。该案中，詹尼斯艾尔号（Janice L.）在两次试图拖带尤里普斯号（Eurypylus）脱险失败后，为救助船员而放弃了救助船舶与货物，一周后尤里普斯号被其他船只救助成功。法院裁定詹尼斯艾尔号不再实施财产救助的原因是其本身能力受限，因此并非面对救人还是救财物的问题从而主动选择救助人命，所以无法从财产救助报酬中获得一定比例的人命救助报酬。但詹尼斯艾尔号的代理人提出，既然“半岛”案中适用了“准合同”理论，詹尼斯艾尔号的行为符合“准合同”理论的适用标准就可以获得救助的花费与偏航费用的补偿。法庭支持了这一诉求，认为詹尼斯艾尔号

---

[1] Steve Hedley, “Implied Contract and Restitution”, *Cambridge Law Journal* 63, 2004, p. 446.

[2] *Ta Chi Navigation Corp. v. S. A.* ,583 F. Supp. Vol. 2(1982).

是帮助尤里普斯号的船方履行了救助受伤船员的义务，而詹尼斯艾尔号提供帮助的起因是尤里普斯号船长提出了要求，符合“准合同”理论。而法院也认为应当减少人命救助人在选择救助人时考虑的因素，不让人命救助人因为成本的考虑而有过多想法。实施人命救助的行为人，尽管没能救助相关的财产，但是依然获得了单纯人命救助的费用补偿，这种裁定显然是对人命救助理论观点的很大突破和创新，但无法否认的是，《1989 年国际救助公约》下的成文法规定依然是美国法院拒绝给予纯人命救助人独立救助报酬的“绊脚石”。

值得注意的是，近年来，我国法学界开始注意到“准合同”理论的价值。2017 年 3 月 15 日，经过几十年的艰辛努力，中国首部《中华人民共和国民法总则》终于获得全国人大通过，有关物权、合同、侵权责任等分编也将于今后几年陆续推出。中国民法终于摆脱了只靠一部《中华人民共和国民法通则》调节民事法律关系的境况，并且《中华人民共和国民法通则》暂未废止，待民法典各编内容整合完善后再予废止。[1] 在《中华人民共和国民法总则》中，对于无因管理、不当得利仅有简单的第 118 条、第 121 条、第 122 条这三条规范，并归入了民事主体债权的类目进行规制。但如本书第二章第二节对于无因管理性质的分析，无因管理人履行的是道德上的义务，而非法律上的义务，国际通行是将无因管理与不当得利作为债的范畴处理。在起草《中华人民共和国民法总则》的漫长过程中，对于是否设置债法总则曾有过巨大的争议，但最后并未设置债法总则。如何对无因管理之“债”与“道德义务”进行协调，《中华人民共和国民法总则》并没有做出清晰的规定。债权法定原则是现代民法的基本特征之一，债的产生基本来自侵

[1] 王胜明：《制订民法典需要研究的部分问题》，载《法学家》2003 年第 4 期。

权或合同义务,[1]无因管理、不当得利具备“准合同”理论的特征,在“准合同”理论下,无因管理不当得利产生的是债权、承担的是债务,引入“准合同”理论将有效地构建无因管理的法律实用价值。因此,有学者提出在编撰完善无因管理、不当得利的制度过程中借鉴英美法系对于债法的优秀立法成果——“准合同”理论,以获得对于无因管理等制度的恰当安排。

二、英国设立海商基金支付人命救助报酬

英国成文法早在19世纪就已对优先救助人命做出了规定,1854年《商船法》第458条规定:无论何时船舶或小艇遭遇搁浅或遇险,只要是在英国的海岸或潮汐带,任何人对上述船舶或小艇的乘员的救助应当能够获得船舶所有人支付的报酬与救助过程中的合理花费。[2] 1854年《商船法》第459条进一步明确了人命救助的报酬优先于其他报酬受偿。当无财产救助发生时或救助的财产救助不足以偿付救助报酬时,英国商务部将从海商基金中支付相应的报酬。[3]

依据英国1894年《商船法》第544条至第546条的规定,所有相关海难救助合理报酬申请权的行使范围,均指在船舶或者其他航空器上救助人命,或者保护、挽救船上财产,甚至是遇难船舶残骸或相似物质的救助行为。这一规定尽管被后来的商船法中的相关规定所取代,但是仍不失为海难救助的优秀成果,特别是经过枢密机关的特许,发生在英国所有水域内的人命救助行为都可以申请救助补偿。1894年《商船法》第544条中明确规定:一是当救助施行于英国海域内,向英籍船舶或者外籍船舶提供了具备

[1] 杨立新:《论民法典中债法总则之存废》,载《清华法学》2014年第8期。
[2] 袁曾:《海上救助人命优位权制度的构建》,载《社会科学》2016年第4期。
[3] 袁曾:《海上救助人命优位权制度的构建》,载《社会科学》2016年第4期。

实际意义的人命救助行为，或在英国海域外向英籍船舶提供了具备实际意义的人命、船舶、属具等救助服务，被救助财产的所有人应依法向救助者支付一定额度的合理报酬；二是对于人命救助报酬的支付，应当放在其他救助报酬之前，享有优先支付的地位；三是当船舶以及船舶上的属具、货物全部损毁，或者获救财物价值难以偿付所有救助报酬时，可由贸易大臣考量是否应从海商基金中单独列支这部分费用。[1]可见，救助人在全球海域救助遇险的英籍船舶与人员，或与英国领水内救助遇险外籍船舶，船舶所有人不管国籍如何，均应依法向人命救助者支付一定额度的合理报酬。上述条文还对报酬优位给予了明确规定，即对于人命救助报酬的支付，应当放在其他救助报酬支付之前。当船舶以及船舶上的财产、物品已全部损毁，或者获救部门的价值含量难以偿付救助报酬时，可从海商基金中列支这部分费用，但是需要经过外贸大臣审批，并优先支付人命救助行为的报酬。很显然，这一规定与英国 1854 年《商船法》第 459 条中的规定具备相似的特点。同时英国 1894 年《商船法》第 544 条第 2 款中明确规定：当人命救助所申请的报酬数额被法院裁定认可之后，必须优先支付。而且在一些特定情形之下，一些救助者的救助补偿申请还可以由国家贸易委员负责支付。[2]这些规定都是人命救助优位制度的在早期先进立法中的具体体现。英国的相关立法为各国、其他地区的学习带来了丰富的立法经验。利用海商基金支付纯人命救助报酬，避免了救助人向船舶所有人直接索赔时而必须向船舶设立优先权，减少了因船舶全损而造成索赔不能的可能。英国 1894 年《商

---

〔1〕 1995 年《商船法》附件十一第 5 条对人命救助报酬的支付作了相同规定，并且第 5 条的规定不受《1989 年救助公约》的调整，但并未再涉及人命救助报酬优先受偿。

〔2〕 Joseph Kay ed., *The Law Relating to Shipmasters Seamen: Their Appointment Duties Powers Rights* 1894, Arkose Press, 2015, p. 567.

船法》第545条中做出要求，当外国船舶在任何水域救助了英国人命，也同样可以由议会决定给予合理的救助报酬。[1]同时还在第十二部分的专章里对海商基金的筹集方式、划拨应用、议会补贴、财会审计实施了详细规定，并对应制定实施了《海商基金法案》，对海商基金会职能和法定义务、基金运作、监督约束给予了规定，尽管该法案知名度不高，且重点是针对灯塔类税费的支出，但依然体现出英国海商基金制度体系的逐渐完善过程。英国2005年《商船法》第21条的规定也基于上述法律规定的原则，同样设定了人命救助报酬补偿条款。[2]

但是也应该看到，在英国1894年《商船法》第544条规定，尽管对英国水域内的人命救助人可依法诉求独立的救助报酬给予了法律认可，但依然是放在与财产救助同时存在的法律关系上，尽管人命救助的应得报酬具备优先权。可见，我国的一些研究者认为英国法律已经认可对于单纯（独立）的人命救助报酬请求权，显然存在认识上的偏差。[3]对此，我国台湾地区法学家郑玉波认为，对临危之人实施救助，到底可否认可其报酬诉求，各国、各地的立法规定并不相同，英国立法强调人命救助者应具备报酬诉求权利，但同样应该是在人命、财产共同得到救助的情形下。[4]可见英国的法律对于单纯的人命救助报酬诉求并没有认可。本书认为，英国立法尽管强调人命的救助者应具备报酬诉求权利，但并非是独立人命救助合理报酬请求权。而独立的报酬诉求，体现出的原则是只要实施了独立的救助人命行为，就可以依法获得救助报酬的权利，但显然在英国的立法中找不到这样的规定，更何况

[1] 参见英国1894年《商船法》，Section545。

[2] Merchant Shipping Act, cl. 21, 2005(Eng.).

[3] 任律珍：《海难救助报酬论》，载《集美大学学报》(自然版)2003年第4期。

[4] 郑玉波：《海商法》，台北，三民书局2008年版，第239页。

其在立法理念上，一直在强调人命救助的应得报酬，不能实施独立支付。[1]

在1835年的“皇后海军基地”案件（The *Queen Mab*）[2]中，奖励了单独的人命救助人，但是法庭并未指明做出判定单独的人命救助报酬的原因，仅仅作为个案存在。而在“福斯乐”（The *Fusilier*）[3]这个判例中，欣顿勋爵指出法院没有权力对单纯的人命救助是否应得合理报酬给予裁定，他的理由是，对物的诉讼行为难以行使，而且也不会存在可进行救助报酬支付的可供质押或抵押的财产。但如果救助将财产、人命同时救起，则会因为救助了人命而让报酬应得的概率增加。因此在普通法的背景之下，单独对人命实施了救助，显然难以获得救助报酬。也就是说，假如在实施救助行为中同时实施了人命救助，船舶或者物资的所有者人可能会积极履行偿付救助人合理报酬的法定义务，但如果仅仅单独对人命实施了救助，获救者则肯定无法定的偿付义务。[4]

再如，在“蓝珀”案（The *Renpor*）[5]这个判例之中，大法官布兰特（Justice Brett）就当庭陈述了自己的观点，他提出在国内法相关救助行为的规定上，一个非常重要的因素几乎是固定不变的，这一因素就是救助报酬形成时，其要件是不能仅仅实施了救助人命的行为，可以想到的是，当救助人单独实施了人命救助而没有船舶以及物品等财物获救，上述单独的报酬法庭就不可能予以支持。[6]从这里可以看出，在具体的海上救助中，不能仅仅实施了救

---

〔1〕 Lawrence Jarrett, “The Life Salvor Problem in Admiralty”, *YALE L. J.* 63, 1954, p. 781.

〔2〕 The *Queen Mab*. 166 Eng. Rep. 596 (Adm. 1842).

〔3〕 The *Fusilier*. 167 Eng. Rep. 391 (P. C. 1865) (appeal taken from Adm.).

〔4〕 Christopher Hill, *Maritime law* (6th ed.), Lloyd Press, 2003, p. 336.

〔5〕 The *Renpor*. 8 P. D. 115 (1883).

〔6〕 The *Renpor*. 8 P. D. 117 (1883).

助人命的行为,就可诉诸救助酬劳,而是应该在财产、人命同时被救助时,才能申请并获得合理的救助报酬。但是上述立法与司法的实践,体现出英国从19世纪起已经开始认真考虑将人命救助报酬纳入海上救助即救助报酬制度的整体范围之中。

但伴随着公民群体对于自身生命价值的定位以及思考发生了新的变化,无论是国际性的立法,还是很多国家和地区的国内立法,此后均不再将人命救助列入海上救助的范畴之内。即便存在人命救助合理补偿的诉求,往往也是同财产类救助联系在一起。虽然法官一般都会对人命救助者的行为给予高度的赞扬,并尽量在一些对财产和人命共同救助的救助补偿申请中,对救助者给予一定的利益倾斜。从英、美两国的相关立法进程来看,在整体上鉴于人命救助行为已经纳入社会公益救助事业之中,施救行为人不可以从被救的当事人那里获得合理的酬劳,但是依然可从海商基金或被救助的船舶所有人那里获得一定的补偿,这种补偿并没有改变相关立法规定的救助生命行为本身的无偿性质。

第三节 "无效果无报酬"原则的突破

在救助报酬的整体制度设计中,所遵循的是无效果即无报酬的传统理念,其也是计算认定救助报酬数额的合理基础,即救助报酬不得超过获救财产价值的总额。早在公元前900年左右的希腊《罗德海法》,就已经将救助者的应得救助报酬,确定为所获救财产价值为20%并附带对其救助人命给予合理的补偿,而救助者在实施救助行为的过程中,假如没有让被救助者受益(无实际救助效果),那么救助者则无法申请救助报酬或者补偿。[1]这种观点则在《1910年统一海难援助和救助某些法律规定公约》中给予了重新认定,即——"无效果无报酬"。而在经典的LOF里,在其1980年之前的所有格式都应用了这一认定理念。

但是随着海上风险程度的不断加剧,无效果即无报酬的判断标准与海难救助的发展、变化已经不相适应,尤其是对于处在极度危险的因船舶撞击等引起的油污泄漏等恶劣环境下的救助活动,显然该传统报酬认定原则已经不够合理:一是在船货损失不断扩大的时候,污染溢油等危险物质也在增多,而船货的救助价值量和获救成功率可能也在减少,所以救助人依法获得救助报酬的概率就会大幅度下降;二是污染溢油等危险物质显然加大了救助作业难度,甚至会受到沿海国家或地区的干预,这样救助人依法就很难获得救助报酬或者补偿;三是在极度的因船舶撞击等等引起的油污等恶劣环境下实施的救助活动,投入成本可能会大幅度高于可能获得的救助报酬。"无效果无报酬"下的海难救助模式,无法真实地反映环境污染下救助行为所面临的严峻考验。

从上述问题可以看出,无效果即无报酬的认定理念必须给予合理修订,不然的话就很难激励相关救助行为,进而可能造成加大海上污染程度的恶果。在《1989年国际救助公约》生效前,该公约有关救助报酬确定的标准已经被吸收进LOF与英国1995年《商船法》、2005年《商船法》中——《1989年国际救助公约》第14条突破了"无效果无报酬"原则的限制,对环境救助提供了特别补偿。当环境受到威胁时,救助人可以提出补偿救助花费的诉求,当救助获得成功时,救助人将获得更高的救助报酬,这同样是海

---

〔1〕 David W. Steel, Francis D. Kennedy, *Law of Salvage* (5th ed.), London, Sweet&Maxwell Press, 1985, p. 187.

难救助制度中经济模型的一种。《1989 年国际救助公约》第 14 条的规定同样存在弊端，即特别补偿的费用依然不得超过被救船货的总的价值，救助方无法获得足额救助报酬的可能性依然极高，但其充分反映了国际社会对于海难救助制度不合理之处的考虑与改变。

为有效激励与环境相关的救助行为，最大化减少海上环境污染风险，在经典的 LOF 里，从 1980 年开始修订的所有格式均开始附加“安全网”类的条款内容，这些内容已经明显突破了无效果即无报酬的认定限制，并在 1990 年版、1995 年版的标准格式中对这类条款内容分别实施了完善、补充。在《1989 年国际救助公约》中，也在相关规定中增设了“特别补偿条款”，如公约在第 14 条中明确规定，在海上船舶、船上物资、油料等对海洋生态环境可能构成严重污染时，如果救助人对其实施了救助行为，无论有无财产救助效果，甚至能否降低环境污损风险，都应该依据该公约第 13 条的规定给予合理的救助报酬或者补偿，而且救助者依法拥有追索该特殊报酬的权利。对于救助报酬或者补偿的额度，该公约甚至在相关条款中规定最高可以达到被救助财产价值的 130% 以上，而且一些特定的严重污染风险下，法庭还可以将报酬提高至 200% 。再如，在美国民用船舶中广泛应用的美国标准格式合同（US Open Form Agreement）中，使用了四种定价方式：(1)“无效果无支付”原则，加上《1989 年国际救助公约》第 13 条、第 14 条适用的补偿；(2)“无效果无支付”原则，加上固定的价格；(3) 固定的费率（按日/小时计算）；(4) 其他（Other）方式。

从定价的方式可以推论，只有在使用第一种定价方式时，《1989 年国际救助公约》才会完全适用，其他方式下的规定均已突破了公约下的有关救助报酬的规定。所以，处在极度危急情形下的因船舶撞击等原因引起的油污救助活动，已经明显不再受无效果即无报酬判断标准的局限,而是根据救助现场的污染风险程度给予合理的报酬或者补偿。为对相关的救助行为给予充分激励,海难救助立法对于维护、保障救助者的合法权益给予了充分关注,如《1989年国际救助公约》就对维护、保障救助人的合法权益进行了充分关注,在其第8条第2款中增设了被救助一方依法拥有及时接受救助一方所提出的移交相关海上救助财物要求的义务,之所以这样规定,是为了防止被救助一方对于物资迟迟不接受可能给救助者带来更大的投入成本。并在第21条中对救助者的救助报酬申请权利给予了明确规定,同时规定被救助一方具备依法向救助一方提供合理担保以及协助救助者施救的义务,另外该公约还对救助报酬与补偿的裁定标准进行了详细规定,体现出对于救助行为鲜明的激励意义。

过去一个世纪的航运技术飞速发展使海洋面临的风险产生了巨大的变化,单纯的财产救助报酬已经无法满足实践的发展需要,从LOF等救助合同格式条款对于救助报酬的再分配分析,成文法对于救助报酬的规定已经落后于实践的真实需要。"无效果无报酬"原则的突破,即是法律满足现实变化的真实体现,适用经济的手段解决法律问题并无任何不妥。根据《中华人民共和国交通部海难救助打捞收费办法(试行)》,我国国家机关主导或控制的救助作业,对于海上救助作业是需要按照标准收费的,[1]虽然搜寻救助遇难人员是免收费的,[2]但对于正常航行中的船舶运送伤员却是收费的。[3]上述条例的规定从侧面映证,在社会形势与社会发展水平发生变化后,把经济的考量应用于海上人命救助是现实的必然选择。"无效果无报酬"原则的突破,对于人命救助的

---

〔1〕 参见《中华人民共和国交通部海难救助打捞收费办法(试行)》第3条。

〔2〕 参见《中华人民共和国交通部海难救助打捞收费办法(试行)》第2条。

〔3〕 参见《中华人民共和国交通部海难救助打捞收费办法(试行)》第6条。

报酬支付具有现实的借鉴意义，在茫茫大海上开展对于遇险人员的救助并非每次均可以成功保住被救人员的性命，在救助过程中或过程后，出现了遇险人员死亡或重伤的情形，只要事后证明救助人按照合理谨慎的要求提供了救助，就不应当剥除或扣减救助人的人命救助报酬请求权。

第四节　确定人命救助报酬的考虑因素

在厘清人命救助报酬涵盖的范围之前，有必要对海商法中存在的“救助款项”“救助费用”“救助酬金”进行分析，以便明确人命救助报酬的具体含义。救助款项在《中华人民共和国海商法》与国际公约中均有体现，[1]从定义分析，救助款项的范围最广，包括救助报酬、酬金与补偿。“救助报酬”是被救助人因救助人的行为而向救助人支付的款项；[2]“救助费用”是救助方在救助作业中直接支付的合理费用以及实际使用救助设备、投入救助人员的合理费用；[3]“救助酬金”的使用范围较窄，目前仅在《中华人民共和国海商法》第185条中出现，其规定人命救助方对获救人员不得请求酬金，即人命救助行为所支付的酬劳，其支付的主体为获救人员。笔者认为，在考虑应当支付给人命救助人的款项时，

---

〔1〕《中华人民共和国海商法》第172条第3款规定：“救助款项，是指依照本章规定，被救助方应向救助方支付的任何救助报酬、酬金或者补偿。”《1910年统一海难援助和救助某些法律规定公约》第1章总则第1条：“(e)支付款项系指按本公约规定应付的任何报酬、酬金或补偿。”

〔2〕郭萍、于泓：《论救助款项的含义——兼论对我国“海商法”部分条文的理解》，载《当代法学》2002年第12期，第153页。

〔3〕郭萍、于泓：《论救助款项的含义——兼论对我国“海商法”部分条文的理解》，载《当代法学》2002年第12期，第154页。

“救助款项”包括的内容过于宽泛,而“救助酬金”仅适用于被救助人支付酬劳的情形,其适用的范围过窄。因此,适用“救助报酬”的概念为宜,“救助报酬”中更多的含有“奖励、鼓励”之意。该特征在《中华人民共和国海商法》中已有体现,其第 180 条规定,在确定救助报酬时,将救助人命的技能和努力作为其中一个因素加以考虑,其第 185 条规定,人命救助者可以从同一救助事故中的财产救助和环境救助的救助款项中分成。从上述条文分析,人命救助在目前的海商法体系中已经作为救助报酬多寡的重要考虑因素,其目的就是为了突出人命救助的重要性。而《1989 年国际救助公约》采取了相同的立法导向,其第 16 条规定:“1. 获救人无须支付报酬,但本条规定不影响国内法就此做出的规定;2. 在发生需要救助的事故时,参与救助作业的人命救助人有权从支付给救助船舶,其他财产或防止或减轻环境损害的救助人的报酬中获得合理份额。”因此,在对人命救助人的款项给付中,应突出奖励、鼓励的含义,适用“人命救助报酬”的概念较为适宜。

在确定人命救助报酬的标准上,“维丹”案(The *Veendam*)[1]中提出:报酬数额应该高到救助人愿意施救,而船舶所有人无须为此寻找救济措施。在设计人命救助强制保险制度后,由保险人提供代位补偿,则显著提高人命救助人救助的主动性以及船舶所有人支付人命救助报酬的意愿。即使因为救助费用而产生扣船的情形,由于保险公司赔付义务的存在,船舶所有人也并不惧怕支付救助报酬,或者当救助人因为其他因素放弃索取救助报酬时,救助人雇佣的船员、船长依然享有索赔的权利。[2]在确定保险费率与赔付费用的标准上,应当考虑略高于同期国际救助市场的

---

〔1〕 The *Veendam* . 46 F. 489(S. D. N. Y. 1891).

〔2〕 Nornan B. Richards,“Maritime Liens in Tort, General Average and Salvage”, *Tulane Law Review* 47, 1973, p. 570.

公平费率,使人命救助人获得较为优厚的报酬,以使人命救助具有优位的地位。案例法中有关考量救助报酬的因素在“布莱克沃”案例[1]中予以明确,考量因素具体包括:救助生命与财产时其所处的危险程度、救助面临的危险程度、救助财产的价值、救助财产时所冒的风险、救助过程中使用的装备与技能、救助所花费的时间与精力。《1910年统一海难援助和救助某些法律规定公约》确定救助报酬的因素遵循了上述案例法的确定标准,但《1989年国际救助公约》中确定报酬的因素增多,除了上述几项之外,增加了救助人在防止或减轻对环境损害方面的技能和努力、提供服务的及时性因素,并且,上述因素的排列顺序同确定救助报酬的分配与具体数额无关。

虽然上述考量因素涵盖的内容较多,但并未涉及一些现实的费用,比如,大型船舶在紧急救助过程中高速运动而消耗的燃油,[2]因为实施救助而丧失的机会成本。[3]确定救助报酬的因素纷繁复杂,往往采取与救助有直接联系的确定标准,即确保与救助行为直接相关的因素、花费、损失作为确定报酬高低的标准。但值得特别注意的是,与“布莱克沃”案例确定的6项判断救助补偿额或多或少的各种因素相比较,主要是《1989年国际救助公约》所规定的救助报酬或补偿的因素中,多了有关人命救助的内容,其第13条第1款规定:(e)救助人在救助船舶、其他财产及人命方面的技能和努力。相较于美国国内法与《1910年统一海难援助和救助某些法律规定公约》无疑是不小的进步,救助人的技能成为考量救助报酬的重要因素,技艺精湛的救助人理应较普通的

---

[1] The *Blackwall*, 77 U. S. (10 Wall.) 1, 14 (1869).

[2] 现代巨型油轮每天的燃油费用可达上百万元人民币。——笔者注

[3] 如船舶按照原计划提前抵达可以省下的港口泊费、早日安排下一航程节省的时间成本。——笔者注

救助人获得更多的报酬。《1989国际救助公约》的制定者在起草公约时亦发现了人命救助应当纳入救助报酬的考虑范围，遗憾的是并未更进一步，直接确定人命救助的独立救助报酬请求权。在《1989年国际救助公约》体系下，人命救助者在有财产救助的情况下可以从财产救助报酬人处获得一定的救助报酬，但无独立的人命救助报酬。英美法系下的很多法庭已经意识到救助人命是比救助财产更有价值的行为，应当为救助人命者提供更为丰富的报酬。[1]但较少有对纯人命救助做出支持的判决，在英美法系下，救助费用的索取为对物诉讼，当没有财产被救助时，就无法依据海难救助的原则获得救助报酬，而出于对公共利益和人类整体价值观的考虑，人命救助人无法向被救者本人提起诉讼以索取救助报酬。

笔者认为，在确定救助报酬的问题上，还应通过区分救助主体的不同，并分别对其相对应的义务、报酬或补偿给予规定。从救助实践来看，在海上的人命救助主体重点是负有碰撞责任的另一方、附近的船只、政府机构、政府征用民用船只以及事故现场之外的其他人士等救助主体。其中责任另一方的救助和附近船只的救助，是一种依法应予以履行的义务。而在事后，责任一方则根据其责任的大小来承担合理的救助投入成本，附近船只在参与救助活动以后，也可以依法申请救助补偿或者报酬，对于政府机构实施的救助活动，所带来的投入成本主要是由政府财政资金来承担。但如果政府机构是征用了民用船只实施了救助性，则该民用船只在事后可向政府机构提出征用补偿申请。较为特殊的救助主体是不在事故现场的其他民间力量的救助，从立足不同角度

---

〔1〕 David W. Steel, Francis D. Kennedy, *Law of Salvage*(5th ed.), London, Sweet & Maxwell Press, 1985, p. 112.

来看,这些其他的民间人士不存在法定的人命救助责任。但是当代通讯高速发展,交通运输能力方便快捷,从远处甚至是远方赶来救助的行为可能会越来越多,本书认为在这种情形下,应当允许其提出合理的救助报酬申请,而且在司法裁定时可以考量适量超出规定的补偿标准,并可以借鉴一些冒险救助判例给予合理的裁定。

在考虑救助报酬的金额多少上,救助人的专业程度也应当成为考虑的因素,英美法庭在相同类型救助案件的报酬分配上,一般会给予专业救助人更多的救助报酬,[1]以从立法的角度起到鼓励救助行业发展的正向激励作用,这同样是公共政策的需要,如果仅仅为了弥补救助支出而给予补偿,则无法起到促进潜在的救助人踊跃救助人命的效果。而如前文第二章所述,在陆上人命救助的情形下,并无此种需要。陆上的救助有警察与消防人员等专业的救助机构,陆上救助的花费一般而言较海上救助的花费微乎甚微,也无须对救助人提供额外的救助报酬,如果提供救助报酬对人类道德社会的人性基础有可能造成损害。在海上救助的情形下,尤其在公海上,往往由过路船舶或者救助公司对遇险船只进行救助,没有其他可以提供救助服务的主体存在,救助的环境与陆上存在根本不同,救助人在没有明确报酬预期的情形下极易漫天要价,或由于信息的不对称造成对于救助金额的误判,[2]不利于救助双方迅速达成一致,平添诉累。而专业的救助公司需要专业的救助设备与技艺高超的救助人员,如果缺少足够的资金维系,救助行业将很快没落,包括人命救助在内的各项救助均将式微。因此,对于人命救助人提供更高的经济回报预期,将有助于

[1] The *Queen Elizabeth* [1949] 2 Lloyd's Law Rep. 803.

[2] The *Unique Mariner*(No. 1). [1978] 1 Lloyd's Law Rep. 438.

专业救助人与潜在的救助人提高救助人命的积极性。

危险程度同样是确定人命救助报酬多寡的重要因素。海难救助的本质是存在危险，如果没有危险的存在，就不是海难救助。在第一次工业革命以前，当时的救助面对的是海上真正的遗失物或无主物，基本不存在一艘船在沉没的过程中另外一艘船舶恰好经过并施以援手的情况，其"危险"是与蒸汽机、铁壳船发明以后的"危险"是截然不同的，对于其救助报酬的考量也是基于被救财产的价值多少。在人类文明进入工业化时代以后，救助才真正成为针对正在发生中的"危险"进行的施救，救助报酬加入了救助人提供的服务，"危险"的程度，施救的损失等多项因素。在个案中，救助人对于每个具体的救助行为的索要款项均不同，在海洋环境下对于救助的讨价还价与机会主义无可避免。由于海上贸易的国际性特点，以及海商法在世界范围内的广泛适用性，使国际仲裁成为救助双方的有效选择。救助双方可以依据船期或者诸如LOF条款的规定选择仲裁地点与内容。对于具体救助个案中的金额确定，伦敦仲裁体系确定了较好的依据，而LOF系列格式条款的广泛应用充分体现了其在海上案件中的实用性与裁判的高效性。经过数百年的发展，劳埃德的仲裁体系已经能够做到依据纸质文件确定具体案件的救助款项金额，这种仲裁减少了诉讼成本，为快速结算提供了可能。同时，符合海难救助相关案件独立性与零散性的特性。在伦敦仲裁模式下，救助的难易程度与救助报酬金额的多少呈正相关性，救助难度越大，则救助成本越高，那么救助报酬金额也应当更高。特别需要指出的是，由于海难救助的构成要件之一是救助人出于自愿而非义务，因此，国家主管机关负责的救助不应获得救助报酬。意即，责任救助的人命救助人不应获得救助报酬。

根据中国海上搜救中心对于社会力量参与海上救援应当给

予奖励数额的考虑因素，可以参考其《海上搜救奖励申请表》中涉及的考虑因素进行分析，其中涉及的奖励因素具体包括以下 16 项(见表2)：[1]

表2　海上人命救助奖励考虑的因素

获救人数	挽回损失	避免损害	搜救人员伤亡	搜救设备损毁	风力风向
距岸距离	险情等级	现场海况	气温/水温	能见度	搜救时间
遇险地点	遇险区域	险情性质	遇险人数	其他	

笔者认为，可以将上述因素分为以下几个主要类型：(1)人命救助案件发生时的危险程度。主要包括险情等级、现场海况、风力风向、气温水温、距岸距离、遇险地点、遇险区域、能见度等关乎救助案件的危险程度因素，危险程度越高，则救助人获得的奖励越高。(2)救助人的专业程度。具体包括搜救设备损毁、险情性质、搜救人员伤亡等考虑因素，在此，救助报酬的给付应当体现鼓励专业救助人的立法价值取向，鼓励专业救助人从事更加复杂危险的救助、减少不必要的伤亡与次生伤害。(3)人命救助的效果。具体包括遇险人数、获救人数等因素，在基本相同的危险情形下，救助人救助的遇险人员越多则获得的奖励应当更多。综上，人命救助独立报酬的支付至少应当考虑以上因素。特别值得注意的是，人命救助报酬侧重于对于救助人命行为本身的奖励，而非救援的人命价值几何，如本书第二章所论述，人生而平等，在海上遇难时，均属于应当被救援的客体，遇险人员本身并不存在贵贱之分，只要救援了海上遇险人员，救助人就应当因为救助他人的英

---

[1] 《海上搜救奖励申请表》，载中国海上搜救中心网：http://zizhan.mot.gov.cn/sj/zhongguohshsjzhx/tongzhigg_sjzhx/201702/t20170209_2162812.html，2017 年 10 月 20 日最后访问。

勇行为而获得奖励。并且,奖励的数额不仅仅是救助实际花费的补偿,更需要体现对于勇气、专业、救助精神的褒奖。

法院在裁决确定人命救助报酬数额多少的问题时,在决定个案支出时,应更应关注的是个案发生的整体环境与现实因素,而不仅仅是趋于每个案件具体金额的绝对平等。海事法院更应考虑的是个案的公平与正义,而不是遵循冷酷的教条,例如,法庭可以依据显失公平原则修改已经合同确认但明显过高或过低的救助报酬,[1]海事法院遵循的原则应当是并且将来依然是鼓励在海上特殊风险环境下对于救助的鼓励。[2]在救助报酬的分配上,只有充分立足救助实际确定才能更加合理。现行的制度是,假如一艘救助船舶仅仅是执行了应履行的主要救助任务,那么报酬的大部分份额显然应归于船东所有。但救助获得成功的原因在于船长与船员艰苦努力以及专业能力,那么报酬的大部分份额显然应归于他们。在常规情形下,其分配比例大致是这样,即船东的报酬应在2/3~3/4,其余可向船长与船员分配。但从现有的判例来看,船长报酬通常的是单独裁定,而船员的份额主要是依据岗位职务、工作性质等等确定分配额度。[3] 这样裁定主要是因为在海上恶劣环境以及危险同在的情形下,是船长与船员们在承担风险,所以他们的努力程度一定超过船东的远程指令,但是船东却可以获得报酬的大部分份额显然不够合理,更对于激励人命救助行为非常不利。救助报酬的分配上,只有充分立足救助实际确定才能更加合理。因此,如何裁定也是法官法律与道德水平的集中

---

〔1〕 例如,《1989年国际救助公约》第7条对于合同废止或修改的规定。——笔者注

〔2〕 Catherine Swan, "The Restitutionary and Economic Analyses of Salvage Law", *A&NZ Mar LJ.* 23, 2009, p. 100.

〔3〕 [英]F. N. N、霍普金斯:《船长业务与法律》,张永坚、司玉琢译,大连海运学院出版社1988年版,第661页。

体现，在保证船长与船员获得合理报酬的基础上兼顾船东的合法权益，使船舶所有人更加主动的支持海上救助行为。

第五节　承认人命救助报酬独立请求权的建议

一、确立人命救助人的独立报酬请求权

虽然现行海商法体系下，纯人命救助无独立的报酬请求权。但目前没有任何一部国际条约、国内成文法、案例有明确禁止过创设人命救助的独立报酬请求权。目前，虽然救助海上遇险人员是作为海难救助制度下船长等责任主体的义务存在的，但是，法律的规定却为人命救助者享有救助报酬留下了窗口。例如，《中华人民共和国海商法》第 192 条规定，国家有关主管机关从事或者控制的救助作业，救助方有权享受本章规定的关于救助作业的权利和补偿。国家有关主管机关作为当然的义务主体，有从事海难救助的义务，然而公法上的义务与私法上的权利并不存在冲突，国家有关主管机关依然享有请求补偿与报酬的权利，在实践中，也存在大量国家主管机关从事救助作业而索取救助费用的判例。[1] 而《1989 年国际救助公约》第 10 条规定对于海上遇险人员有提供救助的义务，根据公约的规定，救助人无法请求人命救助报酬，但是，在其第 16 条中又明确规定，公约的规定不影响国内法就此作出例外的规定。因此，从国际公约与国内法的角度分析，公法上的义务同私法上的权利并不存在冲突，人命救助人享

---

〔1〕 李海：《关于“加百利”轮救助案若干问题的思考》，载《中国海商法研究》2016 年第 3 期。

有救助报酬能够得到法律的支持。

从经济方面的考量，设立人命救助报酬的独立请求权无疑是对救助人在实施人命救助时的鼓励，以减少救助人在海上救助财产与人命时过多考虑经济现实。根据第一章、第三章对现行海难救助制度弊端以及现行中外立法的分析，对于船长法定救助义务规定的内容，显然难以激励人命救助者的行为积极性，进而做最大的努力营救海上遇险人员，甚至还会影响救助者的积极施救行为。试想当生命救助者冒着最大的安全风险，付出巨大的努力，才将遇险之人救起，却只能看着实施财产救助者获得丰厚的救助报酬、补偿，其内心不平可想而知。所以如果坚持适用现有立法制度，所导致的结果便是海难一旦发生，救助行为人可能会积极救助物质财产，而对于最为珍贵的生命却不再关注，这显然不是上千年来立法者不断尝试订立与修改有关救助法律制度的初衷。因此，创新当前救助报酬分配制度，赋予人命救助者独立的救助报酬权利已急不可待。[1]

笔者认为，在裁定救助报酬的具体给付范围时，如果仅仅存在人命救助行为，则应充分考虑施救人的身份特征。即如果是救助人是专业的海军官兵或政府救捞机构，[2]因为救危救难是其应尽天职与法定义务，所以在通常情况下不应具备报酬申请权利。《中华人民共和国海商法》第 192 条明确规定了国家主导、组织的

〔1〕“海难救助行为带有相当的冒险因素，而实施救助是一种风险投资，因此不但要在道义上而且在经济上加以肯定和鼓励，从而实现对海难救助制度的积极评价”。参见司玉琢等主编：《新编海商法学》，大连海事大学出版社 1999 年版，第 146 页。

〔2〕按照《中华人民共和国海商法》以及相关国际公约的规定，国家主管机关进行的海难救助是海难救助制度中的特殊形式，是以救助人命和保护海洋环境为主要目的的强制性救助活动，可以分为主管机关从事的救助作业以及主管机关控制的救助作业两种情形：前者，是指主管机关直接运用自己的人力、物力进行的救助；后者，是指主管机关对救助作业进行指挥、组织、协调的救助行为。

遇险救助活动依法享有救助补偿的权利。这一规定是确定救助报酬的主要依据，但通过对《中华人民共和国海商法》的整体理解，现行《中华人民共和国海商法》中的海难救助定义并不包括人命救助，因此，第192条规定国家有关主管机关适用的报酬请求权仅适用于财产救助情形，或是适用财产与人命一同被救助的情形。在单纯的人命救助情形下，专业的海军或政府救捞机构则不应申请救助报酬，因为救助人命的行为是其天职义务，而且其主要通过国家财税收入作为经费支撑，在救助投入上实际上体现的是取之于民用之于民的理念，所以不应再单独拥有人命救助的报酬申请权利。[1]但可以通过其他方式进行奖励，将于后文论述说明。假如施救者为普通民用船舶或其他主体，则应由保险人或海上人命救助基金承担救助报酬的计量与支付职能，救助者无权向其救助的幸存者提起报酬诉求，而对于存在分歧的救助报酬或补偿请求，可提请仲裁或提起民事诉讼，尽力在现实与人道主义之间实现相对平衡。若财产与人命救助同时进行，则可按照优位原则独立奖励人命救助人的付出。当然，再完美的立法也不能对现实生活中所有情形全部列入并给予准确描述，每条人命的价值毕竟难以用金钱来衡量，但救助人命的行为却需要金钱予以鼓励。

---

〔1〕 笔者此处所作探讨仅为发生中国领海内的救助作业或在其他海域对中国公民或中国籍船舶的救助作业。现阶段军舰或其他公务船舶在公海对他国船只和人员的救助出于人道主义考虑和国际通行做法，一般不收取救助报酬，但这决不意味着公务船舶没有获得救助报酬的权利，如"The *American Oil Co.* 案。第二次世界大战后，海军救助报酬请求权得到了立法上的承认。10 U. S. S. A. §7364(62 Stat. 209,1948)，海军秘书处被授权"考虑、确认、调整、决定、协调或解决和收受美国政府对海军部救助任何船舶的报酬"。参见[美]G. 吉尔摩、C. L. 布莱克：《海商法》，杨召南等译，中国大百科全书出版社2000年版，第776页，脚注60；又如，美国海岸警卫队搜救条例 Article 9.6 B 规定行为人恶意举报财产人员遇险需要赔偿海岸警卫队出动设备和人员的费用，见 http://www. uscg. mil/international/affairs/publications/mmscode/english/Chap 9. htm。

因此，通过立法来确定人命救助可以申请独立的救助报酬，将有效防范“只救财产不救人”的道德风险，鼓励海上人命救助。国际救助公约以及《中华人民共和国海商法》据此可以依据人命救助独立的报酬请求权做出修改的法律调整，详细条文修订见本书附录对于《1989 年国际救助公约》与《中华人民共和国海商法》修改的建议案。如前文所述，海难救助报酬的存在有以下几个方面的意义：一是付出救助劳动的补偿；二是救助花费的弥补；三是对于救助的鼓励。海难救助报酬不同于陆上的救助，关键性因素就在于其鼓励救助的作用。对于人命救助报酬的支付，更多的应考量法律的柔性作用，在刚性的法律下，人命救助无须获得报酬，而在更多的考虑人性与现实因素的柔性法律下，人命救助应当获得独立的救助报酬。[1]

二、人命救助报酬与海商法其他制度的协调

人命救助享有独立的报酬请求权后，就会带来与现有其他海事法律制度的协调问题。承认人命救助报酬请求权后，在现有海难救助不发生大的变化情况下，涉及需要明确协调机制的制度主要有两个：第一个是船舶优先权制度；第二个是海事责任限制。根据第二章的论述，上述两种制度均蕴含了优位性，海难人命救助制度必须处理好各项制度间的协调问题。

（一）针对船舶优先权制度

笔者认为，在特别补偿支付得到保证的前提下，把补偿排除于船舶优先权较为合理，仅海难救助的财产救助报酬给付请求可

〔1〕 Francis D. Rose. Kennedy & Rose, “Restitution for the Rescuer”, *Oxford Journal of Legal Studies* 9, 1989, p. 169.

享有优先权,将人命救助的酬金排除于优先权之外。船舶优先权制度的产生根源,是因为有关船舶优先担保的海事请求需要以船舶等财产作为担保的载体,当没有财产得到救助时,海难救助报酬请求权等海事请求将无从获得担保,也无法对财产所有人进行对人诉讼,救助报酬的索取就失去了意义,因此需要创设优先权制度以担保与船舶相关费用的优先受偿。《中华人民共和国海商法》第22条规定"海难救助款项的给付请求",属于船舶优先权担保的海事请求。如果按照人命优位原则构建了人命救助制度,人命将纳入海难救助的范畴,若海难人命救助报酬具有独立的报酬请求权,其救助报酬的支付确定为保险人等主体支付,则人命救助的救助报酬无须再作为海难救助款项(目前仅包括救助财产产生的款项)从而纳入船舶优先权的担保范围,因为人命救助报酬在保险人的确定支付下,无论有无财产救助效果的产生,已经能够优于船舶留置权、船舶抵押权与一般债权得到清偿。若采取海上人命救助强制责任保险的方式,由保险人等法定主体承接人命救助报酬的支付,将不再涉及船舶等财产的实物价值与救助报酬相联系,以及不再涉及无主体偿付救助报酬时的扣船等事宜,无须再将人命救助报酬列入船舶优先权担保的范围之内,避免了救助人向船舶所有人直接索赔时而必须向船舶设立优先权,更有力地维护人命救助人的切身利益,鼓励海上救助。

(二)人命救助报酬不与现行海事责任限制制度的发生冲突

海事赔偿责任限制是海商法中特有的赔偿制度,在发生重大海损事故时,对事故负有责任的船舶所有人、救助人或其他人,对海事赔偿请求人的赔偿请求依据海商法的规定,申请赔偿金额限制在一定额度内的法律制度。但在海难救助人命优位制度下,由于保险人等特定主体承担了人命救助相关报酬的支付,即使存在责任限制也独立于船舶所有人的相关责任限制,并不需要船舶所有人或救助人因为损失的发生而支付报酬,因此,人命救助报酬的支付独立于现行海事责任限制所担保的赔偿,强制责任险下的人命救助报酬将不会与现行海事责任限制制度发生冲突。有关强制责任保险人的责任限制问题将于本书第五章第四节做进一步论述。

第五章　人命救助报酬支付机制的考量

对于以经济利益为导向修改人命救助制度，主要的批评集中于违背了法律的公平、平等，将人命作为金钱价值进行衡量。笔者认为，对于人命救助报酬的支付并非对于人类生命的具体价格的判断，而是对于人命救助行为本身所体现的勇气与技能做出的价值选择，其奖励的是救助行为本身，抛开现实因素去鼓励纯人道性质的人命救助无利于海难救助的正确发展方向。[1]在人命优位要求下的海难人命救助制度中，独立的人命救助报酬支付主体可以适用三种模式：第一种是借鉴2007年《内罗毕国际船舶残骸清除公约》等公约的强制保险模式，对人命救助采取类似的强制保险模式；第二种是借鉴英国的海商基金，设立海上救助人命基金；第三种是在存在人命救助商业保险时，创设类似SCOPIC条款以合同协商的方式明确人命救助报酬的支付金额与条件。本章将对上述三种模式进行详细分析论证，择取较为适宜现实采用的模式，并提出相关建议。

---

〔1〕 Francis D. Rose. Kennedy & Rose, "Restitution for the Rescuer", *Oxford Journal of Legal Studies* 9, 1989, p. 181.

第一节 适用海上人命救助强制责任保险

一、强制责任保险的概念与作用

责任保险是指“以被保险人为第三者依法应负的赔偿责任为保险物的保险”。[1]责任保险“作为商业保险,主要作用是转嫁投保人可能承担的民事责任,民法领域称其为责任的分担,在商法领域被称为是风险的分担,均体现了保险分散风险的基本功能”。[2]与财产保险、人寿保险等保险相比,责任保险承保的标的是被保险人对于第三方的民事赔偿责任,被保险人将其责任风险转移给保险人,而前两种保险是承保因意外事故而造成被保险人自身的人身或财产损失。责任保险是被保险人为免除其对第三人的损害赔偿责任目的所订立的保险合同,其承保标的是侵权责任和合同违约责任,一般而言,民事责任适用过错责任,若行为人无故意或过失,即使发生损害,也不承担民事责任。[3]但责任保险普遍适用的是“无过错”原则,[4]即无论行为人有无故意或过失,均应承担民事责任,体现法律对于弱者的保护。[5]

强制保险,又称“法定保险”,是指“依据法律、行政法规规定

---

〔1〕《中华人民共和国保险法》第55条第2款。也有观点认为,责任保险是指“责任保险是保险人基于被保险人对于第三方的损害事实,在民法赔偿范围内对第三方的民事赔偿责任”。参见张磊:《中国强制责任保险制度研究》,厦门大学法学系2007年博士学位论文,第7页。

〔2〕张磊:《中国强制责任保险制度研究》,厦门大学法学系2007年博士学位论文,第9页。

〔3〕张磊:《中国强制责任保险制度研究》,厦门大学法学系2007年博士学位论文,第12页。

〔4〕英美法系称为“严格责任原则”。——笔者注

〔5〕肖刚:《论责任保险与侵权行为法的关系》,载《华东政法学报》2003年第4期。

的强制力而建立的保险法律关系，特定义务主体必须投保某个险种，特定义务主体必须经营相应险种的法律制度”。[1]而强制责任保险就是指“法定必须投保的责任保险”，[2]强制责任保险是当代保险业覆盖社会风险的一种较好解决方式。[3]强制责任保险的一项基本特点是保险人可以直接向利益受损方支付保险赔偿，[4]例如，我国及世界各国目前普遍推行的机动车强制责任保险，若车辆不购买强制责任保险是无法获得合法上路行驶资格的，而当强制责任保险承保的保险事故发生时，保险公司可以在符合条件的情况下直接将赔偿支付于第三方。[5]而在传统的责任保险制度下，由保险人承担补偿被保险人对第三方因法定责任而造成的经济损失，按照合同法的规定，第三方是无法直接向债务人请求支付赔偿的。[6]强制责任保险的出现是保险风险分担作用回归社会需求的直接体现，其强调的是保障社会弱势方的制度思维，将保险人承担责任的依据由“过错”转变为“无过错”，责任保险人对于

---

[1] 曾娜：《从“道路交通安全法”看强制责任保险的发展对策》，载《昆明理工大学学报》（社会科学版）2004 年第 4 期。

[2] 张磊：《中国强制责任保险制度研究》，厦门大学法学系 2007 年博士学位论文，第 18 页。

[3] 美国学者所罗门·许布纳在其所著《财产和责任保险》中指出，“责任保险在财产保险中，是相对年轻的，但该制度的快速发展，其与城市化、商业活动、制造业的增长、私人与公共交通的增长等因素密不可分”。参见万楚雄：《论社会保险在和谐社会建构中的发展》，载《经济学研究》2005 年第 3 期。

[4] 谢绍芬：《刍议强制责任保险直接请求权的适用条件——以“保险法”第 65 条第 2 款为视角》，载《天津财经大学学报》2012 年第 4 期。

[5] 《中华人民共和国保险法》第 65 条第 2 款：“被保险人对第三者应负的赔偿责任确定的，被保险人怠于请求的，第三者有权就其应获赔偿部分直接向保险人请求赔偿保险金”。

[6] 例如，《中华人民共和国合同法》第 64 条规定：“当事人约定由债务人向第三人履行债务的，债务人未向第三人履行债务或者履行债务不符合约定，应当向债权人承担责任”。该条并未赋予第三利益人直接请求债务人给付的权利。参见谢绍芬：刍议强制责任保险直接请求权的适用条件——以《保险法》第 65 条第 2 款为视角，载《天津财经大学学报》2012 年第 4 期。

承保的事项承担负担社会共同风险的任务，将损害赔偿直接付于第三方。[1]在传统责任保险中，保险关系与责任关系这两种关系是剥离的，即被保险人与第三方是补偿责任的关系，而被保险人对第三方的赔偿责任必须通过保险补偿的诉讼程序以确定保险人的义务，这种程序性的限制增加了第三方取得保险人赔偿的复杂性，影响了保险在实际社会生活中的应用效率。而强制责任保险将保险关系与责任关系结合在一起，第三方的赔偿责任由保险人直接承担，有效减少诉讼成本与诉讼要求。[2]大陆法系下的大部分国家与地区，已经将相关第三方的利益纳入合同保护的范围，使第三方拥有直接行使要求保险人给付的权利。[3]英美法系下，第三方可以在给付不能的情况下，向债务人请求赔偿因此造成的损失。[4]在事故发生后，保险合同的被保险人与第三方同时产生损害赔偿请求权，保险合同必须坚守信赖保护的原则，强制

---

〔1〕 刘宗荣：《新保险法》，翰芦图书出版有限公司 2007 年版，第 406 ~ 407 页。

〔2〕 谢绍芬：《刍议强制责任保险直接请求权的适用条件——以“保险法”第 65 条第 2 款为视角》，载《天津财经大学学报》2012 年第 4 期。

〔3〕 “法国法院通过对其民法第 1121 条的解释，认为受诺人不必向承诺人为赠与，而只需有任何经济利益的转移，即可使第三人利益合同有效，而受诺人要对合同享有利益的条件，也被解释为包括“道义上的利益”；第 1165 条关于“契约仅在缔约当事人之间发生效力”的原则，第三人在第 1121 条规定之情形下，使享有契约的权利。《德国民法典》第 328 条的规定，当事人得依契约订定向第三人为给付，第三人有直接请求给付的权利。《日本民法典》于第 537 条规定了“为第三人订立的契约”(1)依契约之约定，当事人一方应对第三人实行给付时，该第三人有直接对债务人请求给付之权利；(2)于前款情形，第三人之权利于其对债务人表示享受契约利益的意思时发生。中国台湾地区仿效瑞士民法之体例，将第三人为给付之契约与第三人利益契约规定在其“民法”第 269 条，以契约订定向第三人为给付者，要约人得请求债务人向第三人为给付，其第三人对于债务人，亦有直接请求给付之权。参见谢绍芬：《刍议强制责任保险直接请求权的适用条件——以“保险法”第 65 条第 2 款为视角》，载《天津财经大学学报》2012 年第 4 期。

〔4〕 如《美国统一商法典》第 2 - 318 条规定了“利益第三人担保责任”，使特定范围的第三人受到合同法的保护。参见 AMJUR INSURANCE & 1435, American Jurisprudence, Second Edition Database updated July 2010。——笔者注

责任保险合同必须同时取信于被保险人与不特定的第三方，使第三方相信在于保险事故发生后可以获得有效救济。

强制责任保险的一项重要作用在于构建责任保险直接请求权的法律体系，使弱势群体面临的风险成本能够得到分担，由投保人投保经过计算后的基本保险金额，使第三方在向被保险人追索困难的情况下可以从强制责任保险的承保人处获得最基本的补偿。[1]如上文所述，强制责任保险的建立必须具有法律基础，理性的立法者基于保障社会公平与正义的价值观，通过适用强制责任保险制度，合理分摊社会化损失。

随着民众与社会整体责任意识的增强，责任保险业务在20世纪70年代以后迅速发展，成为现代保险业务中的一大主流。[2]中国责任保险起步较晚，2006年3月1日国务院发布《机动车交通事故责任强制保险条例》要求所有机动车必须投保强制责任保险，保监会确定了机动车交通事故责任强制保险的责任限额标准为6万元人民币。目前，我国责任保险（不含汽车强制责任险）占财产险所有业务中的比例为5%左右，远低于国际上平均15%的上述比例。[3]而我国现有船公司中单船公司占九成左右，而这些船舶所有人绝大多数未为船舶投保强制责任保险，如果发生事故就把残骸清除和油污污染损害赔偿责任留给中国政府。[4]承运者面临提供强制保险的情形时，其赔偿责任能够获得保险公司的覆盖，以鼓舞承运者对旅客进行赔偿，实际上推动了对人命利益的

---

〔1〕［英］安东尼·奥格斯：《规制法律形式与经济学理论》，骆梅英译，中国人民出版社2009年版，第54～55页。

〔2〕参见刘茂山：《保险经济学》，南开出版社1999年版，第174页。

〔3〕卢燕：《构建我国食品安全强制责任保险的现实选择》，载《金融理论与实践》2008年第5期。

〔4〕参见安馥：《海上强制保险的法律理论基础及其发展》，大连海事大学法学系2006年博士学位论文，第57页。

保障。在海上人命救助的过程中,有必要通过保险的安排转移报酬的支付主体。例如,海难救助人花费大量精力在海上成功救起几名受困船员,但其所在的船舶沉没,无财产获救,在这种情况下,要求获救船员自己支付救助费用显然是不人道也不符合国际法传统,而此时救助费用的补偿可以通过沉没船舶购买的人命救助强制保险获得偿付。强制保险从经济的角度考虑,增强救助人救助人命的意愿。为确保船上人员和承运人可以积极承担自身的责任,同时为规避承运者负担无限责任,因此必须解决保险人责任限制这一问题,要求保险人在一定限度下承担相应的责任。

二、强制责任保险在现行海商法中的应用

强制责任保险制度在海商法中早已有成功运用的先例。强制责任保险通过分散侵权行为的损害赔偿,通过由被保险人承担保费将风险控制内部化,再将责任保险分散承担。[1] 例如,根据《中华人民共和国海洋环境保护法》第 66 条的规定,船舶必须投保油污保险,[2] 再如,1969 年《国际油污损害民事责任公约》(International Convention on Civil Liability for Oil Pollution Damage,1969)明确要求从事国际航线航运业务的 2000 吨以上散

〔1〕 王泽鉴:《侵权行为》,北京大学出版社 2009 年版,第 8 页。

〔2〕 《中华人民共和国海洋环境保护法》(2016 年 11 月 7 日修正版)第 66 条:"国家完善并实施船舶油污损害民事赔偿责任制度;按照船舶油污损害赔偿责任由船东和货主共同承担风险的原则,建立船舶油污保险、油污损害赔偿基金制度。实施船舶油污保险、油污损害赔偿基金制度的具体办法由国务院规定。"

装油类货物的船舶都必须投保油污责任险,[1]该公约规定的强制油污责任险对于消除因船舶油污导致的公海环境污染起到了极大作用。而《修正1969年国际油污损害民事责任公约的1984年议定书》(IMO Protocol of 1984 to Amend the International Convention on Civil Liability for Oil Pollution Damage, 1984)与《修正1969年国际油污损害民事责任公约的1992年议定书》(IMO Protocol of 1992 to Amend the International Convention on Civil Liability for Oil Pollution Damage, 1969)在国际公约中引进了强制责任保险,相继确认了油污责任的范围,要求所有油轮船舶所有人必须拥有相应的保险以应对可能发生的油污及其赔偿。20世纪90年代以后,有关海上强制责任保险的应用越来越广泛,IMO于1996年通过的《国际海上运输有害有毒物质的损害责任和赔偿公约》(Convention on Liability and Compensation for Damage to Harmful Substances and Toxic Substances in International Carriage of Goods by Sea, 1966, HNS)中明确要求在缔约国登记并实际从事运输有害有毒物质的船舶所有人,须投保强制责任保险。[2]在旅客运输方面,《1974年海上旅客及其行李运输雅典公约2002年议定书》规定了强制责任保险,要求"承运人应具有强制保险或者其他的财务担保,保证根据公约规定的严

[1] 中国为该公约缔约国。"我国已于1999年和2009年分别加入《1992年国际油污损害民事责任公约》《2001年国际燃油污染损害民事责任国际公约》。在国内法方面,通过《海事诉讼特别程序法》《防治船舶污染海洋环境管理条例》《船舶油污损害民事责任保险实施办法》《关于审理船舶油污损害赔偿纠纷案件若干问题的规定》的司法解释等,分别对船舶油污强制责任保险的涵盖范围、保险金额、第三人的直接请求权和保险人的抗辩权等做出明确规定。"参见郭萍、武利海:《论船舶油污强制责任保险中第三人直接请求权的行使》,载《法学杂志》2012年第9期。——笔者注

[2] 1996 HNS第12条:"1.在一当事国中登记并实际运输有害有毒物质的船舶的所有人,须对按适用第9条第1款中所述责任限额确定的金额进行保险或取得其他经济担保,如银行或类似金融机构的担保,以担保本公约规定的损害责任。"

格责任下人身伤亡的损害得到赔偿”。

自古以来,对于海洋残骸尤其是航道上的残骸清除一直都是悬而未决的问题。笔者认为有以下几个原因:(1)当船舶等财产完好无缺时,船舶可以创造经济价值,所有人自然愿意为其付出维护、保养的成本,当船舶沉没于水下,打捞、托运的费用可能超过残值本身时,船舶所有人自然出于经济的考量,不愿再去多付出成本清理残骸。(2)这与“公地悲剧”的人类心理有关,海洋是人类的共同资源,并非船舶或其他财产所有人的个人财产,虽然大家都享有航道等共同资源的使用权,但没有人愿意付出比别人更多的代价去维护公共资源的利益。残骸清除的道德困境与现行海难救助制度下人命救助面临的道德困境有相似之处,即人命救助是船舶的共同义务,如果大家都有义务去救援处于危险中的人员,那就让他人付出成本去开展救援,自保与省力的心理必然会催生畸形的救援心态。而救助财产可以获取救助报酬、救助人命却无法获得救助报酬,又何必去浪费自己的航程、时间成本去救助陌不相识的陌生人?

实践中,清除船舶等残骸往往耗资甚巨且时间跨度较长,在航运业不景气的情况下,船舶所有人往往采用单船公司的模式节约运营费用与减少责任承担,除了少数特大型跨国企业,在出现需要清除残骸的情况时,经常出现单船公司就此杳无音信的局面,就算找到了实际控制人,也往往面临无财产可供支付清除费用的尴尬局面。荷兰当局在20世纪最后10年中,对10艘沉船进行了清除作业,共计花费了将近3000万美元,[1]高昂的清除作业费用导致实践中除了国家机关主管或参与的重要航道或港口的残骸清除,其余船舶残骸往往就此沉没海底无人问津,对航运安

〔1〕 黄昭伟:《“2007年国际船舶残骸清除公约”的评析》,载《航海技术》2008年第6期。

全与海洋生态构成半永久性威胁。

为了有效应对上述困境，船东互保协会曾做出过尝试，试图用互保保险的方式解决清除残骸中的费用问题。例如，我国船东互保协会在其章程第 5 条第 12 款中就规定了互保协会将承担沉船、物的打捞、清除费用，并且承担的费用范围较广，虽然各保险公司的具体条款存在差异，但大致相同。除应扣除沉船、物自身的获救价值外，涵盖的清除费用包括了起浮、移动、清除、照明等多个环节的具体费用。但船东互保协会承担的残骸清除责任险存在具体的适用难题：(1)并非所有的航行船舶均加入了船东互保协会并投保了相关险种；(2)在残骸清除责任险的制度下，船东虽然最终可以获得互保协会的赔付，但需要先行垫付清除残骸所花费的费用，且此费用一般不菲，严重影响船东申请进行清除作业的积极性。从具体的实践角度分析，船东互保协会的清除责任险效用并不明显。

针对此种情况，为了解决清除残骸的国际性难题，IMO 经过多年的筹备酝酿，于 21 世纪初在肯尼亚召开外交大会，签订了 2007 年《内罗毕国际船舶残骸清除公约》。[1] 根据 2007 年《内罗毕国际船舶残骸清除公约》的明确规定，除了军舰等公用船舶外，300 总吨以上的悬挂缔约国国旗的海洋船舶，必须强制性购买船舶残骸清除强制责任保险，并凭借有效购买凭证于海事部门申领相关证书，如果没有该证书，船舶年检与适航性检查将无法通过。且缔约国负有对于此强制保险的检查履约义务，对于靠离缔约国港口的符合上述条件的外国船舶，必须持有有效的船舶残骸清除强制责任保险及证书。意思即为所有进出缔约国港口的超过 300

---

[1] 该公约已经于 2015 年 4 月起正式发生效力，于 2017 年 2 月起对我国生效。2007 年《内罗毕国际船舶残骸清除公约》对其适用范围、成员国的权利与义务、残骸清除责任强制保险等进行了详细的规定。——笔者注

公吨的船舶均必须持有符合公约要求的强制责任保险证书，否则就要受到行政措施的制约。[1]

在2007年《内罗毕国际船舶残骸清除公约》生效后，保赔协会迅速做出了回应，例如，最大的IG保赔协会在该公约通过后开始为会员签发包括船舶残骸清除强制责任保险的"蓝卡"，以满足世界范围内航行的广泛需要。除此之外，一般而言，船舶所有人还应该获得船舶油污证书（投保满足1969年《国际油污损害民事责任公约》）、船舶燃油证书（投保满足2001年《国际燃油污染损害民事责任公约》）等其他强制性保险的证书。具体到2007年《内罗毕国际船舶残骸清除公约》强制责任保险的机制设定，对担保主体、监督主体，使用要求和诉讼机制均有特别要求。特别是直接诉讼机制，虽然该公约没有规定保险人有义务直接担负残骸清除的责任，但公约规定的直接诉讼机制将保险人的责任位序置于船舶所有人的同一位置，在优位性的问题上，保险人在面临主管机关的诉求时，与船舶所有人处于相同的地位，但主管机关肯定倾向于由财力雄厚的保险公司直接支付清除残骸的花费，以避免在向船舶所有人追偿无果的情况下再行向保险人追

---

〔1〕 2007年《内罗毕国际船舶残骸清除公约》规定，即使无法免责，也不影响船舶所有人或保险公司根据国内法律享受责任限制的权利。但我国保险人可能仍无法享受相关的责任限制。现行《最高人民法院关于审理海事赔偿责任限制相关纠纷案件的若干规定》第17条规定："海商法第207条规定的可以限制赔偿责任的海事赔偿请求不包括因沉没、遇难、搁浅或者被弃船舶的起浮、清除、拆毁或者使之无害提起的索赔，或者因船上货物的清除、拆毁或者使之无害提起的索赔。"国内法与我国加入的条约出现了差异。此外，国内的船壳险保单主要承保财产险及部分碰撞责任，如人保2009版《沿海内河船舶保险条款》第3条第7款列明了清理航道的费用，即包括残骸打捞在内的费用都属于除外责任。《内罗毕公约》生效后，此类船舶须按照规定必须购买沿海内河船的保赔险或单独购买承保船舶残骸清除责任的保险。购买保赔险同时可以满足2001年《国际燃油污染损害民事责任公约》对船舶须持有相应证书的要求。因此，国内保险公司大量增加了承保沿海船舶的上述保险。人保系统近期已允许沿海船舶所有人单独购买《沿海内河船东保障和赔偿责任保险》时，单独就"残骸清除"部分提出投保要求并单独承保。参见 http://www.sea-law.cn/html/9817235156.html。

偿的诉累。

三、海上人命救助强制责任保险制度的建立

海难救助距离普通民众的距离并不遥远，虽然交通工具的发展已取得巨大发展，但海难救助事件依然频发，根据美国交通部门的统计，仅 2005 年，在美国境内就有近 8000 起海上事故发生，其中超过 80% 为休闲型小型船舶。[1] 在 20 世纪 80 年代以前，美国应对海难救助的主体为海岸警卫队，[2] 但随着海上事故的日渐增多，纵然装备技术力量冠绝全球的美国海岸警卫队也疲于应付，因此美国议会通过议案，规定除非是非常紧急的事件，否则海岸警卫队不再承担海上救助的职责。英国法下确定救助报酬的因素有三项原则：第一，是被救助人应当为获取的利益付费；第二，是救助人应当为提供的服务获得报酬；第三，是报酬应当符合公共政策。[3] 从这三点分析，能够阻碍人命救助享有报酬的是第一条原则，理论上似乎人命不能成为获取的利益，笔者赞同这一观点，但人命救助报酬获取的是对救助人命行为本身的奖励，而不是将人命作为可以买卖的价值客体存在。

人命救助若被保险覆盖，则其所包含的是船舶所有人无须为伤亡支付高额的赔偿费用。对于保险人的直接索赔将直接增强人命救助人对于救助人命的施救积极性。澳大利亚于 1995 年陷

---

〔1〕 Marc E. Montgomery, "Navigating the Back Channels of Salvage Law: Procedural Options for the Small Boat Salvor", *Tulane Law Review* 83, 2012, p. 1467.

〔2〕 在美国，海难救助力量十分强大，海岸警备队作为专业化的救助机构目前已经拥有各类船舰 2100 多艘，类型达到 35 类以上，涵盖 6 艘具备很强破冰能力的舰船、29 艘具备消防功能的拖轮、7 艘远洋拖船、19 艘远程快舰艇等等，并拥有各类救援飞机 170 多架，其中直升机 132 架。救援队员更是强悍、敏捷、专业程度高。这些救援力量分布在美国的整个海域。

〔3〕 Francis D. Rose. Kennedy & Rose, "Restitution for the Rescuer", 9 *Oxford Journal of Legal Studies* 167 (1989), p. 170.

入一桩救助案件的舆论中，一名法国女选手参加了环球游艇大赛，澳政府迅速实施了营救但是救助费用的支付主体引起了争议。[1]澳洲政府是否能够获得救助报酬，是否可以从参赛者处获得救助报酬？澳大利亚是UNCLOS、SOLAS、SAR的成员国，具有搜救遇险船员的义务，按照参赛者本人的观点，救助生命本身就是无价的行为，其不应为救助产生的费用负责，但部分澳大利亚民众产生了质疑，是否应当用其辛苦劳动缴纳的税款去支付一个外国人的救助报酬。笔者认为，这就是人命救助报酬支付机制的缺失而凸显的现实困境，如果比赛组织者能够在比赛之初就为所有参赛者投保含有人命救助条款类的保险，那么救助人命的费用就不再由澳大利亚政府或者参赛者本人承担，而是由保险人最终承担此责任，从保险人的角度分析，每年全世界举办的各种类型的海洋赛事极多，最终产生危及生命的海难事故发生的屈指可数，投保和回报的比率足以使其推出人命救助类的保险措施。

笔者认为，在现行人命救助制度对于独立人命救助报酬的支付主体不明的情况下，可以借鉴2007年《内罗毕国际船舶残骸清除公约》等海事国际公约对于强制责任保险制度的相关经验，设立海上人命救助强制保险制度。通过《1989年国际救助公约》的修订，明确缔约国有确保所属船旗国海船投保人命救助强制责任保险的义务。具体包括：(1)投保主体。新修订的《国际救助公约》应当明确人命救助强制责任保险的投保机制，参照2007年《内罗毕国际船舶残骸清除公约》的先进成果，由登记的船舶所有

[1] Susanne M. Burstein, "Saving Steel over Souls: The Human Cost of U. S. Salvage Law", 27 *Tulane Maritime Law Journal* 307 (2002), p. 323.

人进行投保,且不受300公吨总吨位以上的限制,[1]凡属于出海从事生产、生活作业的船只,均必须投保该险种,以确保该船舶所载成员在海上危险发生后能得到及时的救助,并且该救助的行为提供者能够获得保险人救助酬劳的支付。(2)监督主体。参照2007年《内罗毕国际船舶残骸清除公约》,缔约国海事主管当局应当为满足投保要求的船舶签发满足人命救助强制保险条件的证书,并确保其有效。该证书必须满足规定的范式要求,并具体体现船名、识别号、母港、所有人登记名称、保险期限、保险人名称、有效期、船员荷载人数、保额等多项内容。(3)使用要求。船舶必须在开航前、开航时随船携带证书以备查验,并确保证书处于有效期内。(4)先行赔付机制。由于救助人无法直接向被救助的自然人请求独立的人命救助报酬,因此,保险人将直接承担被保险船舶上人员的救助报酬支付。但通过先行赔付机制的建立,只要救助人能够证明人命救助几项基本要件的满足,就可以在规定的时间内先保险人要求先行支付部分救助款项以满足周转的需要。(5)除斥期间的规定。笔者建议,为减轻人命救助人保险人对于案件的不确定性,应当为人命救助案件的理赔设立除斥期间。除非在人命救助发生之日起1年或2年内提起理赔请求或诉讼,否则,人命救助人对于人命独立的报酬请求权利将自行消灭。并且,何种情况下,都不得在救助人命案件发生之日起6年后再行诉讼,以减少诉累。

从法经济学角度进行分析,人命救助强制责任保险的投保人只有两个选择:投保或者不投保。选择不投保将无法取得有效的

---

[1] 此点与2007年《内罗毕国际船舶残骸清除公约》不同,因为300公吨以下船舶的残骸体积较小、吨位较小,因此对于航道的威胁较小、打捞清除费用也较低。因此无必要适用强制责任保险,但人命救助是每艘船舶均有大概率遇到的事件,船舶投保人命救助强制责任保险理应不受吨位的限制。——笔者注

保险证书,无法应对主管机关的监管,在发生人命救助的情形时无法有效地确保船员、乘客等乘员的人身安全,在所有海船均投保的制度安排下,预期海难事故发生后人命将得到有效救助,将有效鼓励船舶所有人投保该强制责任保险。[1]

同时,笔者认为,可以借助工程学思维,打破传统法律思维桎梏,利用法律工程学的法学方法实现人命救助的事实优位。工程是一种过程,体现的是运动的形式,工程思维是造物导向的思维,其基本内容就是对工程问题求解,工程思维所追求的价值目标具有综合性,往往是知识价值与经济价值、社会价值、环境价值、人文价值的融合。[2] 在船舶投保人命救助强制责任保险的制度设计中,可以运用工程学中的产品思维模式。产品思维的特征是从用户的使用习惯出发设计产品,以受众为中心,具体的法律条文是如何规定的并不能直接处理实践问题,必须从用户实际出发解决现实问题。从船舶所有人等投保主体的角度进行考量,人命救助责任保险的当事人仅有投保或者不投保的选择可能导致当事人的投保动力不足。例如,船舶所有人甲与乙共同面临两个选择:投保或不投保。现在假设甲选择投保责任保险,乙选择不予投保。在发生责任保险承保的事故时,如两船相撞,则乙方将从甲方处获得有效保险赔偿的支付,但甲方却无法从乙方处获得相同待遇。长此以往,甲方将丧失继续投保责任保险的内在激励性。而更多与甲方存在类似情况的主体选择不投保,将造成责任保险制度难以维系。同时,在责任保险没有法律法规强制规定投保的情形下,投保相关信息属于隐私信息,发生承保事故之前,对方当事人是无法获得他人是否投保的有效信息。从法律工程学角度

---

〔1〕 参见魏建、余晓莉:《机动车交通事故强制责任保险的法经济学分析》,载《学术研究》2006 年第 10 期,第 73 页。

〔2〕 殷瑞钰、汪应洛等著:《工程哲学》(第 3 版),高等教育出版社 2018 年版,序第 12 页。

进行分析，如果存在一个投保自然概率R，假设甲方的投保费为F，则发生承保事故后，对方可以获得的赔偿额为P，则只在$R \times F > P$时，甲方才有可能投保责任保险，并且，由于理论上存在最优投保概率，可具体到每一个人命救助事故时，就肯定有遇险人员得不到责任保险的保护，由此就会降低投保人的积极性。[1]因此，为打破此种恶性循环，就需要通过立法设定相应机制，所有船舶无差异地强制投保人命救助强制责任保险，使船舶所有人预期事故发生后其船员与乘客均可得到快速救助，从而利用法律工程学思维解决无人投保强制责任险的现实问题。

第二节　设立海上人命救助基金

由于强制责任保险的实施需要明确的投保主体，在人命救助制度下，其支付主体宜明确为船舶所有人。因此，其覆盖的人命救助报酬给付范围有限，需要有相应支付机制作为补充，[2]已经有学者提出利用专门的基金来支付人命救助的报酬。[3]目前，已经有利用公共基金支付特殊费用的先例，例如，我国现行《侵权责

[1] 参见魏建、余晓莉：《机动车交通事故强制责任保险的法经济学分析》，载《学术研究》2006年第10期。

[2] 有关强制责任保险制度的优缺点以及人命救助强制责任保险制度的投保主体、责任限制、保费费率等相关问题于第六章第一节与第四节进行详细论述。——笔者注

[3] 有关英国海商基金的内容将于本书第五章予以详细论述。对于救助人命的行为由政府机关给予奖励的行为已经引起立法机关重视，例如，根据2017年10月13日公布的《河南省见义勇为人员奖励和保障条例（草案）》（审议修改稿）第21条的规定："见义勇为伤亡人员经河南省见义勇为评定委员会确认，由省人民政府颁发一次性抚恤奖金：（一）死亡的，颁发一百万元抚恤奖金；（二）完全丧失劳动能力的，颁发八十万元抚恤奖金；（三）大部分丧失劳动能力的，颁发六十万元抚恤奖金；（四）部分丧失劳动能力的，颁发四十万元抚恤奖金。省人民政府可以根据社会经济发展状况适度调高抚恤奖金数额"。——笔者注

任法》在第53条中明确规定，当机动车的驾驶人在出现交通事故后实施了逃逸行为，如果该机动车参加了强制保险，则由保险机构在保险责任的限额范围内给予合理赔偿，而在机动车没有参加强制保险或者是否参加不够明确的情形下，因受害人人身伤亡而出现的抢救、补助、丧葬等费用，可暂由道路交通基金先行垫付，并由行政管理机关依法向交通事故的责任行为人追偿。在陆上发生的交通事故可由社会救助基金垫付，为海上事故由特殊基金进行支付相关费用提供了有益借鉴。从我国已有的运作经验来看，国家和地方均开始启动海难救助基金的构建计划，以便为各类救助活动提供强力的资金支撑。[1]

从当前来看，全球范围的内的海上救助公司每年实现的纯利润总额仅有1亿美元左右，可见该行业的生存面临很大的困境，在国际救助联盟的成员公司中，可能十年的盈利总量也难以达到救助威望号（Prestige）在西班牙海域的污染事故这类的报酬数额。[2]所以，有学者提出，为避免诱发道德风险，从事实和效果上保证优先救助人命，可以借鉴英国先进经验，建立专门的海上人命救助基金，救助报酬可由国库或特设专项基金来保证支付。[3]基金具有公益的性质，由固定成员的董事会监事会负责运营，保证基金正常运转以及履行保值增值的义务。海上人命救助基金的建立对酬金支付主体的确定、酬金具体数额的确定以及实现人

---

〔1〕 如我国江苏地区早在2009年就制定实施了适用全省范围内的《水上搜寻救助条例》，其在第3条中明确规定，在各类水域实施的救助搜寻活动应遵循优先救人的原则，尽最大的能力减轻危害程度，各类遇险人员均具有获得无偿救助的法定权利。这是也是我国的地方法规首次对优先实施人命救助给予清晰的规定，体现人文关怀已经成为社会主流文化理念，但该条例并不属于海上险情救助的范围，更没有涉及救助报酬如何分配的问题，显然难以解决复杂多样的海上人命救助问题。

〔2〕 孙彪：《劳氏救助合同诞生一百周年的回顾与展望》，载《航海技术》2010年第1期。

〔3〕 张湘兰、邓瑞平、杨松：《海商法论》，武汉大学出版社1996年版，第244页。

命救助酬金制所需的制度都提供了基本的保证。对于适用强制保险与海上人命救助基金等人命救助支付方式的取舍以及人命救助报酬支付机制的构建,将于本章第四节进行详细论述。

笔者认为,尽管人命救助一直列为公法的调整范围,但其应该属于广义的海上救助的组成部分,即人命救助行为是救助人在海商法与国际法下必须承担的法定义务,但为防范各种道德风险的形成,让优先救人成为一种救助习惯,可学习借鉴英国的立法经验,构建专门化的海上人命救助基金并由其承担人命救助报酬或补偿的支付职能,其资金募集可由船舶的所有人在注册登记时缴纳,所缴纳的费用定位不要过高,国家财政也可以给予一定的定向划拨,在人命救助报酬分配上应保证合理并适当偏高,在这个层面我国可参考涉外人身伤亡的补偿标准来设计。该基金具备的是纯公益性质,由公开推选的董事会成员、监事会成员负责基金运营,适当履行增值保值的义务,并实施海上人命救助报酬或补偿的确立、审查和动态监督。

英国海商基金是有关海难救助款项支付的先例。英国1894年《商船法》在第十二部分的专章里对海商基金的筹集方式、[1]划拨应用、[2]议会补贴、[3]财会审计[4]实施了详细规定,并对应制定、实施了《海商基金法案》。英国海商法下对于人命救助报酬的支付包括以下三种具体情形:第一种是当救助人在英国领水内为英国船舶或外籍船舶上的人命提供了全部或者部分救助服务,或在英国领水外为英国船舶提供了人命救助,船舶、货物、用具的所有者应当为人命救助人支付合理的报酬,并在可能涉及的

---

〔1〕 参见英国1894年《商船法》第676条。

〔2〕 参见英国1894年《商船法》第677条。

〔3〕 参见英国1894年《商船法》第678条。

〔4〕 参见英国1894年《商船法》第679条。

争议中确定具体数额;第二种是人命救助的报酬应当优先于其他救助报酬得到支付;第三种是当船舶及其属具、货物全损后,或获救价值不足以偿付全部请求或实际支出的救助费用时,英国贸易大臣经过考虑后,能够决定从海商基金中支付合理的未付救助报酬。即在英国领水内,救助无论是英国本籍船舶或是悬挂外籍船只的船舶,或者在英国领水以外救助英国籍船舶上的遇险人员时,获救船舶或财产的所有人应支付报酬给予人命救助的救助人,外国船只救助了英国人的性命同样可以由英国议会决定给予其1894年《商船法》规定的救助报酬。当船舶及其属具、货物全损后,在“无效果无报酬”原则的前提下,由于无财产价值可供支付救助人报酬,则由贸易大臣判断是否由英国海商基金中拨款用于支付救助报酬,以弥补救助人付出的努力与花费,从而在事实上鼓励对于英国人的救助。现行加拿大《航运法》在第450条中明确规定了与英国类似的规定,所有在加拿大海域对所有国籍船舶上的人员实施救助的行为,或在所有海域救助加拿大籍船舶所载人员的行为,均有权获得合理的报酬或者补偿。[1]而且在人命或船舶及属具等财产的救助报酬支付上,应保证将人命救助报酬放在首位。当被救助的船舶、属具等财产价值根本难以支付相关的救助报酬时,在航运大臣的授权下,可从航运基金中支付这部分费用。由此可见,加拿大的相关立法,基本上与英国保持一致。

如果未来考虑利用设立海上人命救助基金的方式解决人命救助报酬支付的问题,则其财政来源可来自针对船舶相关类目的专项税费,或者来自海岸警卫队等国家机关实施财产救助而获得的救助报酬。已经有学者对于海商基金的组成及费用开支构建提出过构想,并对现行海商基金雏形进行了分析,早在1978年斯

---

〔1〕 笪恺:《海商法上的人命救助》,载《法学杂志》1997年第5期。

蒂文·佛兰德尔(Steven F. Friedell)所著的《海上救助人命的补偿与报酬》一文中就对美国海岸警卫队征收的所在地船舶救助会费做了详细研究,在美国奥克兰州,海岸警卫队对当地所属游艇征收一定的会费,拥有会籍的游艇享有免费获得拖带服务等被救助的权利,而非会籍游艇则需要为救助支付高昂的救助费用,这种经济模型有利的分担了当地会籍游艇的花费,通过转移成本的方式实现区域内的高效救助。[1]英国学者莱斯·克里夫特(Rhys Clift)与罗波特·盖(Robert Gay)合著的《远距离观察海难救助法律性质变迁》中提出参照英国海商基金的方式建立海难人命救助基金,避免救助人因船舶优先权的规定而无法及时或完整获取人命救助报酬。[2]肯尼迪(Kennedy)撰写的《救助法律》中提到确定救助报酬的三项原则:第一是被救助人应当为获得的收益付出成本;第二是救助人应当为提供的服务获得奖励;第三是奖励应当反映公共政策。[3]公共政策在海难救助中的作用极为重要,公共政策应当鼓励潜在的救助人为了公共利益而提供救助从而促进贸易的发展,出于此目的,对于船舶征收救助相关的税费无可厚非。[4]

如果采取英国海商基金的模式规制人命救助报酬的支付,则为了规范海商基金的运营与发展,有必要对海商基金进行明确的规定,对其目的、运作、项目支出、审计等事项做出明确的限定。例如,美国对于特别类型的基金就有专门的《特别基金法案》,[5]

---

〔1〕 Steven F. Friedell, "Compensation and Reward for Saving Life at Sea", *Michigan Law Review* 77, 1979, p. 1223.

〔2〕 Rhys Cliff, Robert Ga, "The Shifting Nature of Salvage Law: a View from Distance", *Tul. L. Rev.* 79, 2005, p. 1359.

〔3〕 Francis D. Rose. Kennedy & Rose, *The Law of Salvage* (6th ed.), London, Sweet & Maxwell Press, 2002, p. 646.

〔4〕 SM Waddams, *Dimensions of Private Law*, Cambridge, Cambridge University Press, 2003, p. 217.

〔5〕 33 U. S. C. A. § 944.

笔者认为可参照其范式，结合英国海商基金的相关规定，对未来海商基金或者称为海上人命救助基金做出具体规定，具体包括：（1）性质。该海商基金由中国财政部授权交通运输部建立，由基金秘书处进行管理，中国财政部为该基金的监理人，该基金所有的资金与收益归国库所有。（2）开支及负债。该海商基金的具体费用开支由基金秘书处按照章程管理，秘书处是唯一有权动用基金资金的主体。秘书处允许在保障基金稳定收益的前提下，适量发行部分中长期债券以获得收益。由证监会及相关监察机构对海商基金的运作进行监督。秘书处需要在自然年的开始前做好下一年度基金开支的预算，该部分资金由秘书处提前做好使用规划并提前圈存。（3）基金支付。基金应当在下列情形下用于支付海上人命救助：第一，当救助人在中国领海内为中国船舶或外籍船舶上的人命提供了全部或者部分救助服务，或在中国领海外为中国船舶提供了人命救助，但强制保险无法完全覆盖的情况下，由秘书处根据救助实际情况支付合理的人命救助报酬；第二，当船舶及其属具、货物全损后，或获救价值不足以偿付全部请求或实际支出的救助费用时，秘书处经过调查后，可以决定从海商基金中支付合理的未付救助报酬；第三，人命救助的报酬优先于其他救助报酬得到支付，秘书处自收到报酬请求后，必须在三个月内做出支付或拒绝予以支付的规定，并支付到位；第四，人命救助报酬的数额判定标准由救助人实施救助时的危险程度、努力程度以及专业程度决定，一般情况下，救助每名遇难者获得救助报酬应不少于上一年度全国船员平均工资水平。人命救助报酬可以采取累进制，救助的遇险船员或乘客越多，可以获得的救助报酬越多。（4）资金来源。海商基金的资金来源为财政拨款与运营收益。财政部每年拨付当年应付额度的50%，交通部在每年船舶注册时对船舶所有人收取人命救助常规费用以及对财产救助人获得的财产救助报酬中收取一定比例的费用，用于支付当年应付额度的另外50%。上述所有资金必须用于海商基金的运作与支付。(5)调查权限。基金秘书处有权对海难人命救助的救助人、被救助人、救助场景展开调查，其调查记录必须长期保存，并可用于法庭诉讼。(6)责任限制。海商基金无论在何种情况下，不应支付超出其基金规模的费用，其责任以基金总体资产为限。

第三节 其他支付方式

我国在修订、完善海商法的过程中，应尽快确立人命救助的独立报酬申请权利，通过法律的导向作用，强化公民群体对人命救助的重视意识，同时可参照相关的SCOPIC条文设计救助报酬合同约定条款并给予明确规定，[1]确保双方在地位平等约定条件下积极行使权利、履行义务，有效迅速解决现行制度难于判定的“瓶颈”性问题，让救助可及时获得数目合理、奖励丰厚的救助报酬，切实引起整个社会对生命的尊重。

20世纪以来，国际社会、有关海事组织和各国政府均意识到环境和经济发展、社会的稳定密切相关，如何确保对船舶进行救助，特别是对船舶油污进行有效控制以保护生态环境成为重中之重，为了鼓励船舶油污救助，沿海国开始要求油轮所有人负责清污与预防费用，[2]这类条款有利于救助人利益，但在高风险环境下并无法对专业救助人起到有效的激励。在“阿莫科·卡迪兹”

---

[1] 袁曾:《海上救助人命优位权制度的构建》，载《社会科学》2016年第4期。

[2] 例如，创设了TOVALOP(Tanker Ownwers Voluntary Agreement Concerning Liability for Oil Pollution)与CRISTAL(Contract Regarding an Interim Supplement to Tanker Liability for Oil Pollution)条款。

案件发生并对法国造成严重污染后，LOF 的 1980 年版本开始加入安全网条款，补偿因为环境救助人救助不成功或部分成功时的花费，并在此基础上额外增加 15% 的补偿，后来 CMI 基于此起草了新的救助公约条款——《1989 年国际救助公约》第 14 条，[1]有关环境救助的特别补偿条款。在“长崎精神”案件（The *Nagasaki Spirit*）[2]发生后，《1989 年国际救助公约》第 14 条确定的特别补偿条款，被发现难以用以实践计算操作，法官慕斯提尔勋爵（Lord. Mustil）在判词中提出《1989 年国际救助公约》并没有创设出一个“环境救助”的概念，救助人提供的对于环境的救助是依据“对于危险中的船舶提供救助”，第 14 条确定的能够支付给救助人的报酬并不包括救助人利润的因素，仅仅包含救助的直接花费。[3]而人命救助报酬引入“类似 SCOPIC 条款”后，人命救助报酬由于有单独的支付主体，可以不受获救财产价值上限的限制，而是依据确定好的费率或给付方式结算。现行国际公约和《中华人民共

〔1〕《1989 年国际救助公约》第 14 条特别补偿如一船或其船上货物对环境构成了损害威胁，救助人对其进行了救助作业，但根据第 13 条所获得的报酬少于按本条可得的特别补偿，他有权按本条规定从该船的船舶所有人处获得相当于其所花费用的特别补偿。

〔2〕The *Nagasaki Spirit*，AC 455（1997）.

〔3〕从法理上分析，这样的判决无可非议，但从鼓励专业救助人广泛开展环境污染事件的救助效果上显然是无益的，现代科技下的超大型船舶往往装载数万吨甚至数十万吨的油料或化学品，一旦发生事故将污染上千平方公里的海域（如“托利·康庸”案件）。为了应对实践中救助人对于救助报酬的期待与现实补偿较少的差距，2000 年版本的 LOF（Lloyds Open Form）引入了 SCOPIC 条款，在需要环境救助的情况下，救助双方协议援引（Invoke）该条款，并通过已经 SCOPIC 条款确定的费率与数额计算救助报酬，减少救助协议签订的响应时间，避免裁决带来的复杂影响。值得注意的是，SCOPIC 条款虽然列入了 LOF，但其并非在出现救助案件时即直接适用，其适用必须得到救助双方一致援引应用。该类条款应用了固定的计算方式，在酬金计算上涵盖了船舶、设备与人力投入的补偿，还有支出费用与奖金的核损等。而且主要是专门实施简化计算。救助者可书面告知被救助者引用该条款，起算时间则由双方约定确立，被救助者在收到救助者的书面告知后应在两天之内依据该条款提供担保。假如其没有提供担保，则救助者可此条款的适用予以撤销。

和国海商法》出于激励救助者,积极救助环境污染条件下的船舶、属具等财产以及人员的初衷,规定这类救助依法可以获得特别补偿,但这些规定显然没有在现实中得到很好适用。早在《1989 年国际救助公约》对救助报酬与特定补偿给予规定之后,救助报酬与补偿在实践中开始凸显举证责任艰巨、计算复杂等"瓶颈"性问题。也就是在这种背景下,SCOPIC 类型的条款才及时出现,[1]应该说该类条款的出现,让特别补偿难以确定具体数目的问题得到了初步解决,促进了相关立法的完善、进步。

从上述梳理可以分析,如果认可了人命救助所具备的独立报酬申请权,对于人命救助行为便可参照 SCOPIC 类型条款设计相应的约定条款,由多方当事人共同协商约定,此时的协商者中,一定要有保险公司的参与,因为保险公司才是保障救助报酬支付的关键所在。在遇险信号发出之后,救助者可书面通知被救助方的船舶所有者及保险公司引用该类型条款,并在启用该条款的通知正式到达被救助方的船舶所有人,或保险公司时开始计算特别补偿。被救助方的船舶所有者或者保险公司应当在收到救助者的书面告知后,两天之内依据该条款提供担保。假如它没有提供担保,则救助者可对此条款的适用予以撤销。依据该特殊条款,救助者在实施人命或财产救助并无效果的情形下,只要是已经尽了合理谨慎的义务,就应该依据约定条款的计算方式,对于人命救助人给予合理的人力、船舶、设备等费用的计算和补偿,而且还可以获得一部分人命救助支付的报酬。

[1] SCOPIC 条款是国际救助联盟(International Salvage Union, ISU)与国际船东互保协会、国际航运公会以及财产保险人妥协的结果,是"既能加快海难事故处理速度,又能减少特别补偿法律争议的新机制。在该机制下,SCOPIC 酬金取代了 1989 年《国际救助公约》下的特别补偿,而且该酬金的计算一律以附件 A 中所确定的费率为准,从而避免了 1989 年《国际救助公约》下关于"合理费率"的法律争议以及烦琐程序"。参见司玉琢:《海商法专论》(第 3 版),中国人民大学出版社 2015 年版,第 292 页。

第四节 人命救助制度适用强制责任保险等相关建议

一、强制保险与海上人命救助基金共同覆盖人命救助报酬给付

根据本章第一节、第二节、第三节对于人命救助强制保险与人命救助海上救助基金、创设类似 SCOPIC 条款模式的分别研究论述，人命救助强制保险制度与海上救助基金、其他支付方式的人命救助报酬给付模式各有优劣，但三者建立的核心在于承认独立的人命救助报酬请求权，根据本书第三章、第四章的论述，承认人命救助报酬请求权在法律上已无阻碍。在救助报酬给付模式的选择上，笔者认为以强制责任保险制度的适用与海上人命救助基金结合的模式最为妥善恰当。由强制责任保险制度承担船员、乘客等船上人员的人命救助报酬给付，由海上人命救助基金承担本国水域内对于任何人的救助以及其他水域内对于本国国籍人员的人命救助报酬给付。

采取强制责任救助保险与海上人命救助基金结合的模式与现有海商法下的救助制度融合程度最高，适用匹配度高与可以预见到适用的阻力较小。例如，在现有许多船东互保协的保单上，人命救助的费用是能够得到支付的。[1] 如英国保赔协会保赔险条款 1.1.4 中，已经对人身伤亡赔偿责任的费用有了初步的规定，承保 1/4 碰撞责任及人身伤亡赔偿责任的保障险(Protection)，具

---

〔1〕 Donald R. O' May, "Admiralty Law Institute: Symposium on American and International Maritime Law: Comparative Aspects of Current Importance: Lloyd's Form and the Montreal Convention", *Tulane Law Review* 57, 1983, p. 1476.

体包括入会船船员、旅客、从事入会船货作业人员的伤、病或死亡赔偿金或补偿费及其他费用，包括遣返费用与派遣费用以及发生海难事故而应当支付旅客的赔偿金或补偿费。如果适用人命救助报酬，实践的改良并不复杂，只需要在保赔险中的“其他费用”下列入“海难事故中，救助人命产生的相关费用或者船舶所有人投保人命救助责任险的费用”之类的内容即可实现救助报酬的覆盖。在中国船东互保协会2010年保赔险中，承保风险第11项涵盖了第三方救助会员船舶上的人员所应当依法支付的“款项”，若人命救助强制责任保险体系建立后，为了协调船东互保协会保赔险在人命救助报酬上的关系，仅需要在上述承保风险中加上“保赔协会将按照国家标准另行支付一定的人命救助报酬”即可，与现行实践中的船舶保险行业并不会产生较大冲突。由于人命救助强制责任保险为负担社会共同风险的公益类保险，其投保费率并不会过高。因此，在国际公约与国内法的要求下，船舶所有人为船员与乘客等船上人员投保人命救助强制责任保险并不会过多增加船舶所有人的负担，但却能够有效提高其船上人员遭遇海上风险后的获救概率。对于船舶所有人而言，可有效提高其投保的积极性。

笔者认为，1969年《国际油污损害民事责任公约》、1974年《海上旅客及其行李运输雅典公约2002年议定书》、2007年《内罗毕国际船舶残骸清除公约》等相关国际公约已经为国际范围内建立海事强制责任保险制度作了重要的示范。通过缔约国的共同努力，建设完善的投保、检查、核验、适航等配套制度，确保清除残骸强制责任险能够在实践中广泛应用。虽然船东互保协会也能够提供部分人命救助报酬的支付，但船东互保协会存在现实弊病，即并非每艘船舶均会加入互保协会，可能只有经济实力达到一定标准的船公司才能够享受互保协会的保障，而强制责任保险是针对所有船舶的，同陆上使用的汽车强制保险是相同性质，只要汽车上路就必须投保强制责任保险，否则就要承担无限责任。因此只要船舶开航，就必须强制性购买强制责任保险而获得强制保险证书，而在船东互保协会购买了相同类型保险的船舶，同样可以获得相同类型的证书，[1]船东互保协会与保险公司在人命救助强制责任保险方面可以构成有力的互补。

关于人命救助强制责任保险的投保主体，笔者认为以船舶所有人为限，船舶的定义以《1989 年国际救助公约》对于"船舶"的规定为宜，最多将投保主体扩大至海上作业平台的所有人，覆盖海上平台人员遇险的救助。人命救助强制责任保险是覆盖海洋风险的特殊类型强制保险，其征收费率不会过高，保险人需要考虑运营成本与实际支出，将强制责任保险范围扩大将不利于保险人出于经济因素的考虑积极开展此项业务。另外，船舶所有人尤其是从事海上运输的船舶所有人从现实角度而言，对其的行政管理均较为严格，要求其承担人命救助强制责任保险的缴纳较为现实。而有权享有人命救助强制责任保险支付的主体，即权利主体为海上人命救助人——救助了海上遇险人员的人。笔者认为，决定救助人是否拥有救助报酬请求权的关键在于是否为遭遇海上风险的人员提供了救助，给付的要件在于救助行为，而非救助人是否为海上船舶，只要是针对遭遇海上风险的人员提供了有效的救助行为，即可以享受人命救助的报酬请求权。在当代的海上环境下，许多救助由飞机、气垫船、水陆两栖车辆等提供，假使该类主体提供了海上人命救助却无法获取救助报酬，显然无法起到鼓励海上人命救助的立法目的。

---

〔1〕 例如，我国船东互保协会为 2007 年《内罗毕国际船舶残骸清除公约》发放的蓝证。——笔者注

尽管从表面上看，人命救助可约定协商类似 SCOPIC 条款的适用，貌似人命的价值也可以约定商谈，但整体上来看依然可以保证客观公平。但笔者认为通过建立“类似 SCOPIC”条款解决人命救助报酬的支付，其方法并不可取。原因有以下两点：一是 SCOPIC 条款的精髓在于利用确定好的条款与计算方式，方便救助双方在紧急情况下按照拟定好的条款迅速的达成救助给付一致，在提供担保以后迅速开展救助，并于救助行动之后迅速按照该条款约定的计算方式完成救助数额的确定与给付。在环境救助的情况下，可以依据救助人对于环境救助的努力进行救助报酬的协商，但在人命救助的情形下，如何利用“类似 SCOPIC 条款”确定救助人命的报酬标准却显然存在道德困境，救助重伤的伤员比救助轻伤的伤员获得的报酬更多？或者救助两名轻伤员的救助报酬多于救助一名重伤员？在此条款下，面临的不再是奖励救助人命行为本身，而是将生命作为讨价还价的利益基础，明显有违海难救助人命优位制度的设计初衷。二是如果按照“类似 SCOPIC 条款”的设计进行人命救助报酬的支付，则被救助人的船舶所有人将因此付出直接的经济报酬，与海商法一贯倡导的“不得向被救助人本人索取报酬”的法则直接相悖。而本书提出的救助报酬支付，是需要和人命救助强制责任保险配套适用的，并且由强制责任保险承担报酬支付职能，获救者本人并不会面临救助报酬诉求，是立足人文关怀和社会美德而构建的人命救助合理报酬支付系统的重要构成，与“类似 SCOPIC 条款”所适用的方法与原则截然不同。

同创设类似 SCOPIC 条款的方式相比，强制责任保险的投保方式简单、计算方式明确，不需要复杂的沟通与适用条件。从救助人命的急迫情形与提高救助的效率分析，人命救助强制责任保险的适用将明显简化对于涉及船员乘客等船上人员的人命救助案件的投保、适用、理赔。借助保险公司或互保协会的专业人员与大量的实践经验，投保人只需购买保险，并在出现救助人命的情况下证明履行了救助义务即可获得保险的赔付，从而在实践中鼓励对于人命的救助。

考虑到海上人命救助基金的建立，实际上，我国已有利用专项资金对于社会力量参与救助海上遇险人员与船舶进行奖励的先例，根据中国海上搜救中心《关于做好 2016 年度社会力量参与海上搜救专项奖励资金申请材料报送工作的通知》披露的内容，[1]中国海上搜救中心在 2015 年度共计收到社会力量参与搜救的资金申请案 411 件，在 2016 年度共计收到 435 件。[2]但是，海上搜救中心对于社会力量参与搜救的奖励支付额度较低，根据上述公开的资料，平均每位船舶所有人仅可获得 1 万元至 2 万元人民币的奖励，与海上救助人命付出的花费不符。因此，有必要通过国内法的相关规定，建立海上人命救助基金，负责对于中国海域内救助任何人或在其他海域救助中国国籍遇险人员的人命救助报酬支付。根据国际立法的相关经验，通过缔约国缔结公约的形式建立强制责任保险的制度是可行的，而海上人命救助基金则需要国内法的内容进行规制，这是由现实的原因决定的。每个国家的国力与对于人命的关注程度是不同的，并非每一个国家均有实力建立基金以保护本国国民及本国海域内的其他人员，承认社会现实将更有助于解决现实问题。如前文所述，英国海商基金解决了对于本国海域内的遇险人员救助与其他海域内的本国籍

〔1〕《关于做好 2016 年度社会力量参与海上搜救专项奖励资金申请材料报送工作的通知》，载中国海上搜救中心网：http://zizhan. mot. gov. cn/sj/zhongguohshsjzhx/tongzhigg_sjzhx/201702/t20170209_2162812. html，2017 年 10 月 20 日最后访问。

〔2〕《关于对 2016 年度海上搜救奖励专项资金使用安排进行公示的通知》，载中国海上搜救中心网：http://zizhan. mot. gov. cn/sj/zhongguohshsjzhx/tongzhigg _ sjzhx/201704/t20170427_2197291. html，2017 年 10 月 20 日最后访问。

人员救助报酬的给付问题，加拿大也对此做出了相同的规定，作为发达国家，其也仅能承受限制范围内的人命报酬给付。从保护本国国民的角度而言，各国依据国情选择建立本国的人命救助基金，基金由国库进行开支，将更加有利于救助人对于本国国民的救助积极性，更好地起到保护本国国民的作用。

综上所述，建议在目前的海难救助制度下，适用人命救助强制责任保险制度与海上人命救助基金相结合的模式对于人命救助报酬的支付是最为现实也最为高效的选择。

二、其他建议

（一）海上人命救助强制责任保险的保险费率考量

由于责任保险与其他商业保险不同，尤其是当风险行为人的风险行为涉及第三方利益时，是很难自发形成，保险交易无法实现。它涉及四方利益问题，即保险人、投保人、第三方以及监管者，并且除了以上所说的一般保险存在的风险偏好型投保人的存在以外，责任保险还会因为风险发生的概率大小、行为人个人的风险承担能力以及风险发生后对第三方带来的危害程度的大小不同而不同。因此，海上人命救助强制责任保险的费率水平是否合理，将直接决定该强制责任保险制度的成功率。由于保险费率的制定是一个异常复杂的问题，需要依据承保风险与保险人经营成本进行精算，因此，本书仅对制定费率应遵循的原则稍加论述。笔者认为，人命救助强制责任保险应按照保险人“合理盈余”的原则进行经营并单独核算。强制责任保险的投保是对投保人财产权的限制，此限制出于分担社会共同风险的目的，而不是将目的立于获取大额的经济利益。否则，若法律强制投保人投保责任险而又允许保险人获得超期利益，对投保人以及社会大众而言显然并不公平。但是，若实施“无盈无亏”原则，将促使保险人在制定保险费率时不考虑利润因素，显著降低其开发强制责任保险的意愿，不利于促进强制责任保险的覆盖率。另外，对人命救助强制责任保险的承保责任应采取“浮动费率”，鉴于被保险人的具体情况不同，在确定具体保险费率时，考虑船舶的实际状况，例如，船龄、船舶的硬件设备条件、船舶的经常性航行路线的风险大小、船舶所有人的财务状况等多种因素，采取“浮动费率”有助于保险人控制风险。[1]

（二）保险人责任限制的考量

如果立法意图规定积极的救助义务，应当配置与义务对应的权利，构建系统化的权利义务体系。《好撒玛利亚人法案》可以为海难救助有关人命救助制度的修改提供良好的借鉴，即施救者不应对救助造成的更加严重的状况负责，使救助人不会因救助人命过程中的过失而承担责任，从而实现鼓励海上特殊风险环境下的人命救助。但笔者认为，救助人在人命救助的过程中必须坚持善意的标准，遵循合理谨慎的原则开展救助，方可将自己的救助责任限定在合理范围内，无须为被救助者的进一步损失承担责任，但如果救助人由于故意或重大过失造成了损失的扩大，例如，明显违背常识将陷入黑暗船舱多日的遇险船员直接暴晒于强光下导致其失明，就不能免除进一步的赔偿责任。

设立强制责任保险的主要目的是有效、迅速地为第三方[2]提供保险赔偿，特别是对于损失小于责任限额的事故，可以直接由保险公司向受害人支付保险金，基于上述考虑，确定保险人的责任限额（保额的最大范围）极其重要。责任限额是指通过法律

---

〔1〕 参见安馥：《海上强制保险的法律理论基础及其发展》，大连海事大学法学系 2006 年博士学位论文，第 69 页。

〔2〕 即海难事故的人命救助人。——笔者注

规定，对于责任人等特定主体赔偿责任确定明确的范围。[1]若责任限额过小，则无法对第三方的损失提供及时、必要的救助。若责任限制数额过高，必然会加重投保人的保费等财产负担，还有可能使第三方为了获得保险赔偿而故意制造人命救助事故，引发新的道德风险。虽然有着法律的强制作用，但假如出现上述情况，人类借以逃避保险的做法将很快出现，对于人命救助强制保险事故的理赔等监管成本也将大幅提高，最终导致整个人命救助强制责任保险制度的崩溃。

由于强制责任保险的最大特点在于其承保与赔付的强制性，其适用的是严格责任制，即不论是否存在过错，保险人均需承担赔付的严格责任，在此种情况下，保险人不应存在责任保险制度的排除情形。因此，考虑到责任限额的具体数额，《中华人民共和国海商法》中关于海上旅客运输的规定基本上与《1974 年海上旅客及其行李运输雅典公约》（Athens Convention Relating to the Carriage of Passengers and their Luggage by Sea，1974）相同。《1974 年海上旅客运输雅典公约》规定的责任限额为 700,000 法郎，1976 年议定书改为 46,666 SDR，1990 年议定书提高到 175,000 SDR，而《1974 年海上旅客及其行李运输雅典公约 2002 年议定书》则又将责任限额提为 250,000 SDR，强制责任保险限额 250,000 SDR，一般责任下为 400,000 SDR。《1974 年海上旅客及其行李运输雅典公约 2002 年议定书》已经于 2014 年 4 月 23 日开始生效，其对于责任限额的规定是经过保险人、船方等多方势力博弈后的结果，在目前旅客运输强制责任保险较低的费率下，该责任限额是经过计算后能够覆盖保险人赔付风险的精确数

---

〔1〕 参见夏元军、李群：《海上责任保险人责任限制模式选择》，载《中国海洋大学学报》（社会科学版）2011 年第 6 期。

目,因此,笔者建议人命救助强制责任保险的责任限额可以参考《1974年海上旅客及其行李运输雅典公约2002年议定书》的限额进行规定,满足保险人对于责任负担的心理预期,加快强制责任保险制度的构建与推进。

海事责任限制根据保险人的责任限额是否依附于被保险人的责任限额,可以分为寄生制与独立制两种。[1] 1976LLMC适用的是寄生制,根据其第1条第7款规定,可以限制责任的索赔承担责任的保险人,有权在被保险人本人可享受的相同范围内享受该公约的利益。在寄生制下,当被保险人丧失责任限制的条件时,保险人则有可能无法享有责任限制的保护,存在一定的弊端。[2]而1969年《民事责任公约》、[3] 1992年《民事责任公约》、[4] 1996年《国际海上运输有害有毒物质损害责任和赔偿公约》、[5] 2001年《国际燃油污染损害民事责任公约》、[6] 2002年《雅典公约》[7]均采用了独立制。在独立制下,被保险人是否丧失责任限制与保险人享有责任限制无关。由于人命救助强制责任保险更为特殊,保险人的赔付适用的是严格责任原则,由保险人直接将人命救助报酬支付于救助人,因此保险人享有的责任限额[8]需要更为明确。笔者认为,人命救助强制责任保险的责任限额采用寄生制较为适宜。由于与旅客等人员伤亡有关的相关

[1] 夏元军、李群:《海上责任保险人责任限制模式选择》,载《中国海洋大学学报》(社会科学版)2011年第6期。

[2] 夏元军、李群:《海上责任保险人责任限制模式选择》,载《中国海洋大学学报》(社会科学版)2011年第6期。

[3] 1969年《民事责任公约》第7条第8款。

[4] 1992年《民事责任公约》第7条第5款。

[5] 1996年《国际海上运输有害有毒物质损害责任和赔偿公约》第12条第8款。

[6] 2001年《国际燃油污染损害民事责任公约》第7条第10款。

[7] 2002年《雅典公约》第4条第10项。

[8] 即承保保额的最高限额。——笔者注

赔付限制已经在《1974年海上旅客及其行李运输雅典公约》中有明确的规定，再同时适用一个独立的赔偿责任限制将会加重保险人的责任，影响其开展保险业务的动力，因此，人命救助强制责任保险的责任限额与《1974年海上旅客及其行李运输雅典公约》规定的责任限额共享同一限额，在其他人命救助案件的情形下，保险人享有责任限制，其限额与《1974年海上旅客及其行李运输雅典公约》规定的限额相同。

（三）第三方直接求偿制度

船东互保协会存在一项基本原则——“先付原则”（Pay to be Paid Rule），意为船舶所有人若能够获得船东互保协会赔付的前提是其已经支付给第三方相应的赔偿，船东互保协会承担的是对船东损失补偿的责任。该项原则是在“凡提与帕多岛”案[1]中确立的，英国上议院对该案的判决指出，第三方索赔人虽然依照1930年《第三人法》取代了被保险人的地位，享有被保险人在保单下的权利，但其仍无法根据该法直接向保赔协会追偿，除非被保险人已遵守了保赔协会的要求先行向第三方作了赔付。若船舶所有人并未履行其赔偿责任，船东保赔协会有权拒绝支付任何补偿给船舶所有人。“先付原则”极大地阻碍了第三方获得及时补偿的效果，一旦船舶所有人无力支付该赔偿，船东互保协可能就被免除该赔偿责任。

因此，极有必要明确第三方的直接请求权，第三方可以对保险人提起直接诉讼，[2]直接诉讼是海上强制责任保险制度的关键。强制责任保险的“无过错”特点具有的特性决定了只要有承

---

〔1〕 The *Fanti and the Padre Island* [1990] 2 Lloyd's Rep. 191.

〔2〕 《中华人民共和国道路交通安全法》第76条赋予了受害人以直接请求权：“在保险责任限额内保险人对受害人负有直接支付义务。”

保事故的发生，保险人就需要进行赔付，而不问投保人或第三方有无过错，人命救助强制责任保险有助于提高海难事故中对于人命救助的有效性，保险人对于人命救助报酬的赔付将极大地减少因为船舶灭失等原因而造成的救助人对于人命救助报酬索赔不能的可能性，提高救助人救助海上遇险人员的积极性。

结　语

在多次工业革命的强力推动之下，各国、各地区的海上科技以及航运能力也实现了高速发展，使整个人类的海上活动风险程度大幅度下降，然而在全球范围内，海难仍每天都在发生，相关的海难救助活动必不可少，这种局面必然涉及本书所研究探索的海上人命与财产同时遇险时，先救财产而后救人的道德风险。海上救助环境在过去半个世纪发生了尤为显著的变化，需要对于海难救助制度进行持续的修正与调整。[1]

同生命价值相比，任何财产均应处于劣后的位序。人命优位在宪法、民法与海商法领域中实际早已经存在，民法上的优先权、宪法中的生命权以及生命利益论、好撒玛利亚人法案以及海商法中的船舶优先权、海事赔偿责任限制等均蕴含了优位的概念与理论，这些理论构成了对于海难救助制度中人命优位的基础性支撑。在各种海上事故中，为保证人命得到优先救助，确保人命具有优势地位，需要在立法规定中对人命救助的优位给予确立，并

〔1〕 Catherine Swan, "The Restitutionary and Economic Analyses of Salvage Law", *A&NZ Mar LJ.* 23, 2009, p. 109.

构建完善的配套制度给予强力支撑保障。基于人命优位的要求，构建海难人命救助制度是解决当前海上遇险人员无法得到优先救助的有力措施，海难人命救助制度具体包括以下几个方面：海难救助客体的范围应当包括对于人员的救助、人命救助应当享有独立的报酬请求权、人命救助的报酬支付应由强制责任保险制度与海上人命救助基金覆盖、救助人命应受到强制性法律规范等一系列配套性措施的支撑。

海难救助的客体随着实践的变化不断扩大，大陆法系与英美法系均有国家已经将人命救助作为海难救助的一部分。对于环境的救助已经成为《1989 年国际救助公约》的特别规定，直接反映了国际社会对于救助客体随着实践变化的正确理念。从构成要件分析，人命救助与财产救助、环境救助并无任何显著不同，人命尤其是人的生命权作为海难救助的客体已经没有障碍。通过历史研究与比较研究可以发现，现行国际条约与国内法对于海难救助客体范围的定义随着航海技术以及海上客体种类繁多的变化而不断扩大。现行国际法体系将人命排除于海难救助体系的法律客体之外，这种规定造成的直接后果是容易引发“救人还是救物”的道德困境，从现实环境救助已经突破“无效果无报酬”原则的角度以及海难救助构成要件的分析，可以得出结论，人的生命权应当作为海难救助客体，但通过海难人命救助可以获得救助报酬的客体范围需加以限定，限制在渔民、船员与乘客的范围内，以避免可以获得人命救助的客体范围过大，诱发新的道德风险。

为了确保人命可以获得优先被救助的现实地位，需要通过立法的导向作用确保人员在海上遇险时能够获得事实上的救助，有必要通过强制性的规定特别是刑罚规定，明确忽视人命救助的惩处措施，并根据具体个案划分责任承担的标准。包括 SAR、UNCLOS、SOLAS 在内的一大批国际公约均对在海洋上救助人命，维护人身安全做了详细而复杂的规定，但缺少对于违反此规定的强制性惩罚与补救措施。相反，各国国内法均对海上救助人命做了刑法上的强制规定，如美国、俄罗斯对于船长不救助海上人命而可能判处有期徒刑的强制性规定。通过比较，有必要以立法的方式明确人命与财产同时遇险时，必须优先救助人命，否则救助人若事后被查明贪图钱财的行为成立，需要承担相应的法律责任。通过物质报酬与强制规范结合的方式，确保海难救助人命优位制度能够在人命救助中发挥实际作用。尽管船长并未对人命进行救助的行为可上升至刑法中的故意杀人罪，然而由于海上风险非常特殊，导致收集证据面临很大的难度，责任主体会借由“危害到船只的安全”这一理由来进行抗诉，导致责任者极易摆脱罪名，难以真正的保障人命。在对现行《中华人民共和国海商法》修订的过程中，应将违背救援人命义务需要接受的刑事处罚引入在内，规定在人员面临海洋危险时，在保障自身安全的情形下，船长必须承担救助海上遇险人员的义务，如果人员与财产共同遇到了海洋危险，那么必须需要优先救助人命。针对违背这一规定的人员，可判处相应的有期徒刑，针对配合船长虚造证据，逃脱承担义务的人员，作为共犯加以处罚。在法律裁决上，可采用适当从重惩罚的方式处置类似案件，以严苛的制裁举措对漠视人命的行为予以震慑。细化人员与财产在海上同时遇险时应该优先救助人命这一强制规定，对怠于履行人命救助法定义务的责任人则设计更加规范、严厉的处罚条文，以便保证相关行政以及司法裁定有法可依。通过系统性的修改，确保人命能够在海上特殊风险下相较财产得到优先的救助。

为了鼓励救助，使救助成为救助行业与大洋上的潜在救助人愿意放弃自己的计划航程、时间成本等现实因素而提供救助特别是人命救助，极有必要通过经济的考虑促进救助人进行现实的选择。当前,国际公约与大多数国家都运用了“相对肯定说”,只有极少数国家采用了对于人命救助报酬的“绝对肯定说”,但这意味着人命救助相关理论伴随实践活动的变化而产生的突破。英国针对人命享有优先被救助的权利与地位,已有英国 1854 年《商船法》和 1894 年《商船法》的具体规定作支撑,美国也已通过“准合同理论”间接支持了人命救助报酬补偿的支付。而英国海商基金与《1969 年国际油污损害民事责任公约》《1974 年海上旅客及其行李运输雅典公约 2002 年议定书》、《2007 年内罗毕国际船舶残骸清除公约》等相关海事强制责任保险制度的建立,也为人命救助报酬的支付建立了有益的雏形。因此,从法经济学的角度进行分析,有必要承认人命救助享有独立的救助报酬请求权,该种权利来自救助行为本身,对于人命救助报酬的确定并非对于人命的价值进行直接的价值判断,而是对于救助行为本身做出奖励,以实现鼓励救助的目的。解决了此关键性的法哲学问题,就能够实现对于人命救助报酬独立性的理论基础构建。人命救助报酬支付体系建立后,并不会与现行其他海商制度发生冲突,由于人命救助报酬由船舶所有人投保,最终由保险人或海上人命救助基金直接承担并支付,独立于现行船舶优先权制度与海事责任限制制度,因此,并不会对现行制度造成冲击,从现实的角度分析更易被学界与航运界所接受。

人命救助的报酬支付、数额确定等相关因素需要建立完善的体系,参照海事责任强制责任保险体系构建完整的人命救助强制责任保险体系、参照英国海商基金模式建立海上人命救助基金、依据 SCOPIC 条款的机制创设人命救助报酬支付模式均各有优劣,但通过结合现行保险制度进行比较并综合选择对于现实冲击最小、最容易被各利益相关方接受的模式。笔者认为,建立人命救助强制责任保险覆盖船上人员的救助报酬给付与海上人命救助基金覆盖其他人员救助报酬的给付模式更为适宜。通过规范化的运作,明确人命救助报酬给付时应当考虑的标准和参考的因素,确保人命救助人能够获得充分、妥善的报酬支付。

现行国际公约和《中华人民共和国海商法》对人命优位的问题均没有做出具体的规定,因此,笔者建议在今后国际救助公约与《中华人民共和国海商法》的修改过程中,最为重要的一点就是将人命救助行为的独立报酬请求权予以明确,并应用公约对于海上人命救助强制责任保险的制度建立,以及国内法对于海上人命救助基金的构建承担相关风险,同时对现行的人命救助鼓励机制给予优化、完善。

海洋强国亟待立法的保障,法律的生命在于运用。促进我国海商法律制度的更加完善,是适应时代发展、适应国家和民间海上活动需求的重要一环,只有立法、行政以及司法机关、海事管理机构甚至是学术界共同探索、积极实践,才能使相关立法更加科学、完善,进而促进海洋文明进一步光辉发展。

参考文献

一、中文文献

（一）专著类

1. 鲍君忠:《国际海事公约概论》(第 2 版),大连海事大学出版社 2015 年版。

2. 傅廷中:《海商法论》,法律出版社 2007 年版。

3. 甘绍平:《人权伦理学》,中国发展出版社 2009 年版。

4. 韩立新、王秀芬:《各国(地区)海商法汇编(中英文对照)》,大连海事大学出版社 2003 年版。

5. 何怀宏:《契约伦理与社会正义——罗尔斯正义论中的历史与理性》,中国人民大学出版社 1993 年版。

6. 胡正良、韩立新:《海事法》,北京大学出版社 2012 年版。

7. 胡正良:《船员职务与海运法规》,大连海运学院出版社 1993 年版。

8. 黄茂荣:《法学方法与现代民法》,中国政法大学出版社 2001 年版。

9. 金正佳、詹思敏:《海商法案例与评价》,中山大学出版社 2004 年版。

10. 李双元:《中国与国际私法统一化进程》,武汉大学出版社 1998 年版。

11. 李锡鹤:《民法原理论稿》,法律出版社 2008 年版。

12. 刘宗荣:《新保险法》,翰芦图书出版有限公司 2007 年版。

13.《法国民法典》,罗结珍译,中国法制出版社 1999 年版。

14. 沈达明:《准合同法与返还法》,对外经济贸易大学出版社 1999 年版。

15. 司玉琢:《海商法学案例教程》,知识产权出版社 2003 年版。
16. 司玉琢:《海商法专论》(第 3 版),中国人民大学出版社 2015 年版。
17. 司玉琢:《中华人民共和国海商法问答》,人民交通出版社 1993 年版。
18. 司玉琢等主编:《新编海商法学》,大连海事大学出版社 1999 年版。
19. 王家福、梁慧星:《民法债权》,法律出版社 1991 年版。
20. 王军编著:《美国合同法判例选评》,中国政法大学出版社 1995 年版。
21. 王利明:《民法》,中国人民大学出版社 2000 年版。
22. 王泽鉴:《民法学说与判例研究》(第 4 册),中国政法大学出版社 1998 年版。
23. 王泽鉴:《侵权行为》,北京大学出版社 2009 年版。
24. 吴焕宁:《海商法学》(第 2 版),法律出版社 1996 年版。
25. 吴焕宁:《海商法学》,法律出版社 1995 年版。
26. 夏利民:《民法基本问题研究》,中国人民公安大学出版社 2001 年版。
27. 薛波:《元照英美法词典》,法律出版社 2003 年版。
28. 尹东年:《当代海商法的理论与实践》,人民交通出版社 1997 年版。
29. 於世成:《海商法》,法律出版社 1997 年版。
30. 张文显:《法理学》,北京大学出版社 1999 年版。
31. 张湘兰、邓瑞平、杨松:《海商法论》,武汉大学出版社 1996 年版。
32. 张志铭:《法律解释操作分析》,中国政法大学出版社 1998 年版。
33. 张忠晔:《各国和地区海商法比较》,人民交通出版社 1993 年版。
34. 赵劲松、刘寿杰:《海事法律实务译文选》,人民交通出版社 2000 年版。
35. 赵震江、付子堂:《现代法理学》,北京大学出版社 1999 年版。
36. 郑玉波:《海商法》,台湾三民书局 2008 年版。
37. 郑远民:《现代商人法研究》,法律出版社 2001 年版。
38. 中国社会科学院语言研究所词典编辑室:《现代汉语词典》(2002 增补本),商务印书馆 2004 年版。

(二)译著类

1. [澳]维拉曼特:《法律导引》,张智仁、周伟文译,上海人民出版社 2003 年版。

2. [德]伯恩·魏德士:《法理学》,丁小春、吴越译,法律出版社 2003 年版。
3. [德]卡尔·拉伦茨:《法学方法论》,陈爱娥译,商务印书馆 2005 年版。
4. [德]康德:《纯粹理性批判》,邓晓芒译,人民出版社 2017 年版。
5. [德]考夫曼:《法律哲学》,刘幸义等译,法律出版社 2004 年版。
6. [德]鲁道夫·冯·耶林:《为权利而斗争》,胡宝海译,中国法制出版社 2004 年版。
7. [德]弗里德里希·卡尔·冯·萨维尼:《萨维尼法学方法论讲义与格林笔记》,杨代雄译,法律出版社 2008 年版。
8. [加]威廉·台特雷:《国际海商法》,张永坚等译,法律出版社 2005 年版。
9. [美]G. 德沃金等:《安乐死和医生协助自杀——赞成和反对的论证》,翟晓梅、邱仁宗译,辽宁教育出版社 2004 年版。
10. [美]G. 吉尔摩、C. L. 布莱克:《海商法》,杨召南等译,中国大百科全书出版社 2000 年版。
11. [美]艾里希·弗洛姆:《健全的社会》,孙恺祥译,上海译文出版社 2011 年版。
12. [美]波斯纳:《道德和法律理论的疑问》,苏力译,中国政法大学出版社 2001 年版。
13. [美]博登海默:《法理学:法律哲学与法律方法》,邓正来译,中国政法大学出版社 2001 年版。
14. [美]庞德:《法律与道德》,陈林林译,中国政法大学出版社 2001 年版。
15. [日]四宫和夫:《日本民法总则》,弘文堂 1996 年版。
16. [意]布鲁诺·莱奥尼:《自由与法律》,秋风译,吉林人民出版社 2004 年版。
17. [英]F. N. N 霍普金斯:《船长业务与法律》,张永坚、司玉琢译,大连海运学院出版社 1988 年版。
18. [英]哈特:《法律的概念》,许家馨、李冠宜译,法律出版社 2006 年版。
19. [英]梅因:《古代法》,沈景一译,商务印书馆 1959 年版。
20. [英]施米托夫:《国际贸易法文选》,赵秀文译,中国大百科全书出版 1993 年版。

(三)期刊论文类

1. 崔建远:《我国物权法应选取的结构原则》,载《法制与社会发展》1995 年第 3 期。

2. 笪恺:《海商法上的人命救助》,载《法学杂志》1997 年第 5 期。

3. 傅国民、叶红军:《2002 年海上旅客及其行李运输雅典公约介绍》,载《中国海商法年刊》2002 年第 1 期。

4. 傅廷中:《船舶优先权与海事赔偿责任限制的价值冲突与协调》,载《法学研究》2013 年第 6 期。

5. 傅廷中:《雇佣救助合同的性质及其法律适用》,载《中国海商法研究》2016 年第 3 期。

6. 傅志军:《海难救助价值目标发展的研究》,载《海大法律评论》2008 年第 1 期。

7. 范忠信:《国民冷漠、怠责与怯懦的法律治疗——欧美刑法强化精神文明的作法与启示》,载《中国法学》1997 年第 4 期。

8. 甘绍平:《以人为本的生命价值理念》,载《中国人民大学学报》2005 年第 3 期。

9. 高奇琦:《政党优位协商:新加坡人民行动党与社会的互动模式》,载《社会主义研究》2014 年第 2 期。

10. 葛洪义:《法律 · 权利 · 权利本位——新时期法学视角的转换及其意义》,载《法律科学》1991 年第 3 期。

11. 郭明瑞、仲相:《我国未来民法典中应当设立优先权制度》,载《中国法学》2004 年第 4 期。

12. 郭萍、马德懿:《试析我国海上人身损害法律救济有关问题》,载《中国海商法年刊》2002 年第 1 期。

13. 郭萍、武利海:《论船舶油污强制责任保险中第三人直接请求权的行使》,载《法学杂志》2012 年第 9 期。

14. 郭萍、于泓:《论救助款项的含义——兼论对我国〈海商法〉部分条文的理解》,载《当代法学》2002 年第 12 期。

15. 黄昭伟:《"2007 年国际船舶残骸清除公约"的评析》,载《航海技术》2008

年第 6 期。

16. 康敬奎:《社会优位下的权利本位》,载《求是学刊》2005 年第 3 期。
17. 赖尚斌:《海上人身伤亡案件的法律适用》,载《中国海商法年刊》2005 年第 1 期。
18. 李海:《关于“加百利”轮救助案若干问题的思考》,载《中国海商法研究》2016 年第 3 期。
19. 李岩:《民事法益的界定》,载《当代法学》2008 年第 5 期。
20. 李永军:《从权利属性看人格权的法律保护》,载《法商研究》2012 年第 1 期。
21. 李忠诚:《英国司法解释的四项规则》,载《政治与法律》1999 年第 3 期。
22. 梁慧星:《市场经济与法制现代化——座谈会发言摘要》,载《法学研究》1992 年第 6 期。
23. 廖诗评:《国际法中的特别法优先原则》,载《法学研究》2010 年第 2 期。
24. 刘本荣:《海上人身伤害不真正连带债务初探》,载《特区法坛》2006 年第 3 期。
25. 刘长霞:《论主管机关的海难救助报酬请求权》,载《中国海洋大学学报》2013 年第 2 期。
26. 卢卫彬 、陈珺:《军舰实施海难救助中的报酬请求权探析》,载《中国海商法研究》2015 年第 2 期。
27. 任律珍、唐一雄:《论海难救助报酬的估算和分配》,载《水运管理》2004 年第 8 期。
28. 任律珍:《海难救助报酬论》,载《集美大学学报》(自然版)2003 年第 4 期。
29. 上官丕亮:《论宪法上的生命权》,载《当代法学》2007 年第 1 期。
30. 上官丕亮:《生命权应当首先入宪》,载《法学论坛》2003 年第 4 期。
31. 申晴:《关于海难救助中人命救助相关问题的思考》,载《海事司法论坛》2004 年第 3 期。
32. 司玉琢:《海事赔偿责任限制优先适用原则研究——兼论海事赔偿责任限制权利之属性》,载《中国海商法年刊》2011 年第 2 期。

33. 孙彪:《劳氏救助合同诞生一百周年的回顾与展望》,载《航海技术》2010年第1期。
34. 孙新强:《我国法律移植中的败笔——优先权》,载《中国法学》2011年第1期。
35. 田野:《优先权性质新论》,载《郑州大学学报哲学社会科学版》2016年第2期。
36. 万楚雄:《论社会保险在和谐社会建构中的发展》,载《经济学研究》2005年第3期。
37. 汪习根、林海、王利民:《论法治社会私法的非优位性——对公、私法定位的再反思》,载《华中师范大学学报》(人文社会科学版)2003年第1期。
38. 王蝉:《关于海上人命救助报酬问题的初探》,载《珠江水运》2005年第4期。
39. 王建平、李欢:《生命利益结构与生命权的法律保护——基于弗洛姆"人能毁灭生命"的观点》,载《社会科学战线》2016年第9期。
40. 王秋阳:《完善我国海难救助报酬分配的几点建议》,载《世界海运》2003年第6期。
41. 王胜明:《制订民法典需要研究的部分问题》,载《法学家》2003年第4期。
42. 王世涛、石化东:《论我国海上执法体制的改革与完善——从东北亚海上执法模式比较研究的视角》,载《法学杂志》2016年第11期。
43. 王彦:《康索拉度海法评述》,载《中国海商法研究》2017年第2期。
44. 王彦:《维斯比海法》,载《中国海商法研究》2017年第1期。
45. 王瑜:《日本自民党"一党优位制"的终结》,载《当代世界与社会主义》2005年第3期。
46. 魏治勋:《文义解释在法律解释方法中的优位性及其限度》,载《求是学刊》2014年第4期。
47. 肖刚:《论责任保险与侵权行为法的关系》,载《华东政法学报》2003年第4期。
48. 谢晖:《私法基础与公法优位》,载《法学》1995年第8期。
49. 谢绍芬:《刍议强制责任保险直接请求权的适用条件——以"保险法"第

65 条第 2 款为视角》,载《天津财经大学学报》2012 年第 4 期。
50. 邢海宝:《船舶优先权研究》,载《法学家》1996 年第 4 期。
51. 徐国栋:《见义勇为立法比较研究》,载《河北法学》2006 年第 7 期。
52. 徐雯梅:《我国海上搜救现状及建议》,载《水运管理》2009 年第 8 期。
53. 杨立新:《论民法典中债法总则之存废》,载《清华法学》2014 年第 8 期
54. 姚大志:《公平与契约主义》,载《哲学动态》2017 年第 5 期。
55. 尹田:《论人格权独立成编的理论漏洞》,载《法学杂志》2007 年第 5 期。
56. 张超汉、于丹:《1999 年"蒙特利尔公约"存在的若干问题探析——以航空旅客运输消费者权益保护为视角》,载《南京航空航天大学学报》(社会科学版)2010 年第 2 期。
57. 张超汉:《国际航空运输事故承运人先行付款制度研究——以 1999 年"蒙特利尔公约"第 28 条为分析文本》,载《法律科学》2016 年第 6 期。
58. 曾娜:《从"道路交通安全法"看强制责任保险的发展对策》,载《昆明理工大学学报》(社会科学版)2004 年第 4 期。
59. 张宪丽、高奇琦:《社会优位协商:美国民主党与社会的互动模式研究》,载《上海行政学院学报》2014 年第 2 期。
60. 郑显文:《中国古代关于见义勇为的立法》,载《中外法学》1999 年第 6 期。

二、外文文献

(一)著作类

1. Christopher Hill, *Maritime law*(6th ed.), London, Lloyd Press, 2003.
2. Francis D. Rose, *Kennedy & Rose Law of Salvage* (6th ed.), London, Sweet & Maxwell Press, 2002.
3. Geoffrey Brice, *Maritime Law of Salvage*, London, Sweet & Maxwell Press, 1996.
4. Institute of Maritime Law, *Southampton on Shipping Law*, London, Informa Law, 2008.
5. Joseph Kay ed., *The Law Relating to Shipmasters Seamen: Their Appointment Duties Powers Rights* 1894, Alibris, Arkose Press, 2015.

6. Martin J. Norris, *The Law of Salvage*, Suffolk, Rochester Press, 1958.

7. Owen, N., *Game Theory*(2nd ed.), Salt Lake City, Academic Press, 1982.

8. Peter Birks, *An Introduction to the Law of Restitution*, Gloucestershire, Clarendon Press, 1989.

9. Rabel Ernst, *The Conflict of Laws: A Comparative Study* (2nd ed.), Cambridge, Cambridge University Press, 1973.

10. Roth, A. E, *The Shapley Value: Essays in Honor of Lloyd S. Shapley*, Cambridge, Cambridge University Press, 1988.

11. S Stoljar, *The law of Quasi Contract*(2nd ed.), Sydeny, The Law Book Co. Press, 1989.

12. SM Waddams, *Dimensions of Private Law*, Cambridge, Cambridge University Press, 2003.

13. Steven F. Friedell, *Benedict on Admiralty*, Albany, Mathew Bender Press, 1997.

14. Steven J. Hazel, *P & I Clubs Law and Practice*(3rd ed.), London, Informa Law, 2001.

15. Thomas J. Schoenbaum, *Admiralty and Maritime Law* (4th ed.), Haryana, Thomason Business Press, 2004.

（二）英文论文

1. Brian Wilson, James Kraska, "American Security and Law of the Sea", *Ocean Development and International law* 7, 2009.

2. Bruce D. Landrum, "Salvage Claims for the Navy and Coast Guard—A Unified Approach", *Naval Law Review* 38, 1989.

3. Catherine Swan, "The Restitutionary and Economic Analyses of Salvage Law", *A & NZ Mar LJ.* 23, 2009.

4. Concerning Feldbrugge, "Good and Bad Samaritans: A Comparative Survey of Criminal Law Provisions Failure to Rescue", *The American Journal of Comparative Law* 4, 1965.

5. Debing Ni, Yuntong Wang, "Sharing a Polluted River", *Journal of Games and*

Economic Behavior 60,2007.

6. Dermot. G. ,"Sharing the Gains from Regional Cooperation a Game Theoretic Application to Planning Investment in Electric Power", *Journal of International Economic Review* 15,1974.
7. Donald A. Kerr, "The 1989 Salvage Convention: Expediency or Equity?", *Journal of Maritime Law and Commerce* 20,1989.
8. Donald R. O' May, "Admiralty Law Institute: Symposium on American and International Maritime Law: Comparative Aspects of Current Importance: Lloyd's Form and the Montreal Convention", *Tulane Law Review* 57 ,1983.
9. Edgar Gold. "Marine Salvage: Towards a New Regime", *Journal of Maritime Law and Commerce* 20,1989.
10. Francis D. Rose. Kennedy & Rose, "Restitution for the Rescuer", *Oxford Journal of Legal Studies* 9,1989.
11. F. J. M. Concerning Feldbrugge: "Good and Bad Samaritans: A Comparative Survey of Criminal Law Provisions Failure to Rescue", *The American Journal of Comparative Law* 14,1965.
12. Geoffrey Brice, "Salvage and Enhanced Awards", *Lloyd's Maritime and Commercial Law Quarterly* 1,1985.
13. Guy S. Goodwin – Gill, "Refugees and Responsibility in the Twenty – First Century: More Lessons Learned from the South Pacific", *PAC. RIM. L. & POL'Y J.* 23,2003.
14. James A. R. Nafziger, "Historic Salvage Law Revisited", *Ocean Development & International Law* 31,2000.
15. Jason Parent, "No Duty to Save Lives, No Reward for Rescue: Is that Truly the Current State of International Salvage Law?", *Annual Survey of International & Comparative Law* 12,2006.
16. Jean L. , "An Application of Game Theory: Cost Allocation", *Journal of ASTIN BULLETIN* 14,1984.
17. Lawrence Jarrett, "The Life Salvor Problem in Admiralty", *YALE L. J.* 63,

1954.

18. Liza J. Bowman, "Oceans Apart Over Sunken Ships: Is the Underwater Cultural Heritage Convention Really Wrecking Admiralty Law?", *OSGOODE HALL L. J.* 42, 2004.
19. Marc E. Montgomery, "Navigating the Back Channels of Salvage Law: Procedural Options for the Small Boat Salvor", *Tulane Law Review* 83, 2012.
20. Martin Davies, "Legal and Practical Aspects of Salvage in the United States", *Lloyds Maritime and Commercial Law Quarterly* 1, 2009.
21. Martin Davies, "Obligations and Implications for Ships Encountering Persons in Need of Assistance at Sea", *PAC. RIM. L &POL'Y J.* 12, 2003.
22. Martin Davies, "Whatever Happened to the Salvage Convention 1989?", *Journal of Maritime Law & Commerce* 39, 2008.
23. Michael Allen, "The International Convention on Salvage and LOF 1990", *Journal of Maritime Law and Commerce* 22, 1991.
24. Michael Kerr, "The International Convention on Salvage1989 – How It Came to be", *International and Comparative Law Quarterly* 39, 1990.
25. Michael N. Rader, "The Good Samaritan in Jewish Law", *The Journal of Legal Medicine* 22, 2001.
26. Manning R., Levine M., Collins A., "The Kitty Genovese Murder and the Social Psychology of Helping: The Parable of the 38 Witnesses", *American Psychologist* 62, 2007.
27. N. J. J. Gaskell, "The International Convention on Salvage 1989", *International Journal of Estuarine and Coastal Law* 4, 1989.
28. Nornan B. Richards, "Maritime Liens in Tort, General Average and Salvage", *Tulane Law Review* 47, 1973.
29. Patrick J. Long, "The Good Samaritan Law and Admiralty: A Parable of a Statute Lost at Sea", *Buffalo Law Review* 48, 2000.
30. Rapp, Geoffrey Christopher, "Salvage Awards on the Somali Coast: Who

Pays for Public and Private Rescue Efforts in Piracy Crises?", *American University Law Review* 59,2010.

31. Ross A. Albert, "Restitutionary Recovery for Rescuers of Human Life", *CAL. L. REV.* 74, 1986.

32. Simon W. Tache, "The Law of Salvage: Criteria for Compensation of Public Service Vessels", *Mar. Law.* 9,1984.

33. Steve Hedley, "Implied Contract and Restitution", *Cambridge Law Journal* 63,2004.

34. Steven F. Friedell, "Compensation and Reward for Saving Life at Sea", *Michigan Law Review* 77,1979.

35. Steven F. Friedell, "The Future of Maritime Law in the Federal Courts: A Faculty Colloquium: Salvage", *Journal of Maritime Law & Commerce* 31, 2000.

36. Steven F. Friedell, "Salvage", *J. MAR. L. & COM.* 31,2000.

37. Susanne M. Burstein, "Saving Steel over Souls: The Human Cost of U. S. Salvage Law", *Tulane Maritime Law Journal* 27,2002.

(三)案例类

1. Allen v. Seacoast Prods. Inc. ,623 F. 2d 355 (5Cir. 1980).

2. Berg v. Chevron U. S. A. Inc. ,759 F. 2d 1425 (2002).

3. Filartiga v. Pena – Irala,630 F. 2d 876 (2Cir. 1980).

4. Grisby v. Coastal Marine Serv. of Texas Inc. ,412 F. 2d 1011 (5th Cir. 1969).

5. Hamburg – American Line v. United States,168 F. 2d 47 (1Cir. 1948).

6. Hunley v. ACE Maritme Corp. ,927 F. 2d 493 (1991).

7. Jerby v. One Hundred & Ninety – Four Slaves,13 F Cas. 550 (1806).

8. Lillian E. Kerr v. Publicover,71 F. Supp. 184 (2005).

9. Lovuolo v. Gunning,925 F. 2d 22 (1991).

10. Marilyn E. Berg Personal Representative of the Estate of OgieBerg v. Chevron U. S. A. Incorporated,759 F. 2d 1425 (1980).

11. Martinez v. Puerto Rico Marine Mgmt. Inc. ,755 F. Supp. 1001 (1990).

12. Peninsular & Oriental Steam Nav. Co. v. Overseas Carriers, 553 F. 2d 830 (2006).

13. Roane v. Greenwich Swim Comm, 330 F. Supp. 2d 306 (2004).

14. Saint Paul Marine Transp. Corp. v. Cerro Sales Corp., 505 F. 2d 1115 (1974).

15. Sinmon v. Talon Leishman, 344 Lloyd's Reports (1975).

16. Sobonis v. Steam Tanker Nat'J Defender, 298 F. Supp. 63 (1969).

17. St. Paul Marine Transp. v. Cerro Sale Corp [1970] 313 E Supp. AMC.

18. Sullivan v. General Helicopters, 564 F. Supp. 2 (2Cir. 2008).

19. Sunglory Maritime Ltd. v. Phi Inc., 212 F. Supp. 618 (3Cir. 2016).

20. The*Aid* [1822] 166 Eng. Rep. 30.

21. The*American Farmer* [1949] Lloyd's Law Rep. 80.

22. The *Annie Lord* [1917] 251 E 157.

23. The*Blackwall*, 77 U. S (10 Wall). 1 (1869).

24. The*Cetewayo*, 9 F. 717 (1881).

25. The*Emblem*, 8 F. Cas. 611 D. Me. (1840).

26. The *Emulous*, F. Cas. 4480 (1832).

27. The G. L. 40 v. Grain Transit Corp, 66 F. 2d 764 (1963).

28. The*George W. Clyde*, 80F. 157. E. D. N. Y (1897).

29. The *In re Yamashita – Suinnihon Kisen*, 305 F. Supp. 796 (2016).

30. The *Lambros Seaplane Base*, 215F. 2d 228 (2Cir. 1954).

31. The *Mulhouse*, 17 E Cas. 962, No. 9910 (1859).

32. The *Nagasaki Spiri* [1997] AC 455.

33. The *Plymouth Rock*, 9 F. 413 S. D. N. Y. (1881).

34. The *Queen Elizabeth* [1949] 2 Lloyd's Law Rep. 803.

35. The *Ripon City* [1897] Lloyd's Law Rep. 226.

36. The *Shreveport* [1919] 262 E 535.

37. The *Unique Mariner*(*No.* 1) [1978] 1 Lloyd's Law Rep. 438.

38. The *Whippingham* [1934] Lloyd's Law Rep. 49.

39. U. S. v. Cornell Steamboat Co. ,202 U. S. 184 (1906).

40. Warshauer v. Sabaudo, S. A. 71 F. 2d 146 (1934).

三、学位论文

1. 于杰:《国家主管机关海难救助法律问题研究》,大连海事大学法学系 2013 年博士学位论文。

2. 刘刚仿:《论海难救助的客体》,对外经济贸易大学法学系 2006 年博士学位论文。

3. 穆建华:《海上人命救助相关法律问题研究》,大连海事大学法学系 2011 年硕士学位论文。

4. 安馥:《海上强制保险的法律理论基础及其发展》,大连海事大学法学系 2006 年博士学位论文。

5. 张磊:《中国强制责任保险制度研究》,厦门大学法学系 2007 年博士学位论文。

四、报刊文献

1. 刘志强:《我国始终追求维护南海船舶航行安全》,载《人民日报》2016 年 7 月 11 日,第 006 版。

2. Vanora Bennett, Oksana Yablokova, "Russian Pride Rises with Kursk; Submarine Salvage", *The Times*. Oct. 10, 2001.

3. Christopher Drew, Steven Lee Myers, "International Rescue Team Wind Race to Free SubCrew", *New York Times*. Aug. 8, 2005.

五、电子文献

1.《1949 年舟山船难　中国船见死不救》,载凤凰网:http://phtv.ifeng.com/program/fhdsy/detail_2013_01/25/21598565_1.shtml,2017 年 10 月 2 日最后访问。

2.《台湾渔民落海漂流十余小时　过路船见死不救》,载搜狐新闻:news.sohu.com/20080408/n256148211.shtml? from=814e.com,2017 年 9 月 30

日最后访问。
3.《深圳海域“4·18”海难肇事逃逸船长一审被判8年》，载东方新闻：http://www.eastday.com/epublish/gb/paper148/20030306/class014800003/hwz898482.htm，2017年9月25日最后访问。
4.《美国一游轮被指见死不救》，载网易新闻：http://news.163.com/12/0421/01/7VJ0Q89700014AED.html，2017年10月15日最后访问。
5.《独家时评：小悦悦走了，但愿天堂里没有冷漠》，载新浪网：http://news.sina.com.cn/pl/2011-10-21/103023340450.shtml，2017年8月10日最后访问。
6.《驻马店女子遭2次碾压身亡现场：人车混杂　无红绿灯》，载网易新闻：http://news.163.com/17/0608/19/CMED26GI000187VE.html，2017年10月3日最后访问。
7.《小学生扶起老人反被讹，善举变伤心》，载中国青年网：http://news.youth.cn/sh/201509/t20150907_7086113.htm，2017年10月3日最后访问。
8.《厉害了！德国见死不救可被判有罪，处1年以下监禁或罚款》，载腾讯新闻：http://news.qq.com/a/20170919/026969.htm，2017年8月16日最后访问。
9.《关于〈中华人民共和国海商法（草案）〉的说明》，载中国人大网：http://www.npc.gov.cn/wxzl/gongbao/1992-06/23/content_1479244.htm，2017年10月7日最后访问。

六、法律法规

（一）国际公约

1.《1910年统一海难援助和救助某些法律规定公约》（1910 International Convention for the Unification of Certain Rules of Law Relating to Assistance and Salvage at Sea and Protocol of Signature）。
2.《1938年统一对水上飞机的海难援助和救助及由水上飞机施救的某些规定的国际公约》（International Convention for the Unification of Certain Rules

Relating to Assistance and Salvage of Aircraft or by Aircraft at Sea, 1938)。
3.《修正 1910 年统一海难援助和救助某些法律规定公约的 1967 年议定书》(Protocol of 1967 to Amend the Convention for the Unification of Certain Rules of Law Relating to Assistance and Salvage at Sea, 1910)。
4.《1989 年国际救助公约》(International Convention on Salvage, 1989)。
5.《1972 年国际海上碰避规则公约》(Convention on the International Regulations for Preventing Collisions at Sea, 1972)。
6.《1974 年国际海上人命安全公约》(International Convention for Safety of Life at Sea, 1974)。
7.《1979 年国际海上搜寻救助公约》(International Convention on Maritime Search and Rescue, 1979)
8.《1974 年海上旅客及其行李运输雅典公约》(Athens Convention relating to the Carriage of Passengers and their Luggage by Sea, 1974)。
9.《1974 年海上旅客及其行李运输雅典公约的 1976 年议定书》(Protocol of 1976 to the Athens Convention Relating to the Carriage of Passengers and their Luggage by Sea, 1974)。
10.《修正 1974 年海上旅客及其行李运输雅典公约的 1990 年议定书》(Protocol of 1990 to Amend the Athens Convention Relating to the Carriage of Passengers and their Luggage by Sea, 1974)。
11.《1910 年统一船舶碰撞某些法律规定的国际公约》(International Convention for the Unification of Certain Rules of Law with Respect to Collision Between Vessels, 1910)。
12.《1976 年海事索赔责任限制公约》(Convention on Limitation of Liability for Maritime Claims, 1976)。
13.《1969 年国际油污损害民事责任公约》(International Convention on Civil Liability for Oil Pollution Damage, 1969)。
14.《1969 年国际油污损害民事责任公约的 1976 年议定书》(Protocol of 1976 to the International Convention on Civil Liability for Oil Pollution Damage, 1969)。

15.《修正 1969 年国际油污损害民事责任公约的 1984 年议定书》(Protocol of 1984 to Amend the International Convention on Civil Liability for Oil Pollution Damage,1969)。

16.《1971 年设立国际油污损害赔偿基金国际公约》(International Convention on the Establishment of an International Fund for Compensation for Oil Pollution Damage,1971)。

17.《1993 年船舶优先权和抵押权国际公约》(International Convention on Maritime Liens and Mortgages,1993)。

18.《1952 年统一海船扣押某些规定的国际公约》(International Convention for the Unification of Certain Rules Relating to Arrest for SeaGoing Ships, 1952)。

19.《2007 年内罗毕国际清除残骸公约》(Nairobi International Convention on the Removal of Wrecks,2007)。

20.《1999 年联合国海洋法公约》(United Nations Convention on the Law of the Sea)。

21.《统一国际航空运输某些规则的公约》(Convention for the Unification of Certain Rules for International Carriage by Air – Montreal,1999)。

(二)各国或地区法律

1.《奥列隆惯例集》

2.《维斯比海法》

3.《康索拉度海商法典》

4.《罗德海法》

5.《中华人民共和国宪法》

6.《中华人民共和国民法总则》

7.《中华人民共和国民法通则》

8.《中华人民共和国海商法》

9.《中华人民共和国刑法》

10.《中华人民共和国海上交通安全法》

11.《中华人民共和国合同法》

12.《中华人民共和国保险法》
13.《中华人民共和国海上交通安全法(修订草案征求意见稿)》
14.《最高人民法院关于审理海事赔偿责任限制相关纠纷案件的若干规定》
15.《中华人民共和国海上海事行政处罚规定》
16. 中国台湾地区“刑法”
17. 中国台湾地区“海商法”
18. 美国《商法典航运卷》
19. 英国 1894 年《商船法》
20. 英国 1995 年《商船法》
21. 英国 1956 年《审判管理法》
22. 英国 1981 年《最高法院法》
23. 日本 1950 年《宪法》
24. 日本《生活保护法》
25. 爱尔兰 1937 年《宪法》
26. 德国《基本法》
27. 德国《刑法典》
28. 俄罗斯联邦《刑法典》
29. 危地马拉 1985 年《宪法》
30. 安哥拉 1992 年《宪法》
31. 乌克兰 1996 年《宪法》
32. 意大利 1942 年《航海法》
33. 意大利《刑法典》
34. 意大利《1925 年 6 月 24 日 939 号法令》
35. 西班牙《刑法典》
36. 新西兰 1973 年《海事法》
37. 新西兰 1994 年《海上交通法》

附　录

一、修改《1989年国际救助公约》和《中华人民共和国海商法》有关人命救助内容的建议案

（一）修改《1989年国际救助公约》的建议

根据《1989年国际救助公约》第三十二条的规定，国际海事组织可召开修订或修正本公约的会议。在本公约的修正案生效之日后，同意受本公约约束的任何表示应被视为适用于经修正的公约。建议以修正案的形式，通过对于有关人命救助规定的修改，确保海上遇险人员较财产能够得到优先救助。

1. 建议将现条文

“第一条　定义 就本公约而言：(a)救助作业　系指可航水域或其他任何水域中援救处于危险中的船舶或任何其他财产的行为或活动”中的“救助作业”增加人命救助的概念，并将遇险人员的排序位于船舶和财产之前，突出人命优位。修改为：

“第一条　定义 就本公约而言：(a)救助作业　系指可航水

域或其他任何水域中援救处于危险中的人员、船舶或任何其他财产的行为或活动。(b)人员指在海上有丧生危险的任何人员”。

2. 建议将现条文

“第八条　救助人的义务及所有人和船长的义务　1. 救助人对处于危险中的船舶或其他财产的所有人负有下列义务”中增加有关人命救助的义务。修改为：

“第八条　救助人的义务及所有人和船长的义务　1. 救助人对处于危险中的人员、船舶或其他财产的所有人负有下列义务”。

3. 建议将现条文

“第十二条　支付报酬的条件　1. 有效果的救助作业方有权获得报酬。2. 除另有规定外，救助作业无效果，不应得到本公约规定的支付款项。3. 如果被救船舶和救助船舶属于同一所有人，本章仍然适用”增加人命救助报酬的内容。修改为：

“第十二条　支付报酬的条件　1. 有效果的救助作业方有权获得报酬。2. 除另有规定外，救助作业无效果，不应得到本公约规定的支付款项。3. 人命救助人有权请求独立的人命救助报酬。4. 如果被救船舶和救助船舶属于同一所有人，本章仍然适用”。

4. 建议将现条文

“第十三条　3. 报酬金额不包括应付的利息及可追偿的法律费用，不得超过获救船舶和其他财产的价值”中增加人命救助报酬的内容，修改为：

“第十三条　3. 报酬金额不包括应付的利息及可追偿的法律费用，不得超过获救船舶和其他财产的价值。人命救助的救助报酬由保险人支付，不受上述限制”。

5. 建议将现条文

“第十六条　人命救助 获救人无须支付报酬，但本条规定不影响国内法就此作出的规定”。修改为：

"第十六条　人命救助 获救人无须支付报酬。但在救助船员与乘客的情况下,人命救助报酬由承保人命救助强制责任险的保险人支付,且本公约不妨碍国内法就人命救助报酬做出其他规定,例如建立海上人命救助基金支付救助本国国民的人命救助报酬。保险人有权享有责任限制,责任限额由议定书另行规定"。

6. 建议将现条文

"第二十二条　先行支付款项　1. 对救助人的索赔,有管辖权的法院或仲裁庭可根据案情,以公正合理的条件,通过临时裁定或裁决,责令向救助人先付公正合理的金额,包括适当的担保"中增加对于人命救助人先行赔付的内容。修改为:

"第二十二条　先行支付款项　1. 对包括人命救助人在内的救助人的索赔,有管辖权的法院或仲裁庭可根据案情,以公正合理的条件,通过临时裁定或裁决,责令被救助人的强制责任保险人向救助人先付公正合理的金额,包括适当的担保"。

(二)修改《中华人民共和国海商法》的建议

1. 建议将现条文

"第二十二条　下列各项海事请求具有船舶优先权:(一)船长、船员和在船上工作的其他在编人员根据劳动法律、行政法规或者劳动合同所产生的工资、其他劳动报酬、船员遣返费用和社会保险 费用的给付请求;……(四)海难救助的救助款项的给付请求"中明确人命救助报酬的支付由强制责任保险或海上人命救助基金提供,人命救助报酬的赔偿请求不属于上述优先权的范围。修改为:

"第二十二条　下列各项海事请求具有船舶优先权:(一)船长、船员和在船上工作的其他在编人员根据劳动法律、行政法规或者劳动合同所产生的工资、其他劳动报酬、船员遣返费用和社会保险费用的给付请求;(二)在船舶营运中发生的人身伤亡的赔偿请求;……(四)海难救助的救助款项的给付请求。海上人命救助报酬由强制责任保险人或中华人民共和国海上救助基金提供,不属于本款规定的范围"。

2. 建议将现条文

"第三章第三十一条　船员,是指包括船长在内的船上一切任职人员"中加入有关人命救助强制保险的内容,确保人命通过经济补偿获得优位。修改为:

"第三十一条　船员,是指包括船长在内的船上一切任职人员。船舶所有人需要为船员缴纳人命救助强制保险,保障船员生命安全。"

3. 建议将现条文

"第三十八条　船舶发生海上事故,危及在船人员和财产的安全时,船长应当组织船员和其他在船人员尽力施救。在船舶的沉没、毁灭不可避免的情况下,船长可以作出弃船决定"中加入财产、人员同时遇险时,优先救助人命的强制性规定。修改为:

"第三十八条　船舶发生海上事故,危及在船人员和财产的安全时,船长应当组织船员和其他在船人员尽力施救。在财产与人员同时遇险的情况下,原则上必须优先救助遇险人员,否则应承担相应责任。在船舶的沉没、毁灭不可避免的情况下,船长可以做出弃船决定;但是,除紧急情况外,应当报经船舶所有人同意。"

4. 建议将现条文

"第一百六十六条　船舶发生碰撞,当事船舶的船长在不严重危及本船和船上人员安全的情况下,对于相碰的船舶和船上人员必须尽力施救。碰撞船舶的船长应当尽可能将其船舶名称、船籍港、出发港和目的港通知对方"中加入优先救助人命的内容,修改为：

“第一百六十六条　船舶发生碰撞，当事船舶的船长在不严重危及本船和船上人员安全的情况下，对于相碰的船舶和船上人员必须尽力施救。情况紧急时，原则上须优先救助人命。碰撞船舶的船长应当尽可能将其船舶名称、船员和乘客人数、船籍港、出发港和目的港通知对方。”

5. 建议将现条文

“第九章　海难救助　第一百七十一条　本章规定适用于在海上或者与海相通的可航水域，对遇险的船舶和其他财产进行的救助”中明确将人命作为海难救助的客体，并将人员的排序位于船舶和财产之前，突出人命优位。修改为：

“第九章　海难救助　第一百七十一条　本章规定适用于在海上或者与海相通的可航水域，对遇险的人员、船舶和其他财产进行的救助”。

6. 建议将现条文

“第一百七十二条　本章下列用语的含义：（一）“船舶”，是指本法第三条所称的船舶和与其发生救助关系的任何其他非用于军事的或者政府公务的船艇。（二）“财产”，是指非永久地和非有意地依附于岸线的任何财产，包括有风险的运费。（三）“救助款项”，是指依照本章规定，“被救助方应当向救助方支付的任何救助报酬、酬金或者补偿”中加入对于海上遇险人员的定义。同时，鉴于我国已经加入1989年《国际救助公约》，对于船舶的定义应当同公约保持一致，建议对船舶的定义一并进行修订。修改为：

“第一百七十二条　本章下列用语的含义：（一）人员指在海上有丧生危险的任何人员。但救助人可以获得人命救助报酬的救助客体范围需受本法第179条规定的限定。（二）船舶系指任何船只、艇筏或任何能够航行的构造物”。

7. 建议将现条文

"第一百七十四条　船长在不严重危及本船和船上人员安全的情况下,有义务尽力救助海上人命"中加入人命优位的内容,修改为:

"第一百七十四条　船长在不严重危及本船和船上人员安全的情况下,有义务尽力救助海上人命。财产与人员同时遇险时,原则上须优先救助遇险人员,否则应承担相应责任。除非存在故意或重大过失,人命救助人在尽到合理谨慎义务后,不承担因救助而造成的进一步损失。"

8. 建议将现条文

"第一百七十七条　在救助作业过程中,救助方对被救助方负有下列义务:(一)以应有的谨慎进行救助;……(四)当被救助方合理地要求其他救助方参与救助作业时,接受此种要求,但是要求不合理的,原救助方的救助报酬金额不受影响"中加入救助方优先救助人命的义务要求,突出人命优位。修改为:

"第一百七十七条　在救助作业过程中,救助方对被救助方负有下列义务:(一)以应有的谨慎进行救助;……(四)当被救助方合理地要求其他救助方参与救助作业时,接受此种要求,但是要求不合理的,原救助方的救助报酬金额不受影响;(五)优先救助遇险人员。"

9. 建议将现条文

"第一百七十八条　在救助作业过程中,被救助方对救助方负有下列义务:(一)与救助方通力合作;……(三)当获救的船舶或者其他财产已经被送至安全地点时,及时接受救助方提出的合理的移交要求"中加入人员被救助后,配合保险公司进行救助报酬理赔的内容,修改为:

"第一百七十八条　在救助作业过程中,被救助方对救助方负有下列义务:(一)与救助方通力合作;……(三)当获救的船舶或者其他财产已经被送至安全地点时,及时接受救助方提出的合理的移交要求;(四)被救助人员有义务配合保险人与人命救助基金对于人命救助报酬的理赔调查。"

10. 建议将现条文

"第一百七十九条　救助方对遇险的船舶和其他财产的救助,取得效果的,有权获得救助报酬;救助未取得效果的,除本法第一百八十二条或者其他法律另有规定或者合同另有约定外,无权获得救助款项"中加入独立的人命救助报酬的相关内容,修改为:

"第一百七十九条　救助方对遇险的船舶和其他财产的救助,取得效果的,有权获得救助报酬;救助未取得效果的,除本法第一百八十二条或者其他法律另有规定或者合同另有约定外,无权获得救助款项。救助方单独救助人命的,可以获得由保险人或海上人命救助基金支付相关人命救助报酬,但不得向被救助人请求救助报酬。

船舶所有人必须为本船船员、乘客购买海上人命救助强制责任保险,由保险人支付上述人员的人命救助报酬。

建立中华人民共和国海上人命救助基金,由国库负责开支,对在中国水域救援任何国籍人员以及在其他水域救助中国国籍人员的人命救助案件进行审核与报酬支付。"

11. 建议将现条文

"第一百八十三条　救助报酬的金额,应当由获救的船舶和其他财产的各所有人,按照船舶和其他各项财产各自的获救价值占全部获救价值的比例承担。"中加入人命救助报酬的规定,修改为:

"第一百八十三条　救助报酬的金额,应当由获救的船舶和其他财产的各所有人,按照船舶和其他各项财产各自的获救价值占全部获救价值的比例承担。人命救助报酬由保险人或海上救助基金承担”。

12. 建议将现条文

“第一百八十九条　受理救助款项请求的法院或者仲裁机构,根据具体情况,在合理的条件下,可以裁定或者裁决被救助方向救助方先行支付适当的金额。被救助方根据前款规定先行支付金额后,其根据本法第一百八十八条规定提供的担保金额应当相应扣减”中加入强制保险对于人命救助先行赔付的内容。

“第一百八十九条　受理救助款项请求的法院或者仲裁机构,根据具体情况,在合理的条件下,可以裁定或者裁决被救助方向救助方先行支付适当的金额。被救助方根据前款规定先行支付金额后,其根据本法第一百八十八条规定提供的担保金额应当相应扣减。在存在救助人员的情形下,若救助事实清楚、证据充分,保险人或海上救助基金可在救助发生后先行支付部分理赔费用,其余部分待结案后付清”。

二、《1910 年统一海难援助和救助某些法律规定公约》

第 1 条　对处于危险中的海船、船上财物和客货运费的援助和救助,以及海船和内河船舶相互之间提供的相同性质的服务,应适用下列规定,而在这两种服务(即援助和救助)之间不作任何区分,并且不论在何种水域提供此种服务。

第 2 条　取得有益结果的每一援助或救助行为,有权获得公平的报酬。如果所提供的服务没有取得有益的结果,便不应支付报酬。在任何情况下,应付报酬的金额不提超过获救财产的价值。

第3条 虽经被救船舶一方明白和合理的拒绝,但仍参与救助作业的人,无权要求任何报酬。

第4条 拖轮对于被拖船舶或该船所载货物的援助或救助,无权要求报酬,除非它所提供的服务,被认为是履行拖航合同之外的服务。

第5条 救助服务由属于同一所有人的船舶提供,或向属于同一所有人的船舶提供,报酬仍应支付。

第6条 报酬金额由当事各方协议确定;协议不成的,由法院决定。救助人之间报酬分配的比例,以同样方法确定。每一救助船舶的所有人、船长和其他服务人员之间报酬的分配,依据船旗国法律确定。

第7条 在危险期间并在危险影响下达成的每援助或救助协议,经当事一方请求,如果法院认为协议的条件不公平,可以宣告该协议无效,或予以变更。在任何情况下,如经证明,当事一方同意的事项因欺诈或隐瞒而无效,或报酬与所提供的服务相比,高得过分或低得过分,经受影响的一方请求,法院可以宣告协议无效,或予以变更。

第8条 报酬由法院根据具体情况确定,并以下列各项为依据:(a)首先,获得效果的程度;救助人的努力与劳绩;被救船舶、其旅客、船员、货物、以及救助人和救助船所冒的危险;救助人所用时间、所耗费用和所受损失;救助人所冒责任上的风险和其他风险,以及冒上述风险的财产价值;如果为救助目的而特殊调用救助人的船舶,也需加以考虑;(b)其次,获救财产的价值。前述规定适用于确定第6条第2款规定的报酬的分配。

如果由于救助人的过失使救助成为必要,或者救助人犯有盗窃罪、欺诈性隐瞒或其他欺诈行为,法院可剥夺救助人的全部报酬,或决定减少报酬。

第9条 获救人员不支付报酬,但本条规定不影响国内立法在这方面的规定。在发生援助或救助的事故中参与提供服务的人命救助人,在给予船舶、货物及其附属品的救助人的报酬中,有权获得公平的份额。

第10条 自救助作业终止之日起两年内,救助诉讼的时效即终止。上述期限中止或中断的原因,根据审理案件的法院地的法律确定。各缔约国保留有权通过本国立法规定,如未能在原告有住所或主要营业所的国家领水内扣押获救船舶,上述期限应予延长。

第11条 船长在海上发出遭遇生命危险的每一个人,即使是敌人,都必须援助,只要这样做对其船舶、船员和旅客没有严重危险。船舶所有人不因上述规定的违反而承担责任。

第12条 各缔约国如其立法不禁止违反前条规定的行为,须采取或建议其立法机关采取必要措施,以防止此种违反。各缔约国应将为实施上述规定而已在国内颁布或今后拟予颁布的法律或规则,尽快互相通知。

第13条 本公约不影响国内法或国际条约中有关由公共当局提供或控制的援助或救助服务的组织,尤其不影响有关渔具救助的此种法律或条约。

第14条 本公约不适用于军舰或专门用于政府公务的船舶。

第15条 在援助船或救助船或者被援助船或被救船属于缔约国所有,以及国内法规定的任何其他情况下,本公约各项规定适用于所有利害关系人。但是:1. 对非属于缔约国的利害关系人,每一缔约国可在互惠条件下适用本公约的规定;2. 如所有利害关系人与审理案件的法院属于同一国家,则应适用国内法的规定,而不适用本公约的规定;3. 不妨碍任何国内法作出更广泛的规定,第 11 条的规定只在缔约国所属船舶之间适用。

第 16 条 任何一个缔约国都有权在本公约生效之日起三年后,要求召开新的会议,对本公约作可能的修正,尤其是在可能的情况下扩大其适用范围。行使上述权利的国家,应通过比利时政府将其意图通知其他国家。比利时政府则应在六个月内安排召集会议。

第 17 条 未签署本公约的国家,可申请加入本公约。此种加入应通过外交途径通知比利时政府,并由比利时政府通知其他缔约国政府。此种加入应自比利时政府发送此种通知之日起一个月后生效。

第 18 条 本公约须经批准。自本公约签字之日起最多一年后,比利时政府应与已声明准备批准本公约的缔约国政府取得联系,以决定是否应使本公约生效。如已决定批准本公约,则应将批准书交存于布鲁塞尔。本公约在此种交存后一个月生效。议定书对出席布鲁塞尔会议的各国另行开放一年,在此期间后,上述各国只能依照第 17 条的规定,加入本公约。

第 19 条 如有缔约国退出本公约,此种退出应自该国通知比利时政府之日起一年后生效。本公约在其他缔约国之间仍然有效。各缔约国的全权代表已在本公约上签字盖章,以昭信守。

1910 年 9 月 23 日订于布鲁塞尔,共一份。

三、《1989 年国际救助公约》

本公约缔约国,认识到有必要通过协议制订关于救助作业的统一的国际规则,注意到一些重大发展,尤其是人们对保护环境的日益关心，证明有必要审查1910年9月23日在布鲁塞尔制订的《关于统一海上救助某些法律规定的公约》所确定的国际规则，认识到及时有效的救助作业，对处于危险中的船舶和其他财产的安全以及对环境保护能起重大的作用，相信有必要确保对处于危险中的船舶和其他财产进行救助作业的人员能得到足够的鼓励，兹协议如下：

第一章　总　　则

第1条　定义

就本公约而言：

(a)救助作业　系指可航水域或其他任何水域中援救处于危险中的船舶或任何其他财产的行为或活动。

(b)船舶　系指任何船只、艇筏或任何能够航行的构造物。

(c)财产　系指非永久性和非有意地依附于岸线的任何财产，包括有风险的运费。

(d)环境损害　系指由污染、沾污、火灾、爆炸或类似的重大事故，对人身健康，对沿海、内水或其毗连区域中的海洋生物、海洋资源所造成的重大的有形损害。

(e)支付款项　系指按本公约规定应付的任何报酬、酬金、或补偿。

(f)组织　系指国际海事组织。

(g)秘书长　系指本组织的秘书长。

第2条　适用范围

本公约适用于在一缔约国提起的有关公约所辖事项的诉讼或仲裁。

第3条　平台和钻井装置

本公约不适用于已就位的从事海底矿物资源的勘探、开发或生产的固定式、浮动式平台或移动式近海钻井装置。

第4条　国有船舶

1. 在不影响第5条规定的情况下，除一国另有规定外，本公约不适用于军舰或国家所有或经营的、根据公认的国际法准则在发生救助作业时享有主权豁免的其他非商业性船舶。

2. 如一缔约国决定其军舰或本条第1款所述的其他船舶适用本公约，它应将此事通知秘书长，并说明此种适用的条款和条件。

第5条　公共当局控制的救助作业

1. 本公约不影响国内法或国际公约有关由公共当局从事或控制的救助作业的任何规定。

2. 然而，从事此种救助作业的救助人，有权享有本公约所规定的有关救助作业的权利和补偿。

3. 负责进行救助作业的公共当局所能享有的本公约规定的权利和补偿的范围，应根据该当局所在国的法律确定。

第6条　救助合同

1. 除合同另有明示或默示的规定外，本公约适用于任何救助作业。

2. 船长有权代表船舶所有人签订救助合同。船长或船舶所有人有权代表船上财产所有人签订此种合同。

3. 本条不影响第7条的适用，也不影响防止或减轻环境损害的义务。

第7条　合同的废止和修改

如有以下情况，可以废止或修改合同或其任何条款：

(a)在胁迫或危险情况影响下签订的合同，且其条款不公平；或

(b)合同项下的支付款项同实际提供的服务不大相称，过高

或过低。

第二章 救助作业的实施

第 8 条 救助人的义务及所有人和船长的义务

1. 救助人对处于危险中的船舶或其他财产的所有人负有下列义务：

(a)以应有的谨慎进行救助作业；

(b)在履行(a)项所规定的义务时，以应有的谨慎防止或减轻环境损害；

(c)在合理需要的情况下，寻求其他救助人的援助；和

(d)当处于危险中的船舶或其他财产的所有人或船长，合理地要求其他救助人介入时，接受这种介入；但是，如果发现这种要求是不合理的，其报酬金额不得受到影响。

2. 处于危险中的船舶或其他财产所有人和船长对救助人负有下列义务：

(a)在救助作业的过程中，与救助人通力合作；

(b)在进行此种合作时，以应有的谨慎防止或减轻环境损害；和

(c)当船舶或其他财产已被送至安全地点后，如救助人提出合理的移交要求，接受此种移交。

第 9 条 沿海国的权利

本公约中的任何规定，均不得影响有关沿海国的下述权利：根据公认的国际法准则，在发生可以合理地预期足以造成重大损害后果的海上事故或与此项事故有关的行动时，采取措施保护其岸线或有关利益方免受污染或污染威胁的权利，包括沿海国就救助作业作出指示的权利。

第 10 条 提供救助的义务

1. 只要不致于对其船舶及船上人员造成严重危险，每个船长

都有义务援救在海上有丧生危险的任何人员。

2. 缔约国应采取必要措施履行第1款所规定的义务。

3. 船舶所有人对船长不履行第1款中的义务不承担责任。

第11条　合作

在对诸如允许遇难船舶进港或向救助人提供便利等有关救助作业的事项做出规定或决定时,缔约国应考虑救助人,其他利益方同当局之间合作的需要,以保证为拯救处于危险中的生命或财产及为防止对总体环境造成损害而进行的救助作业得以有效、成功的实施。

第三章　救助人的权利

第12条　支付报酬的条件

1. 有效果的救助作业方有权获得报酬。

2. 除另有规定外,救助作业无效果,不应得到本公约规定的支付款项。

3. 如果被救船舶和救助船舶属于同一所有人,本章仍然适用。

第13条　评定报酬的标准

1. 确定报酬应从鼓励救助作业出发,并考虑下列因素,但与其排列顺序无关:

(a)获救的船舶和其他财产的价值;

(b)救助人在防止或减轻对环境损害方面的技能和努力;

(c)救助人获得成功的程度;

(d)危险的性质和程度;

(e)救助人在救助船舶、其他财产及人命方面的技能和努力;

(f)救助人所花的时间、费用及遭受的损失;

(g)救助人或其设备的责任风险及其他风险;

(h)提供服务的及时性；

(i)用于救助作业的船舶及其他设备的可用性及使用情况；

(j)救助设备的备用状况、效能和设备的价值。

2. 按照第1款确定的报酬应由所有的船舶和其他财产利益方按其获救船舶和其他财产的价值比例进行支付，但是缔约国可在其国内法中做出规定，报酬须由这些利益方中的一方先行支付，该利益方有权向其他利益方按其分摊比例进行追偿。本条中的任何规定均不影响抗辩权。

3. 报酬金额不包括应付的利息及可追偿的法律费用，不得超过获救船舶和其他财产的价值。

第14条　特别补偿

1. 如一船或其船上货物对环境构成了损害威胁，救助人对其进行了救助作业，但根据第13条所获得的报酬少于按本条可得的特别补偿，他有权按本条规定从该船的船舶所有人处获得相当于其所花费用的特别补偿。

2. 在第1款所述情况下，如果救助人因其救助作业防止或减轻了环境损害，船舶所有人根据第1款应向救助人支付的特别补偿可另行增加，其最大增加额可达救助人所发生费用的30%，然而，如果法院或仲裁法庭认为公平、合理，并且考虑到第13条第1款中所列的有关因素，可将此项特别补偿进一步增加，但是，在任何情况下，其增加总额不得超过救助人所发生费用的百分之百。

3. 救助人所花费用，就第1款和第2款而言，系指救助人在救助作业中合理支出的现付费用和在救助作业中实际并合理使用设备和人员的公平费率。同时应考虑第13条第1款(h)(i)(j)项规定的标准。

4. 在任何情况下，本规定的全部特别补偿，只有在其高于救助人根据第13条获得的报酬时方予支付。

5. 如果由于救助人疏忽而未能防止或减轻环境损害，可全部或部分地剥夺其根据本条规定应得的特别补偿。

6. 本条的任何规定不影响船舶所有人的任何追偿权。

第 15 条　救助人之间的报酬分配

1. 救助人之间的报酬分配应以第 13 条中的标准为基础。

2. 每一救助船的所有人、船长及船上其他工作人员之间的报酬分配应根据该船旗国的法律确定。如救助作业不是在救助上进行的，其报酬分配应根据制约救助人与其受雇人所订合同的法律确定。

第 16 条　人命救助

1. 获救人无须支付报酬，但本条规定不影响国内法就此作出的规定。

2. 在发生需要救助的事故时，参与救助作业的人命救助人有权从支付给救助船舶，其他财产或防止或减轻环境损害的救助人的报酬中获得合理份额。

第 17 条　根据现有合同提供的服务

在危险发生之前所签署的合同，不得依本公约的规定支付款项，除非所提供的服务被合理地认为已超出正常履行该合同的范围。

第 18 条　救助人不当行为的后果

如因救助人的过失或疏忽或因救助人有欺诈或其他不诚实行为而使救助作业成为必需或更加困难，可剥夺救助人按本公约规定所得的全部或部分支付款项。

第 19 条　制止救助作业

不顾船舶所有人、船长或其他处于危险中的不在船上而且未曾装过船的财产的所有人的明确而合理的制止而提供的服务，不产生本公约规定的支付款项。

第四章　索赔与诉讼

第 20 条　优先请求权

1. 本公约任何规定不影响根据任何国际公约或国内法规定的救助人的优先请求权。

2. 当已提交或提供了包括利息和诉讼费用在内的令人满意的担保后，救助人不可行使其优先请求权。

第 21 条　提供担保的义务

1. 应救助人要求，根据本公约规定应支付款项的人，应对救助人的索赔，包括救助人的利息和诉讼费用，提供满意的担保。

2. 在不影响第 1 款的情况下，获得船舶的所有人，应尽力以保证在货物释放前，货物所有人对向其提出的索赔，包括利息和诉讼费用，提供满意的担保。

3. 在对救助人的有关船舶和财产的索赔提供满意的担保前，未经救助人同意，获救的船舶或其他财产不得从完成救助作业后最初抵达的港口或地点移走。

第 22 条　先行支付款项

1. 对救助人的索赔，有管辖权的法院或仲裁庭可根据案情，以公正合理的条件，通过临时裁定或裁决，责令向救助人先付公正合理的金额，包括适当的担保。

2. 根据本条规定，如已先行支付款项，根据第 21 条所提供的担保则应作相应的扣减。

第 23 条　诉讼时效

1. 如在 2 年内没有提起诉讼或仲裁，本公约规定的有关支付款项的任何诉讼，便丧失时效。时效期限从救助作业结束之日起算。

2. 被索赔人可在时效期限内的任何时间，通过向索赔人提出声明,延长时效期限,该期限可以同样方式进一步延长。

3. 如果诉讼是在起诉地国的法律允许的时间内提起,即使上述两款规定的时效期限已届满,负有责任的人仍可提起要求补偿的诉讼。

第 24 条　利息

救助人根据本公约应得给付利息的权利,应按受理该案的法院或仲裁庭所在国的法律确定。

第 25 条　国有货物

除经国家所有人的同意外,本公约的任何规定均不得作为以任何法律程序或对物诉讼程序扣留、扣押或置留国家拥有的根据公认的国际法准则,在发生救助作业时,享有主权豁免的非商业性货物的根据。

第 26 条　人道主义货物

如果一国已同意向对其人道主义的货物所提供的救助服务支付费用,本公约中的规定均不得作为扣留、扣押或置留该国捐助的人道主义货物的根据。

第 27 条　仲裁裁决的公布

缔约国应在征得当事方同意的条件下,尽量鼓励公布救助案的仲裁裁决。

第五章　最 后 条 款

第 28 条　签字、批准、接受、核准和加入

1. 本公约自 1989 年 7 月 1 日至 1990 年 6 月 30 日在本组织总部开放供签字,此后继续放供加入。

2. 各国可按下列方式表示同意受本公约的约束:

(a)签字并对批准、接受或核准无保留;或

(b)签字而有待批准、接受或核准,随后再批准、接受或核

准;或

(c)加入。

3. 批准、接受、核准或加入应向秘书长交存一份相应的文件。

第29条　生效

1. 本公约在15个国家表示同意受本公约约束之日后一年生效。

2. 对于在本公约生效条件满足后表示同意受本公约约束的国家,应在表示同意之日后一年生效。

第30条　保留

1. 任何国家在签字、批准、接受、核准或加入时,就下列情况可保留不适用本公约规定的权利:

(a)救助作业发生在内陆水域,而且涉及的所有船舶均为内陆水域航行的船舶;

(b)救助作业发生在内陆水域,而且并不涉及船舶;

(c)所有的利益方都是该国的国民;

(d)有关财产为位于海床上的具有史前的、考古的或历史价值的海上文化财产。

2. 在签字时做出的保留需在批准、接受或核准时加以确认。

3. 对本公约做出保留的国家可在任何时候以向秘书长发出通知的方式撤销保留。这种撤销从收到通知之日起生效。如果该通知声明对某一保留的撤销应在该通知中载明的某一日期生效,而且该日期迟于秘书长收到通知的日期,则该撤销应在较迟的日期生效。

第31条　退出

1. 任一缔约国在本公约对其生效之日起一年后,可随时退出本公约。

2. 退出须向秘书长交存一份退出文件方为有效。

3. 退出本公约，应在秘书长收到退出文件一年后，或在退出文件中载明的较此更长的期限届满后生效。

第32条　修订和修正

1. 本组织可召开修订或修正本公约的会议。

2. 经八个或四分之一缔约国的要求，以数大者为准，秘书长应召集修订或修正本公约的缔约国会议。

3. 在本公约的修正案生效之日后同意受本公约约束的任何表示应被视为适用于经修正的公约。

第33条　保存

1. 本公约由秘书长保存。

2. 秘书长应：

(a)将下列事项通知所有签署或加入本公约的国家以及本组织的所有会员国：

(i)每一新的签字或每一新的批准、接受、核准或加入书的交存及其日期；

(ii)本公约的生效日期；

(iii)任何退出本公约的文件的交存及其收到日期和退出的生效日期；

(iv)根据第32条规定通过的任何修正案。

(v)收到根据本公约所作出的任何保留、声明或通知。

(b)将本公约核正无误的副本分发给已签署或加入本公约的所有国家。

3. 本公约一经生效，其保存人应按照联合国宪章第一百零二条的规定，将本公约核正无误的副本一份送交联合国秘书长，供登记和公布。

第34条　语言

本公约正本一份，用阿拉伯文、中文、英文、法文、俄文和西班牙文写成,各种文本具有同等效力。以下署名者,经各自政府正式授权,特签署本公约,以昭信守。

1989 年 4 月 28 日订于伦敦。

四、《2007 年内罗毕国际船舶残骸清除公约》

2007 年 5 月 14 日至 18 日,国际海事组织在肯尼亚内罗毕召开外交大会。会上,各缔约国对 2007 年《内罗毕国际船舶残骸清除公约》进行了审议,通过并明确了该公约将在 10 个国家批准后 12 个月后生效。各缔约国意识到残骸若不予清除可能对航行或海上环境造成危害,确信需要通过统一的国际规则和程序,以确保船舶残骸及时有效清除和赔付所涉及费用,鉴及 1982 年 12 月 10 日订于蒙特哥湾的《联合国海洋法公约》以及国际海洋习惯法之重要性,公约具体内容如下:

第一条　定义

就本公约而言:一、"公约区域"系指一缔约国根据国际法设立的专属经济区,或者,如果一缔约国尚未设立这种区域,则为该国在根据国际法所确定的领海之外并与其领海毗邻的、从测量其领海宽度的基线向外延伸不超过 200 海里的区域。

二、"船舶"系指任何类型的海船包括水翼艇、气垫船、潜水器、浮动航行器和浮动平台,但已经固定从事海床矿产资源的勘探、开采和生产的这类平台除外。

三、"海上事故"系指给船舶或其货物造成重大损失或重大损失紧迫威胁的船舶碰撞、搁浅或者其他航行事件或者在船上或船外发生的其他情况。

四、“残骸”系指发生海上事故后：

（一）一艘沉没或搁浅的船舶；或

（二）沉没或搁浅船舶的任一部分，包括当时或曾经在该船上的任何物品；或

（三）船舶在海上灭失的并在海上搁浅、沉没或漂浮的任何物品；或

（四）即将或有合理预期将沉没或搁浅的一艘船舶，若尚未为救助该船或处于危险中的任何财产采取有效措施的话。

五、“危害”系指：（一）对航行构成威胁或妨碍的任何情况或威胁；或者（二）有合理预期会对海上环境造成重大有害影响，或是损害一国或多国的海岸线或相关利益的任何情况或威胁。

六、“相关利益”系指直接受到残骸影响或威胁的沿岸国的利益，例如：（一）构成有关人员基本生计的沿海、港口和港湾海事活动，包括捕鱼活动；（二）有关地区的旅游胜地和其他经济利益；（三）沿海人口的健康和有关地区福祉，包括对海洋生物资源和野生动物的保护；（四）近海和水下基础设施。

七、“清除”系指对残骸所造成的危害进行任何形式的预防、减少或消除。“清除”、“已清除”和“正在清除”须予以相应解释。

八、“登记所有人”系指登记为船舶所有人的一人或多人，或若没有登记，在发生海上事故时拥有船舶的一个或多人。然而，当船舶为国家所有并由在该国登记为该船经营人的公司营运时，“登记所有人”须指此种公司。

九、“船舶经营人”系指船舶的所有人，或从船舶所有人处接受船舶营运责任，并在承担该责任时已经同意接受根据经修正的《国际安全管理规则》确定的所有职责和责任的任何其他组织或个人，诸如管理人或光船承租人。

十、“受影响国家”系指残骸位于其公约区域的国家。

十一、“船舶登记国”就登记的船舶而言，系指船舶的登记国家；就未登记的船舶而言，系指船舶有权悬挂其国旗的国家。

十二、“本组织”系指国际海事组织。

十三“秘书长”系指本组织秘书长。

第二条　目的和一般原则

一、一缔约国可以按照本公约就清除在公约区域内构成危害的残骸采取措施。

二、受影响国家根据第一款采取的措施须与危害相称。

三、这些措施不得超出清除构成危害的残骸的合理的必要程度，且须在残骸被清除后立即停止；这些措施不得对包括船舶登记国在内的其他缔约国、任何有关人（自然人或法人）的权利和利益造成不必要的抵触。

四、本公约在公约区域的适用不得赋予一个缔约国对公海任一部分提出或行使主权或主权权利。

五、如果导致残骸的海上事故的后果涉及受影响国家以外的国家，各缔约国须尽力合作。

第三条　适用范围

一、除本公约另有规定外，本公约须适用于公约区域内的残骸。

二、一缔约国可以将本公约扩大适用于包括领海在内的领土内的残骸，但在第四条第四款的规定之下。在此种情况下，其须在表示同意受公约约束之时或此后的任何时间，相应地通知秘书长。若一缔约国已经通知将本公约适用于包括领海在内的领土内的残骸，这并不妨碍该国对位于包括领海之内的领土内的残骸采取本公约规定的定位、标记和清除以外的措施的权利和义务。本公约第十条、第十一条和第十二条规定不得适用于非按照本公约第七条、第八条和第九条采取的任何措施。

三、若一缔约国已经根据本条第二款做出通知，则受影响国家的“公约区域”须包括该缔约国领海在内的领土。

四、根据上述第二款做出的通知，若缔约国是在本公约生效前做出的，则须在公约生效时对该缔约国生效。若是在公约对该缔约国生效后做出的，则通知须在秘书长收到后6个月生效。

五、一缔约国根据第二款已经做出通知的可以通过向秘书长交存撤销通知随时撤销通知。该撤销通知须在秘书长收到后6个月生效，除非通知中规定更晚的日期。

第四条　除外

一、本公约不适用于根据经修正的《1969年国际干预公海油污事故公约》或经修正的《1973年干预公海非油类物质污染事件议定书》所采取的措施。

二、本公约不适用于任何军舰或由某一国家所有或经营的且当时仅用于政府非商业服务用途的其他船舶，除非该国决定适用。

三、如果一缔约国决定将本公约适用于第一款所述的军舰或其他船舶，则须将此通知秘书长并说明适用的条件。

四、(一)若一缔约国已经根据第三条第二款做出通知，本公约下述规定不得适用于其包括领海在内的领土内：1. 第二条第四款。2. 第九条第一款、第五款、第七款、第八款、第九款和第十款。3. 第十五条。（二）就其适用于包括缔约国领海在内的领土而言，第九条第四款应为：“在受影响国家国内法的规定之下，登记所有人可以和任何打捞人或其他人员签订合约，代表所有人清除已确定构成危害的残骸。在开始清除前，受影响国家可以对这类清除规定条件，但仅限于为确保以符合安全和海洋环境保护考虑的方式进行清除所必需者。”

第五条　报告残骸

一、缔约国须要求悬挂其国旗的船舶的船长和经营人在该船舶被卷入导致残骸的海上事故时毫不延误地向受影响国家报告。只要船长或经营人的其中一方履行了本条规定的报告义务，则他们中另一方没有义务进行报告。

二、此类报告须提供登记所有人的名称和主要营业地点和受影响国家根据第六条确定该残骸是否构成危害的所有必要的相关信息，包括：（一）残骸的精确位置；（二）残骸的大小、类型和结构；（三）残骸损坏性质和残骸状况；（四）货物性质和数量，特别是任何有害有毒物质；及（五）包括燃料油和润滑油在内的船上油类的数量和种类。

第六条　危害的确定

在确定残骸是否构成危害时，受影响国家应考虑下列衡准：

（一）残骸的类型、大小和结构；

（二）所在区域的水深；

（三）所在区域的潮汐范围和水流；

（四）根据本组织通过的导则所明确和（若适用）指定的特别敏感海域，或者根据 1982 年《联合国海洋法公约》第 211 条第 6 款为其采取了特殊强制措施的专属经济区内明确界定的区域；

（五）与航线或既定航道的距离；

（六）交通密度和频率；

（七）交通类型；

（八）残骸货物的性质和数量，残骸上油类的数量和种类（如燃料油和润滑油），特别是如果此类货物和油类释放到海洋环境可能导致的损害；

（九）港口设施的脆弱性；

（十）盛行的气象和水文情况；

（十一）所在区域的水下地形学；

（十二）在天文潮汐最低时在水面以上或以下的残骸高度；

(十三)残骸声磁剖面图;

(十四)与近海设施、管道、通讯电缆和类似结构的距离以及;

(十五)可能需要清除残骸的任何其他情形。

第七条　残骸的定位

一、在获知残骸之后,受影响国家须使用所有切实可行的办法,包括各国和各组织的斡旋,紧急地就残骸的性质和位置警告有关船员和国家。

二、如果受影响国家有理由相信残骸构成危害,它须确保采取所有切实可行的措施以确定残骸的精确位置。

第八条　残骸的标记

一、如果受影响国家确定残骸构成危害,则该国须确保采取所有合理的措施对残骸进行标记。

二、在标记残骸时,须采取所有切实可行的措施以确保标记符合残骸所在区域所使用的国际接受的浮标系统。

三、受影响国家须使用所有适当的办法公布残骸标记的具体细节,包括相关的航海出版物。

第九条　清除残骸的便利措施

一、如果受影响国家确定残骸构成危害,则它须立即:(一)通知船舶登记国和登记所有人;并(二)就对残骸采取的措施与船舶登记国和受到残骸影响的其他缔约国进行协商。

二、登记所有人须清除被确定为构成危害的残骸。

三、如已确定残骸构成危害,登记所有人或其他利益方须向受影响国家的主管当局提供第十二条所要求的保险或其他经济担保证明。

四、登记所有人可以和任何打捞人或其他人员签订合约,代表所有人清除被确定为构成危害的残骸。在开始清除前,受影响国家可以对这类清除规定条件,但仅限于为确保以符合安全和海洋环境保护考虑的方式进行清除所必需者。

五、在已经开始第二款和第四款提及的清除时,受影响国家可以干预清除工作,但仅限于为确保以符合安全和海洋环境保护考虑的方式进行清除所必需者。

六、受影响国家须:(一)设定一个合理的期限,在该期限内登记所有人必须对残骸进行清除,同时考虑到按照第六条确定的危害性质;(二)书面通知登记所有人所设定的期限并说明,如果登记所有人在该期限内不清除残骸,该国可以对残骸进行清除,费用由登记所有人承担;及(三)书面通知登记所有人,在危害变得特别严重的情形下,其将立即干预。

七、如果登记所有人在按照第六款第(一)项设定的期限内没有清除残骸,或是无法联系到登记所有人,则受影响国家可以采取现有最切实可行和最迅速且符合安全和海洋环境保护的办法对残骸进行清除。

八、在需要立即采取行动且受影响国家已经相应地通知船舶登记国和登记所有人的情形下,受影响国家可以采取现有最切实可行和最迅速且符合安全和海洋环境保护的办法对残骸进行清除。

九、各缔约国须采取其国内法规定的适当措施以确保其登记所有人遵守第二款和第三款。

十、各缔约国应就受影响国家采取第四至八款规定的行动的要求给予同意。

十一、本条提及的信息须由受影响国家提供给第五条第二款提及的报告中明确的登记所有人。

第十条　所有人的责任

一、在第十一条的条件下,登记所有人须分别对第七条、第八条和第九条规定的定位、标记和清除残骸的各项费用负责,除非登记所有人证明造成残骸的海上事故是:(一)由战争、敌对行为、内战、暴动或异常的、不可避免且不可抗拒的自然现象所导致的;(二)完全是由第三方故意造成损害的行为或不作为所造成的;(三)完全是由负责灯塔或其他助航设备维护的政府或其他主管当局在行使其职能中的疏忽或其他过错行为所造成的。

二、本公约的任何内容不得影响登记所有人按照适用的国内或国际机制,如经修正的《1976 年海事索赔责任限制公约》,限制其责任的权利。

三、除非按照本公约规定,否则不得向登记所有人请求第一款提及的费用。这不妨碍根据第三条第二款做出通知的缔约国就其包括领海在内的领土内的残骸非按照本公约定位、标记和清除的权利和义务。

四、本条中的任何规定不得妨碍向第三方追偿的权利。

第十一条　责任的免除

一、如果承担第十条第一款所述费用的责任与下列公约有冲突,则在冲突范围内,登记所有人不对此类费用负责:(一)经修正的《1969 年国际油污损害民事责任公约》;(二)经修正的《1996 年国际海上运输有害有毒物质损害责任和赔偿公约》;(三)经修正的《1960 年关于核能领域第三方责任的公约》,或经修正的《1963 年关于核损害民事责任的维也纳公约》;或有关禁止核损害责任限制的国内法;或(四)经修正的《2001 年国际燃油污染损害民事责任公约》。但是有关公约须适用且有效。

二、在本公约规定的措施根据适用的国内法或国际公约被视为打捞行为的范围内,此类法律或公约须适用的打捞人的报酬和补偿问题,本公约规定不再适用。

第十二条　强制保险或其他经济担保证明

一、300 总吨及以上且悬挂一缔约国国旗的船舶的登记所有人,须维持保险或其他财务担保,例如银行或类似机构的担保,以便按照等同于适用的国内或国际限制机制规定的责任限制承担本公约规定的责任,但在任何情况下不超过根据经修正的1976年《海事索赔责任限制公约》第6(1)(b)款所计算的船舶责任限制的数额。

二、船舶登记国的有关主管当局在确定第一款要求得以符合后,须向300总吨及以上的每一船舶签发一证书,证明按本公约规定维持的保险或其他经济担保有效。对于在缔约国登记的船舶,此类证书须由该船舶登记国的有关主管机关签发或核证;对于没在缔约国登记的船舶,此类证书可由任一缔约国的有关主管机关签发或核证。该强制保险证书须使用本公约附件所载范本的格式,并须包含下列细节:

(一)船名、识别号或字母以及船籍港;

(二)船舶的总吨位;

(三)登记所有人的名称及其主要营业地点;

(四)国际海事组织船舶识别号;

(五)担保的类型和期限;

(六)保险人或提供担保的其他人的名称及其主要营业地点以及(如适用)订立保险或担保的营业地点;

(七)证书的有效期,该有效期不得长于保险或其他担保的有效期。

三、(一)一缔约国可以授权其认可的一个机构或组织签发第二款提及的证书。此类机构或组织须将每一证书的签发通知该国。在任何情况下,该缔约国须充分保证所签发证书的全面和准确性,并须确保为履行此项义务作出必要的安排。

(二)一缔约国须通知本组织秘书长:1. 授予其认可机构权力的具体职责和授权条件;2. 此类权力的撤销;以及3. 授予或撤销

此类权力的生效日期。授权不得在将此授权通知秘书长之日起3个月届满之前生效。

(三)根据本款被授权签发证书的机构或组织须至少被授权在证书签发条件不能维持时撤销这些证书。在任何情况下,机构或组织须将证书的撤销报告给其代为签发证书的国家

四、证书须以签发国的一种或数种官方语言签发。如果所用文字为非英文、法文或西班牙文,则文本须包含这三种语言中任意一种的译文。如缔约国决定,则可省略该国官方语言。

五、证书须随船携带,并须将副本留存于保存船舶登记记录的当局,或者如果船舶没在缔约国登记,则留存于签发或核证该证书的主管机关。

六、一项保险或其他经济担保,如果在向第五款所指的当局送交终止通知书之日起3个月届满之前,并非由于第二款所述证书上规定的该保险或担保的有效期届满的原因而予以终止,则不能满足本条的要求,除非该证书已送交上述有关当局,或在此期间已签发新的证书。上述规定须同样适用于令保险或担保不再满足本条各项要求而作的任何修改。

七、船舶登记国须按本条各项规定并考虑到本组织通过的关于登记所有人财务责任的各项导则,决定证书的签发条件和有效性。

八、本公约的任何内容不得解释为阻止缔约国依赖从其他国家或本组织或其他国际组织获取的、关于本公约目的之保险或经济担保提供者的财务状况的信息。在这种情况下,依赖该信息的缔约国并不能解除其作为第二款所要求的证书签发国的责任。

九、根据一个缔约国授权签发或核证的证书,就本公约而言。其他缔约国须予以接受,并须视为与其签发或核证的证书具有同等效力,即使该证书是对没在一缔约国登记的船舶所签发或核证

的。如一缔约国认为,证书上所列的保险人或保证人在财务上不能承担本公约所规定的义务,则可随时要求与签发国或核证国进行协商。

十、对根据本公约产生的费用的任何索赔,可向登记所有人责任的保险人或提供经济担保的其他人直接提出。在这种情况下,被告可以援引登记所有人有权援引的抗辩(登记所有人破产或倒闭除外),包括适用的国内或国际机制规定的责任限制。况且,即使登记所有人无权限制责任,被告可按照第一款要求维持的保险或其他经济担保的相等数额限制责任。此外,被告可以提出海上事故是由于所有人故意不当行为所造成的抗辩,但是被告不得援引在登记所有人向被告提起的诉讼中可能有权援引的任何其他抗辩。在任何情况下,被告有权要求登记所有人参加诉讼。

十一、除非已根据第二款或第十四款签发证书,一缔约国不得允许本条适用的悬挂其国旗的任何船舶在任何时候从事营运。

十二、在本条规定之下,各缔约国须根据其国内法确保300总吨及以上的船舶,无论在何处登记,在进入、驶离其领土内的某一港口或抵达、驶离其领海内的某一近海设施时,具有有效的第一款规定的保险或其他担保。

十三、尽管有第五款的规定,一缔约国可以通知秘书长,就第十二款而言,船舶在进入或驶离其领土内的某一港口或抵达或驶离其领海内的某一近海设施时,不需要随船携带或出示第三款要求的证书,但条件是签发第二款要求的证书的缔约国已经通知秘书长,其以电子格式保存着可供各缔约国获取的记录,证明证书的存在,并使缔约国能履行第十二款规定的义务。

十四、如果一缔约国所有的船舶没有维持保险或其他经济担保,本条与此有关的各项规定不适用于该船,但该船须携带一份由船舶登记国有关当局签发的证书,说明该船为该国所有,并在第一款规定的限制内承担船舶责任。上述证书须尽可能符合第二款所规定的范本。

第十三条　时效

除非按照本公约确定危害之日起 3 年内提起诉讼,否则本公约规定的求偿费用权利将被消灭。但是,无论如何不得在造成残骸的海上事故发生之日起 6 年之后提出诉讼。如该海上事故包含一系列事件,6 年的期限须自第一起事件发生之日起算。

第十四条　修正条款

一、本组织可召开修订或修正本公约的会议。

二、经不少于三分之一缔约国的要求,本组织须召开修订或修正本公约的缔约国会议。

三、在本公约修正案生效后作出的同意受本公约约束的任何表示须被视为适用于经修正的公约。

第十五条　争端的解决

一、如两缔约国之间出现解释和适用本公约方面的争端,它们须首先通过谈判、询问、调停、调解、仲裁、司法解决、诉诸区域机构或安排它们选择的其他和平手段来解决。

二、若在一缔约国通知另一缔约国它们之间存在争端后不超过 12 个月的一段合理时间内不可能解决争端,1982 年《联合国海洋法公约》第十五部分所列的有关解决争端的规定予以比照适用,不管存在争端的缔约国是否为 1982 年《联合国海洋法公约》的缔约国。

三、同为本公约及 1982 年《联合国海洋法公约》的缔约国遵照后一公约第二八七条选择的任何程序须适用于本条规定的争端的解决,除非该缔约国在批准、接受、核准和加入本公约时或此后任何时间遵照第二八七条为解决本公约产生的争端选择另一程序。

四、非 1982 年《联合国海洋法公约》缔约国的本公约一缔约国在批准、接受、核准和加入本公约时，或此后任何时间，须有自由以书面声明方式为根据本条解决争端选择 1982 年《联合国海洋法公约》第二八七条第一款列明的一种或一种以上方法。第二八七条须适用于此种声明，以及该国为一方的、没有包括在有效的声明中的任何争端。为按照《联合国海洋法公约》附件五和七调解和仲裁起见，该国须有权提名有待列入附件五第二条和附件七第二条提及的名单中的调解员和仲裁员，以解决本公约引起的争端。

五、根据第三款和第四款作出的声明将交秘书长保存，秘书长将把其副本转发缔约国。

第十六条　与其他公约和国际协定的关系本公约的任何内容不得妨碍 1982 年《联合国海洋法公约》和国际习惯法所规定的任何国家的权利和义务。

第十七条　签署、批准、接受、核准和加入本公约须于 2007 年 11 月 19 日至 2008 年 11 月 18 日在本组织总部开放供签署，并在此后继续开放供加入。

（一）各国可以通过下列方式表示其同意受公约约束：1. 签署，并对批准、接受或核准无保留；2. 签署，但有待批准、接受或核准，随后予以批准、接受或核准；或 3. 加入。

（二）批准、接受、核准或加入须向秘书长交存相应的文件方为有效。

第十八条　生效

一、本公约须自 10 个国家签署并对批准、接受或核准无保留，或已经向秘书长交存了批准、接受、核准或加入文件之日后 12 个月生效。

二、对在第一款生效条件满足后批准、接受、核准或加入本公约的每一国家，本公约须自该国交存有关文件之日后3个月生效，但不得在本公约根据第一款生效之前生效。

第十九条　退出

一、一缔约国在本公约对其生效满1年后，可随时退出本公约。

二、退出须向秘书长交存相应的文件方为有效。

三、退出须在秘书长收到退出文件1年或文件中载明的更长期限后生效。

第二十条　保存

一、本公约须交由秘书长保存。

二、秘书长须：(一)将下列情况通知所有签署或加入本公约的国家：1. 每一新的签署或批准、接受、核准或加入文件的交存及其日期；2. 本公约的生效日期；3. 任何退出本公约的文件的交存、交存日期及其退出的生效日期；以及4. 按照本公约收到的其他宣布和通知。

(二)将本公约核证无误的副本送发已经签署或加入本公约的所有国家。

三、本公约一经生效，秘书长须将公约文本的一份核证无误副本送交联合国秘书长，以便根据《联合国宪章》第一百零二条进行登记与公布。

第二十一条　语言文字

本公约正本一份，用阿拉伯文、中文、英文、法文、俄文和西班牙文写成，各种文本同等作准。

本公约于二〇〇七年五月十八日订于内罗毕。

后　记

四年法学本科、两年法学硕士、四年多法学博士、近两年法学博士后研究经历，人生最美好、最青春的十三年在法学的伴护下度过。回望来路，个中艰辛冷暖自知。但最为骄傲的是，纵然筚路蓝缕，我虽有遗憾，但从未后悔。始终无法忘记在报考博士研究生时，问自己的那句话：学术的尊严与生活的压力，哪一个更重要？

选择法学作为毕生的专业，是一个偶然的选择，但是，无数偶然选择汇聚成了命运的必然。回想 2013 年，从我的博士生导师司玉琢教授所著论文中选取了"优位"这个概念作为破题关键——高山仰止，四年时光仅识其项背；流水潺潺，今生有幸拜于大师门下！司老师学识、涵养、人品、秉性、作风，无一不为孔孟风范。作为中国现行《海商法》的主要执笔人之一，作为大连海事大学前校长，作为全国海商法学科的领军人物，作为享受国务院特殊津贴的顶级专家，司老师对于学生们却从来是百般呵护、春风化雨，作为老师，教诲不忘叮咛，作为长者，关心呵护小辈。学生何其幸运，能立于先生之侧！感谢司老师！感恩司老师！感激司老师！致敬！

我的博士后合作导师是上海交通大学凯原法学院副院长彭诚信教授，彭教授年少成名，在民法研究与教学之路上披荆斩棘。得益名师引路，我的学术之路才终于在大师的指引下有了一些起色。感恩彭老师的不吝赐教与不离不弃。致敬！

我的硕士生导师 Proshanto Mukherjee 先生是印度裔加拿大人，世界海事大学前副校长，是我在瑞典隆德大学研读海商法硕士时的项目总监，同时是我的硕士论文指导教师。在退休后受大连海事大学邀请赴大连教授海商法，做出了突出贡献，获得了辽宁省政府颁发的"辽宁友谊奖"与大连市政府颁发的"星海奖"。非常有幸还能在世界的另一端与老师相遇、再次聆听师范教诲。岁月匆匆、师生一场，无限感慨！致敬！

需要特别感谢我的师兄兼兄长的陈敬根、刘忠、吴敬国、孙建伟四位先生，陈先生与我缘起偶然，这些年在工作、生活上对我帮助良多，做人做事特别是如何做文章，从其身上始窥端倪，陈先生的精诚、果敢、仗义，值得我终生学习。无论今后走向何方，陈先生永远是我的榜样。致敬！在刘忠先生身上，我充分体会到何谓君子温润，刘先生始终坚持活到老、学到老，始终坚持用精神感染人、用力量感动人。致敬！在吴先生身上，我学习到了原则与方法并存、智慧与勇气并存，我终于明白何谓做官、做事、做人。致敬！孙先生温文尔雅，游走于各部门法之间而取其精华，用一身才华换得著述等身，对我帮助良多。致敬！另外，需要特别感谢我的发小、同学兼挚友金沛然先生，在我人生最需要帮助的阶段，是金先生慷慨帮助。愿人生从容！同时，特别感谢黄吉安、颜涛、杨宇庭、陈强圳、白云飞、张俊杰等几位同学的特别支持！致敬！

没有谁的人生是容易的。能够从事学术研究并走到现在，尤为感谢我的家人，尤其是我的父母亲、岳父母、夫人、孩子对于我的倾力支持，家庭琐事从不忍我费心，尽心尽力做好自己的角色。

在本书成功的最后阶段，我是在刚出生的女儿身旁写完最后的章节。感谢我的家人！致敬！

此外，还应着重感谢鄙人现单位与曾经工作过单位的党组、领导、同事对我的照顾、关心与支持。致敬！

位卑未敢忘忧国。

谨以此文，献给海洋！

袁 曾

2019 年 8 月于深圳

图书在版编目(CIP)数据

海难救助中的人命优位法律问题研究 / 袁曾著. -- 北京 : 法律出版社, 2019
ISBN 978-7-5197-3989-8

Ⅰ. ①海… Ⅱ. ①袁… Ⅲ. ①海难救助-海商法-研究 Ⅳ. ①D996.19

中国版本图书馆 CIP 数据核字(2019)第 230997 号

海难救助中的人命优位法律问题研究
HAINAN JIUZHU ZHONG DE RENMING YOUWEI FALÜ WENTI YANJIU

袁 曾 著

责任编辑 郑怡萍
装帧设计 乔智炜

出版 法律出版社
总发行 中国法律图书有限公司
经销 新华书店
印刷 北京虎彩文化传播有限公司
责任校对 杨锦华
责任印制 沙 磊

编辑统筹 法律教育出版分社
开本 A5
印张 8.25
字数 183 千
版本 2019 年 10 月第 1 版
印次 2019 年 10 月第 1 次印刷

法律出版社/北京市丰台区莲花池西里 7 号(100073)
网址/www.lawpress.com.cn
投稿邮箱/info@lawpress.com.cn
举报维权邮箱/jbwq@lawpress.com.cn
销售热线/400-660-8393
咨询电话/010-63939796

中国法律图书有限公司/北京市丰台区莲花池西里 7 号(100073)
全国各地中法图分、子公司销售电话:
统一销售客服/400-660-8393/6393
第一法律书店/010-83938432/8433 西安分公司/029-85330678 重庆分公司/023-67453036
上海分公司/021-62071639/1636 深圳分公司/0755-83072995

书号: ISBN 978-7-5197-3989-8 **定价:** 32.00 元
(如有缺页或倒装,中国法律图书有限公司负责退换)